「交通」が結ぶ文明と文化

歴史に学び、未来を語る

IATSS
(財)国際交通安全学会編

川勝平太
井上勇一
安達裕之
齊藤俊彦
北村隆一
月尾嘉男
杉田房子
中村英夫

◎企画編集
武内和彦
喜多秀行

技報堂出版

黎明の夢を、轍が刻む
～古代の道

砂の道をたどり、石畳を踏み締め、人は無数の夢を運ぶ。
交易商人の荷が、預言者の言葉が交わされる道に、
先駆者たちが出会い、幾千の町が生まれていく。

インカ帝国が築いた道の跡（ペルー）。インカの道は総延長4万kmともいわれ、ほぼ地球１周分の長さ。帝国の北端から南端までつながっていたという。 A

アフガニスタンのほぼ中央に位置するシルクロードの要所バーミヤンは、古代よりヒンドゥークシュ山中の中継都市として栄えた。断崖に彫られた大仏は、2001年にタリバンによって破壊された。 B

現存するローマ旧街道の一つ、「街道の女王」の異名を持つアッピア旧街道。
ローマ－カプア間を結ぶ板石舗装の軍用道路として、紀元前3世紀前半に完成した。　Ⓒ

覇権をかけ、海を越える
～東西文明の転換

宗教戦争を経て、重商主義の時代へ。
文明の衝突を重ねて、西も東も大きく変貌する。
そして、交錯する火花からは新たな「文化」の萌芽が…。

エリザベス1世の特許状を得て1600年に設立されたイギリス東インド会社の帆船。
東インド会社は重商主義の時代、アジア地域との交易の独占権を与えられ、各地の植民や交易に従事した。
D

ウジェーヌ・ドラクロワ作『十字軍のコンスタンチノープル入城』（1840年）。十字軍の遠征は東方から西方へと文物が到来するきっかけとなり、後のルネサンス時代を準備することになった。 D

1571年にオスマン帝国海軍と教皇・スペイン・ベネチアの連合海軍が激突、連合軍が勝利した「レパントの海戦」は、ヨーロッパ文明の台頭を促す歴史的な戦いであった。 D

わらじと船の街道筋に

〜近世日本の交通

厳しい自然環境のもと、人はひたすら歩き、
荷は船で運んだ島国、日本。
類例のない交通ネットワークが、多様な地方文化を育んだ。

牛や水牛が引く牛車(ぎっしゃ)は、
平安貴族の特権的な乗り物であった。
国宝『平治物語絵詞 六波羅行幸巻』。 E

日本では江戸末期に車文化が輸入されるまで、ひたすら「歩け歩け」の時代が続いた。街道筋を描いた浮世絵版画には、当時の旅の様子が生き生きと描かれている。歌川広重作『木曽海道六拾九次之内・加納』。
E

江戸時代には、鎖国により海外との交通が途絶えたが、国内水運は飛躍的な発展をとげた。
写真は菱垣廻船の新綿番船レースの出帆を描いた含粋亭芳豊作『菱垣新綿番船川口出帆之図』。 F

江戸期海運の主力として活躍した弁才船。
写真は横風を受けて大坂川口を出る国徳丸。 G

淀川を曳かれて上る三十石船とくらわんか船。『澱江風俗図巻』。
江戸時代には海運とともに、河川交通も飛躍的に発達し、内陸部奥深くまで川船が往来した。 F

近代交通の夜明け
～産業革命と都市の変貌

新しい交通機関の発明により、
移動速度、距離は新たな次元へ。
都市の風景も、同時に大きく変貌していく。

クロード・モネ作『サンラザール駅』。産業革命によって生まれた蒸気機関車などの新しい交通手段は、近代化の象徴であるとともに、新しい芸術の対象にもなった。 D

馬車や歩行者が縦横に行き交い、活気あふれる19世紀ロンドンの街角。イギリスなどヨーロッパ文明圏での馬車交通の歴史は古く、古代ローマの戦闘馬車の時代にまで遡る。 D

文明開化は、交通から

～明治の交通風景

なだれ込む西欧文明を謳歌する庶民。
移動の自由は近代化の証となり、
日本人の暮らしをダイナミックに変えていく。

自転車の原型が入ってきたのも、明治初期のことだった。当初は手漕ぎ式の三輪車だったが、やがて今の自転車の形に変わっていった。芳虎作『東京日本橋風景』。(一部) Ⓗ

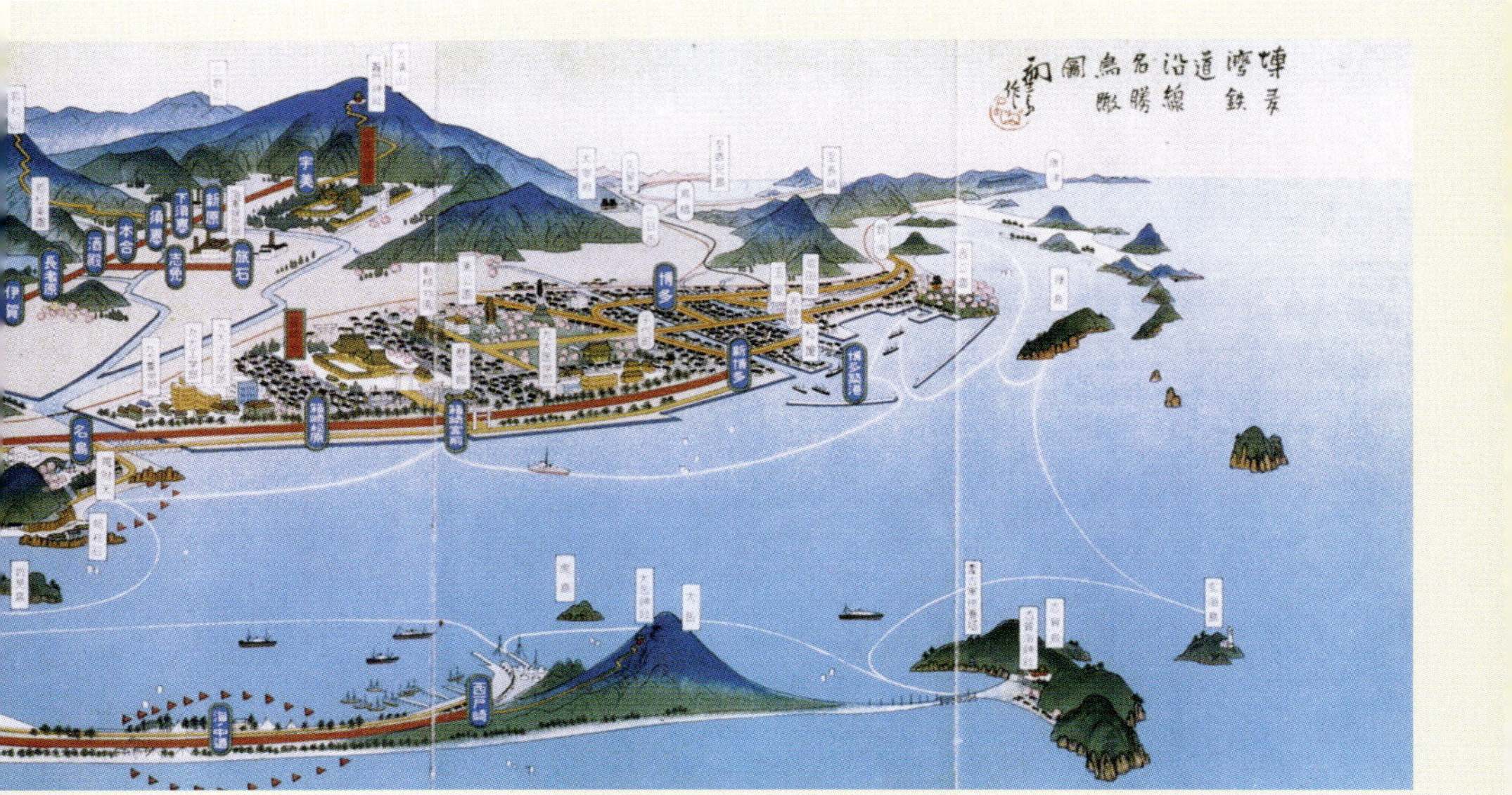

明治初期の東京の交通風景を描いた錦絵。馬車、人力車、歩行者などが賑やかに行き交う。
三代広重作『東京開化名勝京橋石造銀座通り両側煉化石商家盛栄之図』。 I

“大正の広重”と呼ばれた吉田初三郎が描いた博多湾鉄道沿線名勝鳥瞰図。明治初期に鉄道が導入されると、初三郎の図絵の人気も奏功し、空前の鉄道観光ブームが起こった。 J

国益につながる交通とは
～近現代の地政学

交通は近現代史においても、
国際政治・外交の切札となってきた。そして今、
歴史を超克し、新たな時代を切り拓く地政学が求められている。

21世紀に入って東アジア共同体の動きが加速している。共存共栄の相互依存関係を築くためには、人とモノの流れのさらなる拡大が鍵を握る。写真左はシンガポール港、右はマラッカ海峡。 K

荷物を満載して大海原を走る大型コンテナ船。近年はコンテナ規格の標準化などで輸送効率が高まり、世界の物流総量は飛躍的に拡大している。21世紀にはさらにボーダレス化が進むことは間違いない。 L

19世紀後半の東アジアの国際政治では、鉄道の敷設が地政学的に重要な意味を持った。
日露戦争後、日本は本格的に満州経営に乗り出し、その牽引役を果たしたのが満州鉄道だった。
写真は当時の代表的な特急列車あじあ号。 Ⓜ

満州沙河鎮工場での軽便車両のお別れ式。日露戦争中は、
日本の機関車を走らせるために狭軌のゲージを採用したが、
戦後は4フィート8インチ半の標準軌に切り替えられた。Ⓜ

20世紀の路傍

～文化を育む道

暮らしを支える道の周辺には、
さまざまな笑顔があり、苦悩がある。
街角に、辺境の地に、20世紀の縮図が見える。

象はトラックからクレーンまでの多くの役目をこなす。体重5ｔ級だと一日の食物は300kg、飲む水は200ℓ。貧しい人には飼えないという。
A

南太平洋に点在する魅力的な島々。台風の高波で道をさらわれるとブルドーザーが海岸の砂浜をすくってならす。だからその道は貝殻の宝庫となる。 A

モロッコには堅固な城壁で囲まれた古い町が多い。
首都ラバトには、ローマ、カルタゴ時代の遺跡も点在するが、フランスの支配下で近代化され新旧混合が魅力。
A

ドナウ川の終着国ルーマニア。トラヤヌス時代のローマ帝国が征服して「ローマニア（ローマ人の住むところ）」と呼び、それが国名に。“ドラキュラ”の舞台、カルパチア山脈の山麓に建つブラン城からは、森と渓谷が一望できる。 Ⓐ

南インド。街路樹が道を覆い、排気ガスは地をはう。 Ⓐ

ベトナムを流れるメコン川は、多数の支流に分かれ、小舟はジャングルのなかを分けいく。 Ⓐ

飽和から、新たなフロンティアへ
～持続可能な交通社会

化石燃料の消費を前提とした文明の拡大に限界が訪れようとしている。
「縮小」の時代に描くべき、新たな交通の姿とは･･･。

ロサンゼルスの渋滞風景。ロサンゼルスでは道路やディーラー、修理工場など、自動車関係の建造物が占める面積の割合が都市全体の3分の2にのぼるという。 N

シリコンバレーのインターチェンジ。20世紀にはモータリゼーションが文明の発展を支えたが、21世紀にはその功罪を点検し、持続可能な新しい交通社会を築いていく必要がある。 O

愛・地球博では自動運転バス（IMTS搭載バス）が活躍した。エネルギー消費を抑え、移動効率と安全性を高めたこうした新技術が、これからの交通社会を変えていくことになる。 P

写真提供：A 杉田房子　B 株式会社セブンフォト　C PANA通信社　D 株式会社ユニフォトプレスインターナショナル　E 東京国立博物館蔵　F 船の科学館蔵　G 粟崎八幡神社蔵　船の科学館提供　H 国文学研究資料館蔵　I 東京都江戸東京博物館蔵　J 交通科学博物館蔵　K 財団法人マラッカ海峡協議会　L 社団法人日本船主協会　M 交通博物館蔵　N 北村隆一　O 株式会社アマナ　P トヨタ自動車株式会社

はじめに

本書は、「人間社会にとって交通とは何か」という命題を、文明・文化論的な観点から問い直してみたものである。同時に、このような本質的な問いかけを通じて、これからの交通社会のあるべき姿を追究することも大きな狙いとしている。このような観点から、文明発祥以来の「交通」と「文明・文化」の相互関係と、その将来像について、政治経済、科学技術を含む多様な専門家の叡智を結集し、『交通が結ぶ文明と文化』というテーマのもと、多面的で幅広い考察を行った。

本書ではまず、人類の歴史のなかで「交通」が果たしてきた役割について、世界を視野に文明論的視点から検証した。「すべての道はローマに通ず」の諺《ことわざ》が示すように、「道」という大規模なネットワーク型インフラの整備は、広大な領土の管理を可能とし、また交易の核となる世界都市への人と富の集中をもたらした。一方、船の発達によって拡大した海の道も、海運を通じて文明を大きく発展させてきた。

また、シルクロードに代表される陸の道や、近世以降、西欧とアジアの交易で重要な役割を果たした海の道がそうであったように、ボーダーレスに延びる「道」は常に文明間の衝突や発展、未知の文化との遭遇をもたらす人間活動の大動脈であったといえる。それが地域の文化におよぼした影響ははかりしれない。それは、文明開化時に我が国の社会がいかに激変したかを思い起こせば、明らかであろう。

本書では、そのような文明論的視点に立ち、「交通」が、世界を支配する文明や、地域の多様性を生みだす文化の変容に果たしてきた役割について考察した。とくに交通ネットワークの発達を通じてパワーアップされた文明の影響力が、地域の文化的多様性をいかに変容させたかを検証するとともに、地域固有の文化が、逆に交通ネットワークを通じて文明に与えたインパクトについても考察を行った。

次に、こうしたグローバルな観点からの検討を踏まえ、我が国の「交通」の歴史についても議論を深めた。我が国の陸、海、河川の交通が、どのような時代背景のもと、いかなる発展の道筋を辿ってきたのか。それらが、長い歴史のなかで、どのような文化を育み、あるいは何を消失させたのか。そうした文明論的考察を進めることで、我が国の交通の文明・文化的な特質を明らかにしようとした。

とくに、水上交通については、我が国では古代より、それが大陸との往来に欠かせない交通手段であった。この点を踏まえ、大陸との文化、経済の交流に海の道がどのような役割を果たしたかを論じるとともに、「津々浦々」の言葉に代表されるように、急峻な地形の我が国では、近代が始まるまでは国内の交易に果たす水上交通の役割がきわめて大きかったことについても言及した。

本書ではさらに、交通の歴史的な考察を踏まえ、現代における「交通」を取りまく諸問題についても、文明論的な考察を深めた。世界は今、地球規模の環境問題をはじめとするさまざまな制約から、資源・エネルギー大量消費型の現代文明を大転換する必要性に迫られている。その大転換のあるべき方向を明示し、その上で、今後求められる交通社会の像を展望した。

言うまでもなく、近代以降の交通技術の革命的な発展は、世界の文明や文化のありようを一変させた。蒸気機関は「鉄道」を生みだすとともに、人間の自然改造能力を飛躍的に増大させ、工業化や近代都市の発展を促す原動力となった。さらに「自動車」の誕生は、自動車文明と呼ばれるような普遍性をもって、「道路」中心の地域構造を世界各地域にもたらし、それが今日にも受け継がれている。

しかし、交通手段の発展によって経済の繁栄を誇った現代文明は、一方で環境問題や交通事故をはじめとする、人間の安全保障にかかわる大きな負の側面も抱え込むことになった。また、自動車文明が世界を席巻したことで、本来は個性的で多様性に富むはずの地域文化に、画一化と破壊を招くといった問題も顕在化している。こうした問題の解決は、二一世紀に生きる我々に課せられた大きな課題である。

そうした問題意識のもと、自動車文明の諸問題とその解決への展望について掘り下げて検討し、次の時代に求められる新たな交通社会像を描きだしてみた。その際、環境問題などを踏まえた持続可能な社会像の追究とともに、地域文化の画一化や破壊を招くことのない、文明・文化の継承・発展に寄与する「交通」のあり方を検討することに主眼を置いた。

本書は、(財)国際交通安全学会(ＩＡＴＳＳ)の研究調査企画委員会主導による第二回プロジェクトの研究成果をまとめたものである。昨年度に実施された第一回のプロジェクトの成果は、『「交通」は地方再生をもたらすか―分権時代の交通社会―』(同学会編、技報堂出版)と題して刊行されているが、本書はその姉妹図書にあたる。昨年度と同様、委員会メンバーに対するインタビューの実施と、シンポジウムの開催を通じて、その成果をとりまとめた。

本研究プロジェクトのメンバーは、川勝平太(国際日本文化研究センター教授)、井上勇一(ＩＡＴＳＳ会員、外務省在パース日本国総領事館首席領事)、安達裕之(東京大学大学院総合文化研究科教授)、齊藤俊彦(交通史研究家)、北村隆一(同会員、京都大学大学院工学研究科教授)、月尾嘉男(同顧問、東京大学名誉教授)、杉田房子(同評議員、旅行作家)、中村英夫(同評議員、武蔵工業大学学長)、の各氏である。また、プロジェクトリーダーの武内和彦(同会員、東京大学大学院農学生命科学研究科教授)と喜多秀行(同会員、鳥取大学工学部教授)が研究プロジェクトのとりまとめを担当した。

文明の発展に果たしてきた交通の本質的な役割を理解し、二一世紀の持続可能な交通社会を展望する上で、本書が参考になれば、まことに幸いである。

平成一八年五月

武内和彦
喜多秀行

「交通」が結ぶ文明と文化

目次

はじめに

文明史から「交通」を考える

第一章　陸の文明、海の文明　川勝平太　国際日本文化研究センター教授――1
東西文明の発展と交通――2
近代から現代へ―鉄道、自動車の登場――21
二一世紀日本、東アジアの構想――32

第二章　国際政治・外交から見た交通　井上勇一　外務省在パース日本国総領事館首席領事――47
地政学から見た「交通」の意義――48
外交史料から見えてくるもの――61
日本の外交戦略と交通――68

「交通」が変えた日本の文化

第三章　和船の発達と日本文化　安達裕之　東京大学大学院総合文化研究科教授――91
「日本の船」の原像――92
近世日本を支えた水運――108
「異様の船」の導入――126

第四章　車の文化史　齊藤俊彦　交通史研究家――139
車時代の幕開け――140
黎明期の車たちが果たした役割――153
動物力から、機械力へ――162

現代文明と「交通」の未来

第五章　自動車文明がもたらしたもの　北村隆一　京都大学大学院工学研究科教授――185
自動車文明は何を変えたか――186
モータリゼーションのジレンマ――197
ポストモータリゼーションの時代へ――205

エッセイ

道はつづく　**杉田房子**　旅行作家

企画編集

本書の企画編集
およびインタビュー

武内和彦
東京大学大学院
農学生命科学研究科教授
IATSS会員

専門分野は緑地環境学。
主な著書は『環境時代の構想』など。

喜多秀行
鳥取大学工学部教授
IATSS会員

専門分野は交通システム工学。

主な著書は『Communication and Regional Development』など。

第一章

陸の文明、海の文明

川勝　平太

国際日本文化研究センター教授

NIRA（総合研究開発機構）理事

早稲田大学第一政治経済学部卒業。早稲田大学政治経済学部教授を経て1998年より現職。専門分野は比較経済史。主な著書は『海洋連邦論』『文明の海洋史観』など。

川勝氏は、比較経済史の知見を基礎に、西欧モデルの単線的な文明発展論を批判し、アジア、西欧を視野に入れた独自の文明論を展開されている。とくに西欧社会と日本が、海洋アジア圏を媒介にして、同時並行的に異なる進化を遂げてきたとする氏の歴史観は、世界史の書き換えを促す斬新な提示として注目されている。氏が展開する海洋史観の観点から、文明史のなかで「交通」が果たした役割について幅広く論じていただくとともに、海洋アジア圏が今後模索すべき方向性や、我が国の21世紀の国土構想などについても、「交通」を切り口にして語っていただいた。

東西文明の発展と交通

「交通」が諸文明の発展や衝突、融合の歴史のなかでどのような役割を担ってきたかという問題について、幅広い観点からお話をうかがえればと思います。まず、東西文明を比較した場合、どのような交通手段を重視してきたかなど、根本的な相違があるように思います。両文明における交通の成り立ちの違いについて、とくに東の文明については日本に視点を置きながら、お話しいただけますか？

日本には馬車の時代がなかった

東の文明、西の文明における交通の役割を語る上で、象徴的なエピソードがあります。まず、それを紹介しましょう。

日本の皇太子殿下は、交通史専門の学者としても内外で知られていますが、一九八三年から一九八五年にかけてイギリスのオックスフォード大学に留学されました。殿下の指導に当たられたのはピーター・マサイアス博士です。『最初の工業国家』の著者として知られるイギリス産業革命研究の大家で、当時はオックスフォード大学の経済史の教授、後にケンブリッジ大学ダウニング・カレッジのマスター（学寮長）を務められました。皇太子殿下は、留学前に日本中世の瀬戸内海の水運を研究されていたので、当初は、ヨーロッパ中世の地中海の水運と比較しようという計画を持たれていたようです。ただ、中世の地中海となると、ラテン語、アラビア語などの一次資料にあたらなければならず、かぎられた時間のなかでは困難だということがわかり、指導教授は「イギリス国内で資料の揃っている産業革命期の交通史をテーマに、陸運なり水運での日英の比較研究をされてはどうか」と提案されたそうです。

そのやりとりのなかで、「日本では、なぜ馬車が発達しなかったのですか？」—こう、マサイアス教授は問いかけられたそうです。（徳仁親王『テムズとともに』学習院教養新書　一九九三年）マサイアス教授は、鎌倉時代の馬上の武士の絵や、流鏑馬《やぶさめ》などもご存知でしたから、日本にも馬車時代があったに違いないと思われていたようです。それは誤解でした。日本に馬車の時代はありません。

このエピソードには、日本とヨーロッパにおける交通の発達の違いがシンボリックに表れています。日本では、馬車は発達しませんでした。それゆえ、馬車道がなかった、つまり車道がなかったのです。

一方、イギリスでは自動車時代の前は鉄道時代、その前は馬車時代です。馬車の歴史は古代のローマ帝国にまでさかのぼれます。馬車道つまり車道はその頃からあったということです。

イギリスと日本は、ユーラシア大陸の東西の端に浮かぶ島国として、相似たところもあります。しかし、交通の発達の仕方は大いに異なります。そこにヨーロッパと日本との風土の違い

一九世紀ロンドンの街角

株式会社ユニフォトプレスインターナショナル提供

も表れています。

イギリスといえば、鉄道の発祥の地です。また、世界各国の元首が用いる最高級車ロールスロイスなどもあり、陸運のイメージが強いのですが、一方で、「運河時代」といわれる水運の隆盛時代がありました。今日でも、運河はレジャー用に活用されており、イギリス中に張り巡らされた運河の水路地図が書店に売られていて、それを頼りに、夏になるとイギリス人は「バージ」[※1]と呼ばれるボートを運河に浮かべて、休暇を楽しみます。一八世紀末のイギリスの運河の全盛時代については経済史家には知られていますが、研究対象は産業革命の中心地マンチェスターなどイングランド北部に偏っていました。オックスフォードやロンドンはイングランドの南部にあります。南部は農村地帯のせいか、その水運史はあまり研究されてこなかったのです。それを初めて本格的に研究されたのが日本の皇太子殿下です。

イギリスにおける運河による水運のネットワークが張り巡らされた時代、それは産業革命の初期でした。その時代に運河はモノの運搬に重要な役割を果たしました。皇太子殿下はそこに着目し、イギリスの大地を東に向けて流れるテムズ川、西に向けて流れるセヴァン川、その両者を結ぶ運河、また、テムズ上流のオックスフォードからロンドン、さらに、テムズに各地から注ぐ運河の水運のネットワークを詳細に分析して、『Thames as Highway』（Oxford 1989）という書物にまとめられました。指導教授のマサイアス博士も感心された秀逸な研究で、当時のイギリスの景観を描いた版画なども盛り込まれ、装丁の美しい本です。残念ながらこれは私家版なので、書店には売っていません。

ともあれ、日本では馬車は発達せず、馬車道がなかったのです。言い換えると、日本では近

1
バージ（barge）
陸と停泊中の船とのあいだを結ぶ平底の小舟のこと。

一九世紀テムズ川を行き交う船

株式会社ユニフォトプレスインターナショナル提供

代になるまで車道が発達しなかったのです。

陸路をベースに発展してきたヨーロッパ

一方、ヨーロッパでは、どうだったのでしょうか。

「すべての道はローマに通ず」──誰もがよく知っている言葉です。では、ローマに通じる「道」とは、どのような道だったのでしょうか。馬車道です。「全線敷石舗装を義務付けられた幹線だけでも三七五本を数え、その全長は八万kmに達するようになる。これに砂利舗装の支線を加えれば一五万kmにもなる血管網が、ローマ帝国という生身の人間の肉体にはりめぐらされていた」と、作家の塩野七生氏は記しています。（塩野七生『すべての道はローマに通ず　ローマ人の物語X』新潮社二〇〇一年）ローマの街道は軍用道路として整備され、そこを軍用馬車が疾駆したのです。

街道を、軍用馬車が疾駆するのですから、歩行者には危険きわまりません。いや、歩行者は邪魔です。ですから、ローマ帝国では、市内の道路はいうまでもなく、市外の街道にも歩道が付けられました。馬車道が真ん中を走り、その両脇に三〜五mもの歩道が付けられていたといいます。

一つの街道が通行不可能になると、軍団を派遣できません。それは帝国の存亡にかかわります。そこで、ローマ人は常に複数の選択肢を考え、街道をネットワーク化しました。「ローマ街道は、街道網として考えないかぎり、その真の偉大さは理解できない」と塩野七生氏は指摘していますし、「街道網」すなわち車道ネットワークが出来上がっていました。まさにローマの道は世界に通ずるという、総延長一五万kmという壮大なインフラ整備を行ったのです。ヨーロッパは、以来、その伝統を受け継いでいます。

そこで、再び問います。なぜ、日本では馬車が発達しなかったのでしょうか。この問いは、日本ではモノを何によって運んだのか、という問いでもあります。日本とヨーロッパとの交通の発達の違いが、この問いに込められています。

ヨーロッパでは、馬車道すなわち車道はローマ帝国の時代から張り巡らされてきました。塩野氏は先の著書のなかで、ローマの道は、今日の新幹線や自動車専用道路のようなものであったと述べています。車道が日常の生活環境に組み込まれていたのです。

イギリスでは一八世紀に道路の改修と建設が進みます。そして翌一九世紀になると、鉄道時代が始まる前は駅馬車全盛時代をむかえ、郵便馬車が疾駆しました。

一方、ローマ街道は、今日でも改修されながら使われており、馬車の代わりに、自動車が走り、その脇には必ず歩道があります。

ローマはドーバー海峡をわたりイギリスにまで進入したので、イギリスにもローマ街道があります。イギリスが道路の本格的な改造や建設に着手したのは、さきほども少し触れましたが、一八世紀になってからのことです。千数百年にわたってローマの道を幹線道路として使ってきたのです。

こうした状況はイギリスにかぎらず、ヨーロッパ全体を通じていえることです。ヨーロッパでは政治・経済の統合を目指してＥＵ（欧州連合）を結成し、加盟国の経済的便益を図るには国境がないほうがよいということで、陸路による物流の効率化を図っています。ちなみに、そ

ＥＵ域内高速道路の国境

株式会社ユニフォトプレス
インターナショナル提供

の先行モデルとしては、一八三〇年代のドイツ関税同盟があります。プロイセンの主導で、域内関税を撤廃し、対外共通関税率を採用して、ドイツの経済的統一を基礎づけたのです。ＥＵはその拡大版ともみなせます。これは裏を返せば、ヨーロッパでは陸のネットワークで連合しているということです。イギリスとは海を隔てていますが、英仏海峡にはトンネルが整備されました。ヨーロッパ大陸を陸軍の力で統一したナポレオンは、海峡を隔てたイギリスを攻めあぐねて、海峡の底にトンネルを掘る計画を立てましたが、当時の技術では不可能でした。ナポレオンの夢を実現したのは日本の技術です。日本の技術で掘ったユーロトンネル※2のおかげで、イギリスとヨーロッパ大陸とは陸続きになりました。

それはともかく、イギリスでも陸路が重要な交通ファクターです。また、アメリカも日本の二十数倍もある広大な大陸であるため、陸路の高速道路ネットワークを抜きにしては何も語れません。ＥＵも北米も、まさしく陸の交通を基盤として発展してきた文明です。

2 ユーロトンネル（Eurotunnel）
Ｐ75参照。

日本では、津々浦々を水運で結ぶ

これに対し、日本では何によってモノを運んでいたのでしょうか。

「津々浦々」という漢字熟語があります。「津々浦々」という言葉で全国をイメージしてきたのは、日本人に特有のことで、この熟語は中国や韓国にはありません。あえて探せば「坊々曲々」という言葉があるとのことです。「坊」は「土（つち）」偏に特定の広がりを持つ場所を表す「方」を合わせたもので、「坊」同士が「曲々」すなわち平板ではなく曲がりくねって連なっている陸続きの大地のイメージです。大陸の人々は、やはり、陸で生活圏の全体をイメージしてきたということでしょう。

「津々浦々」の場合、「津」は港のことで、「浦」は海・湖・川などの入り江のことなので、港同士が入り江、すなわち海・湖・川を媒介にして、水のネットワークで生活圏全体が形成されていることを表しています。日本人は海・湖・川などの水界が「舟」の往来で互いにつながっている、というイメージで全国を表象してきました。それは島国の日本ならではのことです。

（第三章―P113「江戸後期の海運網」参照。）

とはいえ、一口に「日本」といっても、その風土は多様です。日本は、広大なユーラシア大陸の隣にあるので、小さく見えますが、実際はイギリスよりも大きい島国です。日本より小さいイギリスでも四つの地域（イングランド、スコットランド、ウェールズ、北アイルランド）からなり、それぞれの風土や文化は著しく異なっています。たとえば、イングランドには山はありません。ウェールズは山だらけです。

多様な日本の風土において「津々浦々」という表現のもっともよく該当する地域はどこでしょうか。『古事記』の国生みの神話に登場するのはいずれも島々です。イザナギとイザナミは、まず淡路島を生み、順に、四国、隠岐《おき》、九州、壱岐《いき》、対馬《つしま》、佐渡、大倭豊秋津島《おおやまととよあきづしま》（大和を中心とした畿内《きない》地域）の大八島、ついで吉備児島、小豆島、大島（山口県柳井の東）、「女島《ひめしま》」（大分県国東半島の東北）、五島列島《ごとうれっとう》（長崎県）、男女群島《だんじょうぐんとう》（長崎県）を生み落としました。佐渡を除けば、すべて西日本にあります。西日本は、近畿・中国・四国・九州からなり、いずれも瀬戸内海に面し、瀬戸内海をとり囲んでいます。国生みの神話の物語っているのは西日本であり、それは無数の島々からなる「海の洲《くに》」といえるでしょう。瀬戸内海で結びついた「海の洲」の風土と文化が「津々浦々」という言葉を育んだものとみられます。

ついでにいっておけば、「木曾路はすべて山の中である」という一文で、島崎藤村の『夜明け前』は始まりますが、東海道を東に向かって近畿から出ると岐阜県で、それより東の中部地方は、北アルプス・中央アルプス・南アルプス・富士山・箱根などの山々がそびえています。中部地方はまさに「山国」としての日本を代表する地域です。「海の洲」との対比でいえば、中部地方は「山の洲」といえるでしょう。箱根を越えて関東に入れば、そこは日本最大の平野です。それゆえ関東地方は「野の洲」といえるでしょう。「白河以北は一山百文」などといわれ、東北も深い山々に覆われていますが、中部の峻険なアルプスと比べるとき、標高が低い。北海道も同様です。東北・北海道では高くてもせいぜい二〇〇〇m級です。森林限界以下の標高なので豊かな森の山なのです。それゆえ北海道・東北は「森の洲」と呼べる風土を持っています。こうして、日本も少なくとも四つくらいの景観に分けられます。北から「森の洲」「野の洲」「山の洲」「海の洲」の四つほどの地域単位からなる多様な国柄なのです。

では、「海の洲」は、世界史のなかで、どのような姿を持って立ち現れたのでしょうか。日本人が最初に世界一周したのは、明治四〜六年（一八七一〜七三）にかけて岩倉具視[※3]を全権代表とした一行でした。米国では宗教心の強さを知り、イギリスでは富国強兵の現実を見て、フランスやイタリアでは美術の高さに感嘆し、中国の不潔さに目を見張りました。その旅行の記録『米欧回覧実記』（岩波文庫 一九七七年）の最後の一節にこうあります――「船将より世界第一の風景を過ぐるをもって、船客を呼び起こし、見せしむ。すなわち芸備の海峡なり。英、米の遊客一二名崎陽を発して以来、その絶景を激賞して、これを図に写して、終日已《や》まず」。すなわち、

3　岩倉使節団
岩倉具視を全権代表とする遣米欧使節団。右大臣岩倉大使のもと、副使は参議木戸孝允、大蔵卿大久保利通、工部大輔伊藤博文、外務少輔山口尚芳ら四六名に随行者一八名、留学生四三名を加えた総勢一〇七名からなる。アメリカ・イギリス・フランス・ベルギー・オランダ・ロシアなど一二カ国を回覧し、各国の政治・経済・社会・軍事・産業・教育・文化などあらゆる分野について調査を行い、日本近代化への選択肢を探った。

大久保利泰氏提供

瀬戸内海（海の洲）は世界第一の「美の洲」として立ち現れたのです。

ニュースなどで「全国津々浦々」という言葉がよく使われますが、それは日本が瀬戸内海をいわば回廊のごとくにして昔から各地の港同士が「舟」で結ばれ、舟運によって全国網を築いてきたことを物語っています。日本人は伝統的に川や海の水運でモノを運んできたわけです。ここがローマの街道でネットワークをつくり上げたヨーロッパの交通の発達の仕方と決定的に違うところです。ヨーロッパが「陸運の文明」を発達させたとすれば、日本は海運と河川交通とあわせ「水運の文化」を発達させてきた国です。

日本でも古代から道は整備されました。しかし、それは車道ではなく、歩道でした。モノは舟運で運んだのです。

では、なぜモノを舟で運んだのでしょうか。それは峠が存在したからです。峠がいかに日本人にとってありふれた景観であったかは、「峠」という漢字を、日本人がつくったことに表れています。日本は、国土の三分の二は山に覆われて、いたるところに峠があります。山に登って下りる、その分岐点を「峠」という和製漢字で表したことはよく知られています。峠は地域社会の目印であり、峠の向こうは別世界で、そこに峠を越えてモノを運ぶのは容易ではなかったということです。島国日本ではおのずと舟運を発達させたのです。

日本にも五街道[※4]などの陸路が整備されましたが、それらは基本的に歩道でした。全国の物流をほぼ水運に頼ってきたのは、険しい地勢のために平坦な道が簡単にはつくれなかったからです。

ヨーロッパが車道ネットワークで全域を結んだとすれば、日本は水路で全国をネットワーク状に結んできた、ということです。

4
五街道
江戸時代の江戸から各地を結ぶ主要幹線道路。東海道、中山道、甲州街道、奥州街道、日光街道の五道。宿を設けて規定の人馬を常備し、旅宿・並木・一里塚などを整えた。本来は幕府の統治のための公道で、参勤交代や公務出張者の便を優先させた。

　日本人の生活と海との結びつきは、古代中国の史書からも垣間見ることができます。たとえば『魏志倭人伝《ぎしわじんでん》』※5には、「倭人は、もぐって、魚やハマグリを捕らえ、体に入墨《いれずみ》をして大魚や水鳥の危害を避ける」などと書かれています。海中にもぐって魚をつかむというのですから倭人とは「海人《あま》」であった、ということでしょう。倭とは日本の古称であり、倭人とは日本人のことを指しますが、最近の研究では、倭人は日本列島だけでなく、韓半島の南部、中国の沿海南部に暮らす人たちの総称とみなされています。大陸から見れば、端っこの海辺に生活する人々なので「マージナルマン（周辺の人々）」という呼び方もされています。（村井章介『中世倭人伝』岩波新書　一九九三年）日本人の祖先には、海に生きる辺境の民族、東アジアの海を生活舞台にしていた民族がいたのです。これは昔の話ですが、未来についても海が深くかかわっています。

　今日、東アジア共同体※6が模索されています。一九九七年のタイのバーツの下落をきっかけにして東アジアは金融危機に見舞われました。それはアメリカの投機資金が東アジアから引きあげられた結果ですが、日本は危機に苦しむ東南アジア諸国に援助を惜しみませんでした。これを奇貨として、東アジアに共同体をつくる構想が持ち上がったのです。「東アジア共同体」（仮称）を形成する地域の核になるのは、東南アジア諸国連合（ASEAN10カ国）と東北アジアの日本・中国・韓国です。まだ構想の段階ですが、そこにオセアニア（オーストラリア、ニュージーランドなど）やインドが加わることになるのかもしれません。これらの諸国を地図で見ますと、いずれも海と深いかかわりがあります。「東アジア共同体」は、将来できるとすれば、「海」の共同体であり、東アジアとは「海洋東アジア」ないし「東アジア海」というのが実態で

5
魏志倭人伝
中国の史書『三国志』の中で魏の歴史が書かれた『魏書』（通称『魏志』）の「東夷」の条に収められている、古代日本について記された最も古い詳細な記載。一九八八字からなる本書には、大和政権以前の倭が小国から構成されていたことを示す記述のほか、風土や生活様式、動植物、倭人の風習などの記述がある。

6
東アジア共同体
日・中・韓三国とASEAN（東南アジア諸国連合）一〇カ国を中核とする地域統合を目指す構想。東アジア圏の経済的な結び付きが深まるなか、経済・エネルギー・環境保全・テロ対策などの面で地域協力の包括的な枠組みが模索されている。しかし、オーストラリアやインドなど周辺諸国の参加をどうするかなど、関係諸国で足並みが揃わず、参加国や制度的枠組みがどうなるかは不透明のままである。

あり、そこでは海上交通はきわめて重要な意味を持ちます。

東アジア地域はいわば「津々浦々」の関係なのです。日本は島国なので海が重要なことはいうまでもありません。韓国は三八度線で大陸と遮断されており、実質的には島国に近い状態です。中国も、政治の中心は北京ですが、経済の中心は大連から南、華南にいたる沿岸部で、海を媒介にして発展を遂げています。台湾は島、東南アジアは多島海です。東アジア共同体は海で結ばれているのです。EUやNAFTA（北米自由貿易協定）が陸のネットワークを媒介にして経済圏を形成しているのに対し、東アジアは海のネットワークを媒介にした経済圏です。これは東アジアにおける近代文明の勃興における顕著な特色であり、文明と交通の問題を論じる上で押さえておくべきポイントです。

その東西文明が初めて本格的に出合い、それぞれの文明を転換させていく画期となったのは近世の時代であったと思います。川勝先生はご著書のなかで、それまでは辺境であった西のヨーロッパ文明、東の日本文明が、海の交通を媒介にしてユーラシアの旧文明と立場を逆転させていく歴史を掘り下げて論じておられますが、この時代の文明史的な転換と、海運が果たした役割についてお話しいただけますか?

海洋アジアのインパクト

ヨーロッパが中世から近世へと転換するときに、かかわる海を「地中海」から「大西洋」へ変えました。コロンブスが大西洋を越えてアメリカに到達した一四九二年から大航海時代が幕を開けます。それは中世の終わりであり、近世の幕開けです。近世には、アメリカ大陸とヨーロッパとを結ぶ大西洋がヨーロッパにとって不可欠の活動舞台になります。中世のヨーロッパの活動の舞台は地中海でした。正確にいうと、古代の地中海はローマ帝国の支配下にありましたが、中世の地中海はイスラム勢力の支配下におかれていました。

ヨーロッパにおける中世というのは、地中海の奪還の時代でもあります。地中海は古代にあってはローマの海でしたが、中東に出現したイスラム勢力に地中海を奪われ、ヨーロッパは陸地にとじこもらざるをえなくなったのです。それが土地に基礎をおく中世封建制です。中世のヨーロッパ人は陸に封じ込められたのです。

イスラム勢力のもとにあった地中海に、ヨーロッパが本格的に乗り出すきっかけは、東方からもたらされる薬種への渇望からでした。とくに一四世紀半ばに伝染した黒死病[※7]で総人口の三分の一を失うという未曾有の危機を経験してからは、薬種の獲得はヨーロッパの死活問題になりました。この危機に対処するのに治療薬として東方の薬を求める拠点として、東方貿易の窓口「水の都」ベネチアの繁栄が生まれました。ただ、海上貿易の支配権はイスラム勢力に握られていました。それを奪還するためにヨーロッパはいろいろな試みをします。いちばんのポイントは造船です。ヨーロッパはイスラムのダウ船に勝る船を一五世紀になるまでつくれませんでした。

造船技術がイスラムに匹敵するようになって、一六世紀になると、ヨーロッパは地中海の西側半分の制海権を握るようになりました。しかし、地中海の東側半分はイスラムの制海権のも

7
黒死病
ペスト。人体にペスト菌が入ることにより発症する伝染病。一四世紀のヨーロッパではペスト（黒死病）の大流行により全人口の三割が命を落としたといわれる。

とにありました。一六世紀の大航海時代、地中海における西のキリスト教圏と東のイスラム教圏との対立は、西の大西洋のキリスト教圏、東のインド洋におけるイスラム教圏という対立関係に発展しました。大西洋はキリスト教徒が優勢の海であり、インド洋はイスラム教徒が優勢の海でした。地中海の中央にあるイオニア海あたりを境にして、その西側の海の世界はキリスト教徒の船が、東側の海の世界はイスラム教徒のダウ船が往来していたのです。中世から近世への移行期は、地中海の中央部を境に、キリスト教圏とイスラム教圏とが対峙したのです。

この背景を踏まえておくと、ブローデルが、名著『地中海』（藤原書店 二〇〇四年）を結ぶにあたって、なぜ一六世紀後半におきたレパントの海戦[※8]（一五七一年）を詳しく論じたのか、その事情がよくわかるはずです。キリスト教勢力がレパントの海戦でイスラムの海軍を撃破しました。これ以後、キリスト教圏はインド洋の世界に破竹の勢いで拡大していきました。キリスト教徒はイスラム教徒のインド洋における海域支配を奪っていき、インド洋をキリスト教圏の海にしていきました。近世というのは、キリスト教徒がインド洋の支配を獲得していく時代です。それは一八世紀いっぱいかけて遂行されますが、一八世紀末にインド洋がキリスト教圏の支配下に入ったとき、ヨーロッパの優位が確定し、近代になります。

地中海のイオニア海を境に、西のキリスト教圏と東のイスラム教圏とは対峙したのですが、イスラム教圏の東端は東南アジアです。東南アジアにまで来ると、そこには中国のジャンク船が入り込んでいました。マラッカ海峡を境に、西側はダウ船が優勢、東側はジャンク船が優勢というように区分できます。マラッカ海峡より東は中国のジャンク船の世界です。

キリスト教圏の拡大は、イスラム教徒の支配海域を切り崩すことにおいてなされました。言

8
レパントの海戦
一五七一年に戦われたオスマン帝国海軍と、教皇・スペイン・ベネチアなどの連合海軍との海戦。ヨーロッパ連合艦隊はオーストリア公ドン・ファンが率いる三〇〇隻、オスマン帝国海軍はアリ・パシャが率いる三〇〇隻のガレー船であったが、結果はオスマン帝国の壊滅的敗北に終わった。この戦闘は、ヨーロッパがオスマン帝国に大勝した最初の戦いとなり、その後のヨーロッパ文明の台頭を促すきっかけとなった。

株式会社ユニフォトプレスインターナショナル提供

い換えると、キリスト教圏の支配がおよんだ東端は、イスラム教圏の支配のおよんだ東南アジアだということです。ジャンク船の行き交う南シナ海・東シナ海の海域世界にもヨーロッパ勢力の一部は入ってきますが、そこでは面的支配はついにできませんでした。そこはジャンク船に乗る中国人にまじって、日本人が活躍した海域です。

南シナ海から東南アジアにはジャンク船が入り込み、そこに日本人も入り込んでいきました。東南アジアには日本人町がありました。日本人町のあるところには必ず中華街（チャイナタウン）があります。言い換えると、日本人は中国人のあとを追ったのです。それはちょうど、キリスト教徒がイスラム教徒のダウ船のあとを追いかけたのと似ています。

東南アジアはイスラム教徒と中国人とが出会った海域です。イスラム教徒の東南アジアへの進出は一二世紀頃のことです。ほぼ、同じ頃に、中国人の東南アジアへの進出が始まります。インド洋はダウ船の世界、東シナ海・南シナ海はジャンク船の世界になるわけです。そして東南アジアは、両者の交流の海になりました。その世界に、ヨーロッパ人はイスラムの航海者のあとを追って入り込み、日本人は中国人のあとを追って入り込んだわけです。（資料１「一四世紀〜一九世紀における海洋中国交易圏」）

ヨーロッパと日本は、中世末までは、広大なユーラシア大陸によって隔てられており、交流もなく、互いに無関係の歴史を歩んできました。しかし、ユーラシアの東西両端に位置するヨーロッパと日本が、近世初期にアジア海域を媒介にして歴史を共有しました。近世とは、中世から近代への移行期ですが、時代的には一六〜一八世紀、英語では Early Modern という言い方をします。

資料1

14世紀～19世紀における海洋中国交易圏

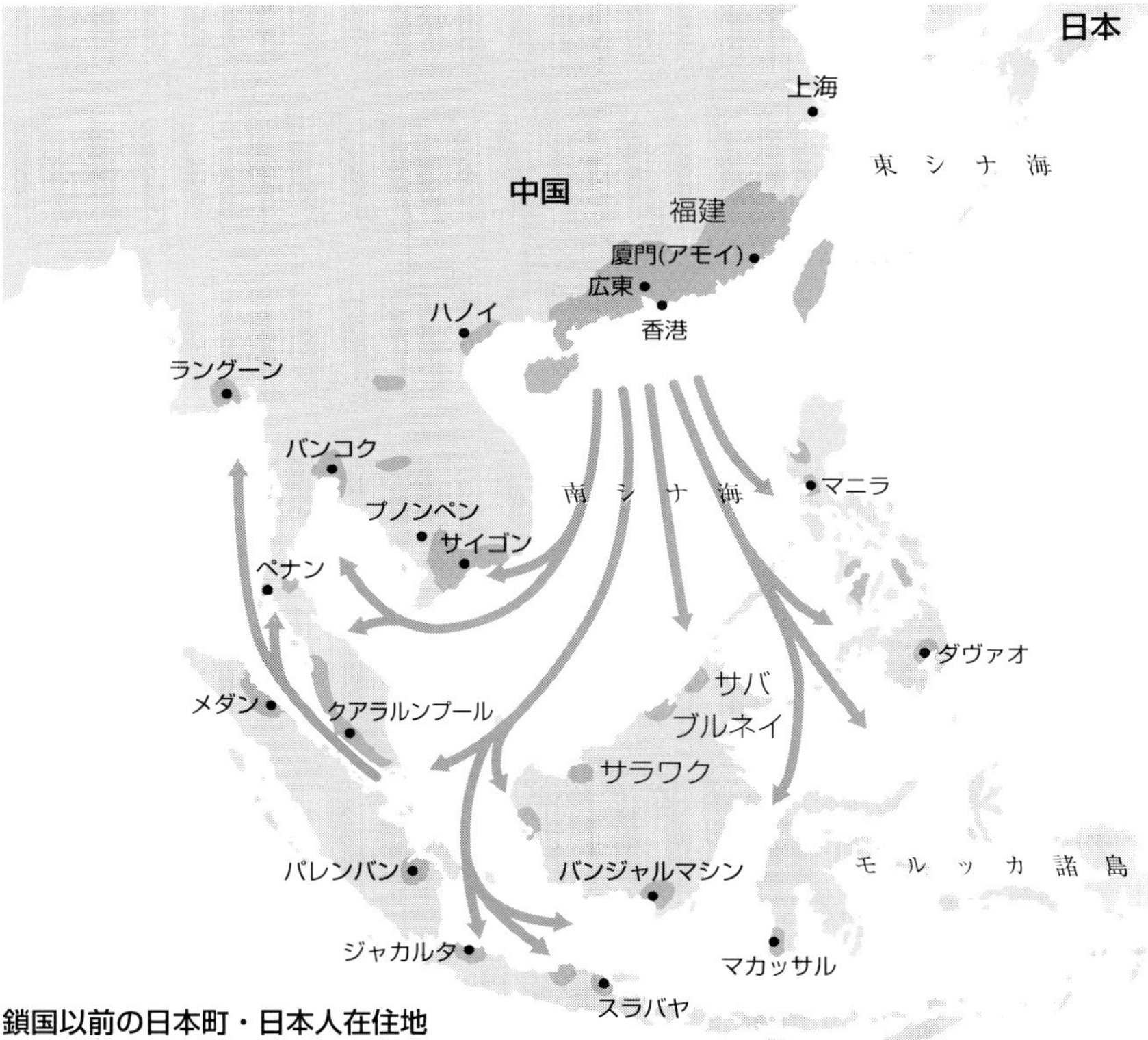

鎖国以前の日本町・日本人在住地

川勝平太『文明の海洋史観』より改作

近世前半の一六〜一七世紀は、日本史では「キリスト教の世紀」といわれることがあります。ポルトガル人が伝えた鉄砲伝来やフランシスコ・ザビエルなどによるキリスト教の布教活動から、鎖国にいたるほぼ一〇〇年間のことです。それはヨーロッパと日本とが交流していたことを物語る表現です。交流は、日本の国内でもありましたが、東西の文明交流の中心地域は、東南アジア海域でした。そこに東南アジア現地の人々はもとより、インド、中東、ヨーロッパ、中国などの冒険商人にまじって、日本人も「日本人町」を形成していました。近世初期の東南アジア地域は世界の物流センターでした。

少し思い切った言い方をすると、一六〜一七世紀の東南アジアから近代の世界史の幕が開けたといえます。東南アジアは諸文明の交流センターであり、そこと結びついた海運が近代をつくり上げる動脈になったのです。それは「文明交流圏としての海洋アジア」というテーマ設定を可能にするものです。

「海洋アジア」という用語は「大陸アジア」と区別するためのものです。社会経済史の分野では違和感なく使われればようになりました。ほかの分野では用語として定着していないようですが、「海洋アジア」は大まかには「海洋東アジア」「海洋南アジア」、両者の交わる「東南アジア」の三つの海域世界からなります。それぞれに特色があり、主な宗教で特徴付ければ、「海洋南アジア」はイスラム教とヒンズー教、「海洋東アジア」は儒教、道教、シャーマニズム、「海洋東南アジア」は上記の宗教のほかにキリスト教や仏教はもとよりほぼすべての宗教が混在します。三者三様です。

海洋は陸地を隔てる境界にもなりますが、離れた陸地同士を結ぶ媒介でもあります。とくに

「海洋アジア」は、先史時代より、人々が船で移動し、文物を運び、交換・交易し、文物の伝播に多大な役割を果たしてきており、文化・文明の交流圏としての特徴を持っています。「海洋アジア」の中央に位置する「海洋東南アジア」にさまざまな宗教が混在しているのはその証しです。「海洋アジア」はヨーロッパに勃興した近代文明の土台となり、日本に勃興した近代文明の母体にもなりました。詳しくは小生の『文明の海洋史観』（中公叢書 一九九七年）、『近代はアジアの海から』（NHK人間大学講座テキスト 一九九九年）などをごらんください。

海洋アジアに、ヨーロッパは新世界で発見し略奪した銀を持ち込み、そこからアジア物産を持ち帰りました。海洋アジアに持ち込まれた銀の量はとてつもなく大きいものでした。同じように、日本も海洋アジアに金銀銅を持ち込み、そこからアジア物産を持ち帰ったのですが、日本が海洋アジアに持ち込んだ金銀銅の規模は、ヨーロッパのそれよりも巨大でした。海洋アジアにはヨーロッパと日本の東西両方向から貨幣が持ち込まれ、アジア物産が両方向へと流れたのです。（資料2「新井白石の『本朝宝貨通用事略』」）

東（ヨーロッパ）と西（日本）の両方から海洋アジアに貨幣が流れ込むという貿易構造は、一六世紀から一九世紀頃まで約三〇〇年間も続きます。新大陸の銀は喜望峰のまわりだけでなく、スペインのガリオン船でメキシコのアカプルコからフィリピン経由で中国にも流れ込んでいます。

それはヨーロッパと日本とがともに海洋アジアに対して大幅な赤字を持ち続けたということです。ヨーロッパと日本はその貿易赤字の克服をせまられました。そして、ついに輸入品を国産品に変える生産革命をおこしました。ヨーロッパではそれが産業革命といわれ、日本では勤

資料2

新井白石の『本朝宝貨通用事略』

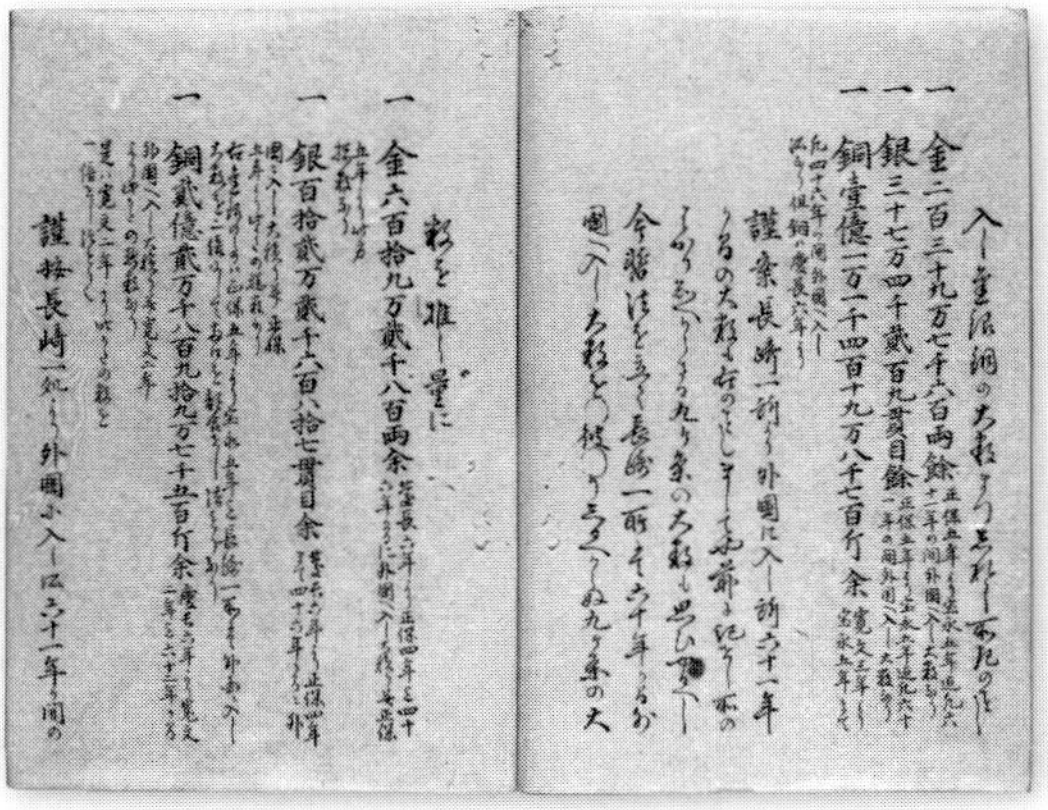

近世において日本は世界有数の金銀銅の産出国であったが、海外の物産（煙草、木綿、生糸、絹織物、砂糖、藍、陶磁器など）の購入にあてられたため、17世紀には貨幣素材の深刻な不足を招いた。新井白石は『本朝宝貨通用事略』のなかで、この状況を次のように記している。（国立公文書館蔵）

本朝金銀外国へ入りし惣（総）数の事（以下、抄録）

一金六百十九万二千八百両余。慶長六年より正保四年迄凡《およそ》四十六年が間に外国へ入りし大積り、幷《ならびに》正保五年より此かたの総数なり。

一銀百十二万二千六百八十七貫目余。慶長六年より正保四年迄四十六年が間に外国へ入りし大積り、幷正保五年より此かたの総数なり。

右金銀の事は正保五年より宝永五年迄長崎一所にて外国へ入りし大数を二倍にして両口を都合せし積りなり。

一銅二億二万二千八百九十九万七千五百斤余。慶長六年より寛文二年迄六十一年が間に外国へ入りし大積り、幷寛文三年よりこのかたの総数なりこれは寛文三年よりこのかたの数を二倍せし積りなり。

右は慶長六年より宝永五年迄百七年の間に我国の金銀銅外国へ入りし所の大数也。此数を以て推す時は外国へ入りし金は只今我国にある所の金の数三分が一に当れり。我国只今の新金は古金二千万両を以て造り出せし所なりといふ六百十九万両を三つ合すれば大数二千万両に近し。銀は只今我国にある所の数よりは二倍ほど多く外国へ入りし也。我国の内古銀の数四十万貫目ならではなしといふ然るに外国へ入りし数百二十万貫目近くなれば我国の銀は殊の外に減ぜしなり。但し此大数はよほど引入れたる積りなるべし凡外国に入りし所の金銀銅の総数是よりは猶夥き事にや。

……凡て異国の物の中に薬物は人の命をすくふべきものなれば一日もなくてはかなふべからず。是より外無用の衣服翫器の類の物に我国開け始りしより此かた神祖の御代に始て多く出たりし国の宝を失はん事返す返すも惜むべき事也。

『新井白石全集』第三巻 国書刊行会 一九七七年より

勉革命といわれます。産業革命は資本集約型のものづくりで労働の生産性を世界一に押し上げたのに対して、勤勉革命は労働集約型のものづくりで土地の生産性を世界一のレベルにまで押し上げました。やり方は違いますが、アジア物産の輸入代替に成功したということでは同じです。アジア物産を自国の経済圏で賄うために、ものづくりを中心にした社会が生まれたのです。ヨーロッパは大西洋をまたにかけてそれを果たし、日本は国内でそれを果たしました。ヨーロッパにおける大西洋経済圏の形成と日本における鎖国の確立とは、ともに海洋アジアからの自立という点では共通しています。イギリスを筆頭にしたヨーロッパ工業文明の勃興は、海洋アジアからの経済的インパクトへのレスポンスであったわけです。

同じように、日本の鎖国も、海洋アジアからの経済的インパクトからのレスポンスであったわけです。海洋アジアと一言でいいましたが、ヨーロッパが影響を受けたのは「海洋南アジア」でこれはイスラム教徒の支配していた海域でしたが、日本が影響を受けたのは「海洋東アジア」で中国人の支配していた海域でした。ヨーロッパはイスラム教文明圏から自立し、日本は中国文明圏から自立したのです。

近代から現代へ ― 鉄道、自動車の登場

一八世紀に入ると、産業革命が起こって資本主義が成立し、ほぼ同時に起こった市民社会の形成とあいまって、まず西欧に、続いてアジアにも近代国家が成立しました。この時代には鉄道が誕生し、自動車も登場して世界の文明、文化のありようを一変させていったといえます。近代以降に生まれた新しい交通技術の発達は、諸文明にどのような影響をおよぼしたのでしょうか？

鉄道の誕生で変わった時間観念

最初の産業革命はイギリスで起こり、大英帝国の原動力となりました。労働生産性を上げる機械技術の発明の総合成果ともいえるのが鉄道です。鉄道以前のイギリスでは、交通は馬車と運河による水運に頼ってきたわけですが、一八世紀後半にジェームス・ワットが蒸気機関を発明し、世界で初めてストックトン－ダーリントン間を結ぶ鉄道が開通したのは一八二五年のことです。このストックトン－ダーリントン間の鉄道をもって世界最初の鉄道だという人がいますが、正確ではありません。発足当日だけは機関車が牽引しましたが、あとはレールの上の車

ストックトン駅を出発する蒸気機関車

株式会社ユニフォトプレスインターナショナル提供

両を馬が引いたのです。ストックトン－ダーリントン間を機関車だけで車両を動かすようになったのは一八三三～三四年になってからのことです。

近代鉄道の嚆矢は、一八三〇年に内陸の紡績工場の中心地帯であるリバプール－マンチェスター間を結んだ鉄道です。産業革命がほぼ終了した時期に鉄道が登場したわけですが、その後は空前の鉄道ブームが起こり、一八四〇年代、五〇年代と瞬く間に鉄道網が整備されていきました。もちろんイギリスだけでなく、その後は他のヨーロッパ諸国、アメリカ、日本へと広がり、各国の近代化の牽引役を果たしたことはご承知のとおりです。この鉄道の発達が文明史的に見てどのような意味を持つかという問題について、鉄道発祥の地であるイギリスと、日本に焦点をあてて話をしてみたいと思います。

イギリスの最大の都市はロンドンですが、スコットランドの西側にグラスゴーという大都市があります。鉄道が登場するとすぐに、このグラスゴーからロンドンを結ぶ鉄道も敷設されました。ここで一つ問題が生じました。それは時刻表の時間表記についてです。当時のイギリスは各地方を通る子午線に基づいて、地方ごとに異なるローカル・タイムを採用していました。ロンドンとグラスゴーでは時差が一七分ありました。両駅の発着時刻の表示が二種類あったのでは紛らわしいでしょう。一本化すべきだが、どちらで統一するかが大問題になったわけです。

ブラッドショーという人物は、世界で最初に時刻表をつくった人です。最初の時刻表は一八三九年一〇月一九日の出版です。『ブラッドショー・レールウェー・タイムテーブル』、略称『ブラッドショウ』という名の時刻表は、一八四一年から月刊になり、一九一五年までの七〇年余りものあいだ、わずか六ペンスの廉価で売られました。たいへん好評を博し、聖書に匹敵する売れ行きをみせました。この『ブラッドショウ』の鉄道時刻表が、一八四七年から全国の鉄道の発着時刻をロンドン時間に統一したのです。この統一時刻の誕生がイギリス社会の時間観念を変えたとみられます。まず、イギリス全体が同じ時刻を共有しているという国民意識をつくり上げました。また、鉄道時刻表が社会に流通することで、イギリス人にパンクチュアリティ（時間厳守）の観念が根付きました。鉄道はパンクチュアルに動く、そのことが社会生活上、たいへん価値があるとされたことは画期的なことです。一九世紀中葉からイギリスではビクトリア朝の黄金時代が現出しますが、当時の英国紳士の生活様式は時間厳守の観念をたいへん重視しました。これは契約を重んじる精神にもつながると思いますが、これらはすべて鉄道時刻表の効用といえるのです。（資料3「ブラッドショー・レールウェー・タイムテーブル」）

その後、ロンドン時間をもとに世界標準時をつくる運動が起こり、一八八〇年にはグリニッジ標準時が誕生しました。この標準時間によって、イギリスを基準に世界の時間が定まることになりました。旧中国では、朝貢[※9]する周辺国に中国年号の使用を義務付けましたが、その根底には「時を支配する者が世界を支配する」という思想があります。グリニッジ標準時の誕生が同様の発想をもたらしたことは間違いないでしょう。ロンドン時間で世界の「時」を制したイギリスは、やがて全世界を支配する大植民地帝国の構築を目指して突き進んでいったわけです。

もう一つ付け加えておきますと、こうした時間観念の変化は社会科学にも影響をおよぼしています。マルクスはロンドンで『資本論』[※10]を執筆しましたが、その基本概念である労働の価値を「労働量」で表し、労働量は「労働時間」で測るという考え方を当然のことのように採用しています。そして、労働者がもたらす労働価値の大半の部分は資本家が手に入れ、労働者には

9 朝貢
前近代の東アジアにおける、主に中国と周辺諸国の間で行われていた政治儀礼。中国に使節を派遣し、貢物を送り、臣従することを指す。中国は朝貢国に対して、豪華な物資を与える賞賜を行った。

10 資本論
一八六七年に刊行された経済学者カール・マルクスの主著。全三巻のうち、二巻以降はマルクスの死後、エンゲルスらにより発行された。資本主義経済の運動法則、剰余価値の法則などをあきらかにし、マルクス経済学を打ち立てた。

資料3

ブラッドショー・レールウェー・タイムテーブル

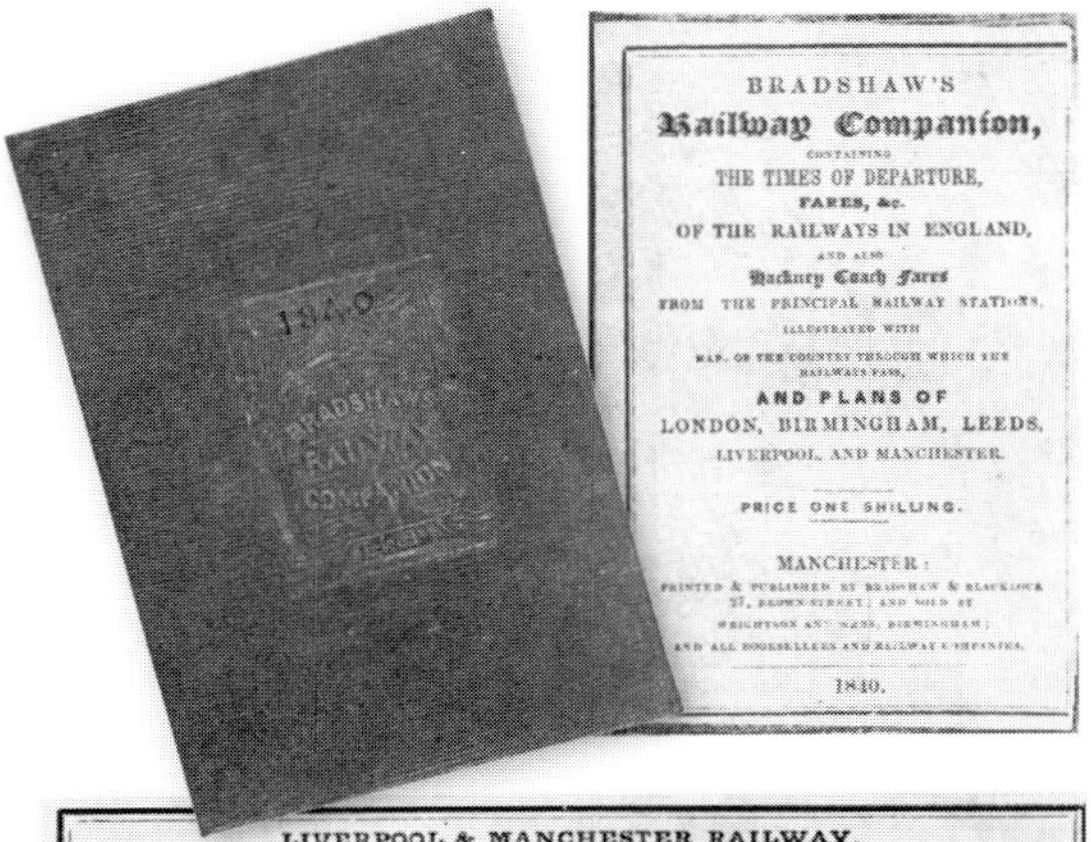

LIVERPOOL & MANCHESTER RAILWAY.

Liverpool to Manchester.

FIRST CLASS. SECOND CLASS.
7 0 Morning.
8 45 Morning .... 9 45 „
11 0 „ ....11 45 „
2 0 Afternoon .... 2 30 Afternoon.
4 45 „ .... 5 30 „
7 15 Evening .... 7 15 Mixed. } Stopping only at Newton and Parkside.

Manchester to Liverpool.

FIRST CLASS. SECOND CLASS.
7 30 Morning
9 0 Morning ....10 0 „
11 15 „ ....11 45 „
2 0 Afternoon .... *2 45 Afternoon,
5 0 „ .... 5 30 „
7 15 Evening .... 7 15 Mixed. } Stopping only at Newton and Parkside.

* Except on Saturdays, when this Train does not start till 3 o'clock.

SUNDAY TRAINS.

FIRST CLASS. SECOND CLASS.
8 0 Morning .... 7 0 Morning.
4 45 Afternoon .... 5 30 Afternoon.
7 15 Evening .... 7 15 Mixed. } Stopping only at Newton and Parkside.

FIRST CLASS. SECOND CLASS.
8 0 Morning .... 7 0 Morning.
5 0 Afternoon .... 5 30 Afternoon.
7 15 Evening .... 7 15 Mixed. } Stopping only at Newton and Parkside.

FARES.—First class train, 4 inside, royal mail, 6s 6d. Ditto, 6 inside, glass coach, 6s.—Second class train, glass coaches, 6s- Ditto, open carriages, 4s. 6d.—1 horse, 14s. 2 horses, 20s. 3 ditto. 24s.

From Liverpool to Bolton.
8 45 Morning - First Class Train | 2 30 Afternoon - Second Class Train
11 0 „ - - First Class do | 5 30 „ - Second Class do
On Sundays—Second Class Train, 7 Morning; Ditto, 5 30 Afternoon
Fares—Inside, 5s 6d; Outside, 4s

From Liverpool to St. Helens.
7 0 Morning - Second Class Train | 2 30 Afternoon - Second Class Train
10 0 „ - - do | 5 30 „ - do
11 45 „ - do
On Sundays—Second Class Train, 7 Morning; Ditto, 5 30 Afternoon
Fares—Inside, 3s; Outside, 2s 6d

From Liverpool to Runcorn Gap.
7 0, 11 45 Morning Second Class Train | 5 30 Afternoon - Second Class Train
On Sundays—Second Class Train, 7 Morning; Ditto, 5 30 Afternoon
Fares—Inside, 3s; Outside, 2s 6d

From Manchester to Bolton.
9 0 Morning - First Class Train | 2 45 Afternoon - Second Class Train
11 15 „ - - First Class do | 5 30 „ - - do
On Sundays—Second Class Train, 7 Morning; Ditto, 5 30 Afternoon
Fares—Inside, 2s 6d; Outside, 2s

From Manchester to St. Helens.
7 30 Morning - Second Class Train | 2 45 Afternoon - Second Class Train
10 0 „ - - do | 5 30 „ - - do
11 45 „ - do
On Sundays—Second Class Train, 7 Morning; Ditto, 5 30 Afternoon
Fares—Inside, 4s; Outside, 3s

From Manchester to Runcorn Gap.
30, 11 45 Morning Second Class Train | 5 30 Afternoon - Second Class Train
On Sundays—Second Class Train, 7 Morning; Ditto, 5 30 Afternoon
Fares—Inside, 4s; Outside, 3s

リバプール — マンチェスター間の鉄道発車時刻・運賃

イギリス鉄道認可および開通距離（1821－1844年）

年	認可距離	開通距離
1821	59.1	—
1822	59.1	—
1823	59.9	—
1824	78.1	—
1825	100.2	43.0
1826	204.4	61.2
1827	240.6	65.6
1828	294.9	72.0
1829	464.3	82.1
1830	562.4	156.9
1831	611.5	225.3
1832	675.1	267.1
1833	1,026.3	335.1
1834	1,238.0	479.6
1835	1,561.0	543.5
1836	3,098.7	649.0
1837	3,973.8	869.4
1838	4,053.0	1,194.9
1839	4,140.7	1,560.6
1840	4,109.7	2,410.0
1841	4,133.1	2,856.5
1842	4,221.6	3,120.0
1843	4,367.2	3,289.0
1844	5,671.6	3,598.0

単位:累計km

小松芳喬『鉄道の生誕とイギリスの経済』より。右表の出典はLewin, Early British Railways

自分の生存に必要な程度の賃金しか支払われていないとする搾取の理論を展開したわけです。

つまり、鉄道時刻表がもたらした時間の厳密性を重んじる観念が、時代の趨勢としてマルクスの『資本論』に影響し、労働価値を「労働時間」で計るという考え方が経済学に採用されたわけです。そしてその後の古典派経済学の基軸となり、後にいわゆる『限界革命』※11といわれる、モノは希少であって、希少になればなるほどモノが高くなり、大量になればなるほど価値は下がる、すなわち需要と供給の均衡によって価格が決まるという新古典派の経済理論が登場するまでは、この考え方が社会科学者の間に根強く残り、マルクス経済学の影響を強く被った日本の学者の間では戦後の高度成長期くらいまで、その考え方が主流でした。

日本では不定時法が、定時法に移行

日本においては、労働価値説は金科玉条とされてきましたが、日本人がこの考え方をごく自然に受け入れられたのは、日本が二〇世紀に入って、鉄道の時代に移行していたからだと思います。鉄道の導入は日本人の時間観念も変えました。これは西欧よりもさらに大きなインパクトがあったと思われます。なぜなら、江戸時代までの日本人は「不定時法」という時間観念のもとで暮らしてきたからです。

西洋の時間観念は「定時法」といわれます。それは一日を二四時間に等分割し、時間の長さは季節によらず一定にするというものです。一方、日本の伝統的な時間感覚では、季節ごとの農作業は、春夏秋冬の日の出、日の入りとのかかわりによって意識されてきました。日本では、江戸時代は、夜明けから日暮れまでの時間を六等分する「不定時法」を採用したのです。西洋

11
限界革命
経済学における価値論として、財の価値は労働などの（客観的な）生産費によって決定されるとした古典派に対し、経済主体の（主観的な）効用が財の価値を決定するとした限界効用理論が確立されたことをいう。カール・メンガー、レオン・ワルラス、スタンレー・ジェボンズによって一八七〇年代のほぼ同時期に提唱され、その後の経済学に大きな影響を与えた。

時計が日本に入ったのは、フランシスコ・ザビエルが一五四九年に大内家に献上したものが最初ですが、その後日本でも時計がつくられるようになりました。いわゆる和時計です。和時計は、時を自分たちの時間感覚にあわせて変えてしまうという器用なことをやったものです。夏は日の出から日の入りまでの時間が長くなるため、日中は時計の針をゆっくりと動かし、夜には早く動かす。冬は日中が短くなるため、逆に日中には針が早く、夜はゆっくり動くような時計をつくったのです。

しかし、明治になって鉄道時刻表が導入されてからは、時計は一定に動く、いわば機械的時間としての「定時法」の時間観念が日本にも定着しました。明治期には鉄道の敷設が国の発展の指標となり、国の威信をかけて鉄道インフラの整備が進められたわけですが、鉄道時刻表がもたらしたこうした時間観念の大転換も、当時の日本人が近代化する上で重要な役割を果たしたと思います。

日本人が最初に鉄道を見たのは開港のときです。ペリーが浦賀に来航したときで、大型の蒸気機関車の模型に日本人の役人を乗せて走ったという記録が残っています。明治維新で、日本は外国からの借金なしに近代国家の建設にあたりましたが、例外があります。最初の鉄道建設です。鉄道の母国イギリスから借金をして最初の鉄道を敷き、明治五年（一八七二）に新橋－横浜間に日本初の商業鉄道が開通しました。明治四～六年（一八七一～七三）にアメリカ・イギリス・大陸ヨーロッパを視察した岩倉使節団は、陸路は鉄道で移動しており、鉄道の威力を肌で感じたのです。

明治二〇年（一八八七）前後から鉄道ブームが起こり、二〇世紀に入ると軍事目的もあって

現存する日本最古の洋時計
久能山東照宮博物館蔵
（重要文化財）

さらに発達していきます。それまでは津々浦々を海と川の水運で結び、峠を境に山の向こうは別世界だと思い込んできた日本人が、鉄道の登場によって山をトンネルで突き抜け、橋を渡って全国を自由に移動できるようになったのです。一九世紀末から二〇世紀前半における鉄道普及の時代は、日本人が西欧と同じ陸のネットワークを獲得していった時代であり、鉄道は日本の近代化を促進した交通手段でした。鉄道網は全国に広がり、二〇世紀前半には鉄道時代が現出しました。鉄道は国民国家形成におけるインフラ整備の基礎となったのです。

鉄道の普及で高まった日本人の旅行熱

もう一つ、鉄道の普及が大衆レベルにもたらしたものがあります。それは急速に高まった日本人の旅行熱です。鉄道の発達によって日本では旅行ブームが起こり、生まれ育った地域とは異なる風景や文化に接する機会が広がったのです。当時、「大正の安藤広重」といわれた吉田初三郎という画家がいました。江戸時代の安藤広重の『東海道五十三次』は日本の「道」が歩道であったことを如実に示しています。鉄道という新しい道を全国民が知ったのは、ようやく二〇世紀前半のことでした。吉田初三郎は、鉄道の発達を受けて、目的地と沿線の美しい旅行案内図を描いています。どこに行ったら何が見えるかということを、縮尺を自在に操って鳥瞰図として描くのです。興味深いのは、必ず富士山が描かれていることです。どこに行っても富士山との位置関係がわかる構図になっています。富士山を象徴的に扱うことで、見る人に日本という国家を常に意識させるわけです。それからまた桜や紅葉も描いてあります。一枚の絵に春と秋を一緒に描き込むことで、日本が四季を持つ国であることを示しているのです。当時、吉

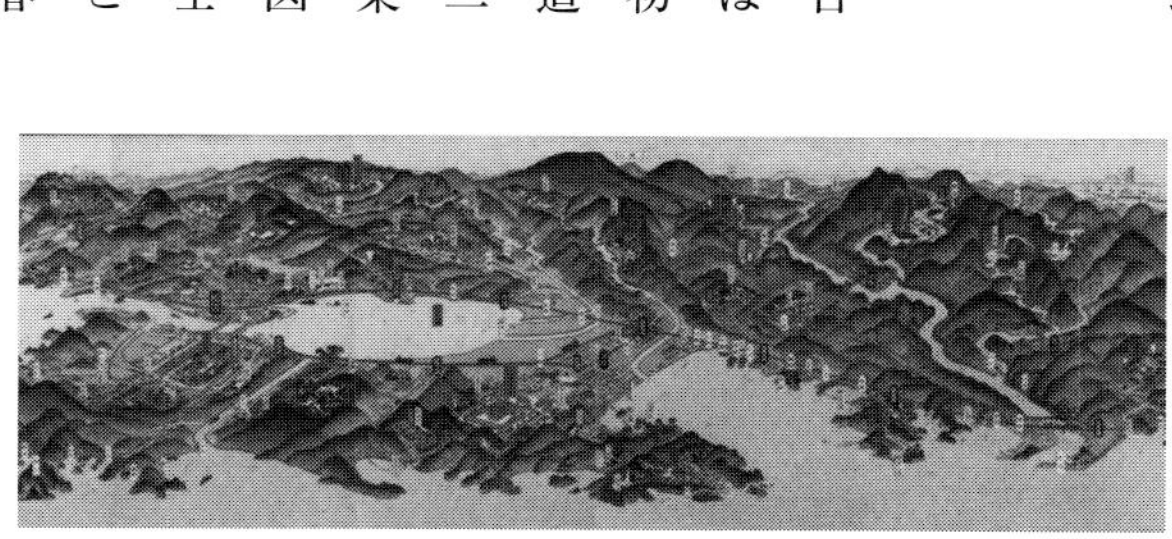

吉田初三郎が描く島根県鳥瞰図

交通科学博物館蔵

田初三郎の旅行案内図はたいへんな人気だったそうですが、徒歩の時代から鉄道の時代に変わり、新たな旅情だけでなく、ナショナリズムに裏打ちされた国土イメージを獲得していった日本人の興奮や感嘆が、その絵のなかに見事に体現されているように思います。

　戦後になると、日本は一九六四年に世界最速の新幹線を開通させました。これによって日本は、西洋文明が先に築いた陸運の最高の成果を完全に自家薬籠中のものにしたことを世界に示しました。はっきりいって、技術的には西洋の鉄道文明を抜き去ったといっていいと思います。新幹線はそれぐらい大きなインパクトがありました。日本のイメージが、それまでの「フジヤマ・ゲイシャ・サクラ」から、富士山をバックに、サクラの季節にシャープなフォルムの新幹線が走り抜けるイメージに変わったのです。新幹線は日本の技術のレベルを世界に発信する象徴的存在でした。当時の国鉄（現ＪＲ）がこのイメージを世界に発信しましたが、以来日本といえば、新幹線に代表されるハイテク技術と、富士山、サクラに象徴される美しい自然をあわせ持つ国ということになったのです。（資料４「世界最速で走る新幹線の開通」）

　ちなみに、マサイアス教授から聞いた話ですが、イギリスのオックスフォード大学の近代史学部（Faculty of Modern History）の教授陣のなかでは、近代の終わりを日本が新幹線を走らせた一九六四年とすることでほぼ一致しているとのことです。イギリスがつくり上げた鉄道の時代から、自動車文明の時代に入れ替わる転換点が一九六四年であり、そこから「現代」が始まったという歴史意識です。イギリス人から見れば、鉄道を基盤に自分たちが築いた「近代イギリス」が乗り越えられたということでしょう。イギリスから見れば地球の裏側にある日本で、スティーブンソンの発明したロコモーティブをはるかに上回る優れた技術を日本人が誕生させたことで、一つの時代が終わったという認識が持たれたようです。

私的空間を広げた自動車文明

鉄道の次は、自動車の時代になっていくわけですが、ドイツ人のダイムラーとベンツが初めてガソリンで動く自動車という乗り物を発明したのは一八八〇年代のことでした。鉄道との違いでいえば、自動車はロコモーティブと客車、あるいは貨車が一体化した乗り物であるといえます。普及し始めたのは二〇世紀にさしかかった頃からで、アメリカでT型フォードが登場して大衆化し、まずアメリカが自動車大国となって世界を席巻しました。その後のグローバルな普及と発達の歴史はご承知のとおりであり、自動車は二〇世紀を通じて、鉄道に代わる陸路の主役として完全に定着しました。

統計を見ると、戦争直前の自動車保有台数は一五～一六万台でした。その三分の二はトラックです。戦争で破壊され、終戦翌年の昭和二一年（一九四六）には一一万台と記録されています。それが今や、八八〇〇万台にまで膨らん

資料4

世界最速で走る新幹線の開通

東京オリンピックの開催にあわせて東海道新幹線が開業したのは1964年10月。これにより東京 — 大阪間を日帰りでも往復できるようになり、ビジネスやレジャーの新しい需要を喚起するなど、社会に大きなインパクトをもたらした。（写真は1965年撮影、富士市提供）

でいる。日本の世帯数が約四五〇〇万世帯ですから、単純計算すれば一世帯に二台弱所有している計算になります。また、物流も今では完全に自動車に依存しています。現在、日本全国で毎日六〇億tぐらいのモノが運ばれていますが、そのうちの九割、五四億t程度が自動車で運ばれ、残りの一〇%のうちの大半が海運、一%が鉄道という状況です。明治から戦後の高度成長期までが鉄道の時代であったとすれば、高度成長期以後は自動車の時代になったといえます。

　では、自動車文明は私たちの生活にどのような影響をおよぼしたのでしょうか。自動車の普及は、現代人の生活形態と生活圏の広がりに対する意識を根本的に変えてしまったと思います。鉄道の場合は、遠い土地に運んでくれる、なじみの薄い別の地域に運んでくれるという感覚でしたが、自動車はドア・ツウ・ドアで気ままに自由に動けるので、移動した先も自分の意思空間と連続しています。自動車は、個人の自由移動を通して、個人主義の普及にも貢献したのではないでしょうか。鉄道は集団移動に適した移動手段です。自動車は個人移動に適しています。個人という意識を植え付ける上では、自動車は最適の乗り物です。

　問題は道路です。一九五六年にアメリカから日本の道路の調査団が派遣され、それをまとめた『ワトキンス報告』[※12]は、「日本の道路は信じがたいほどに劣悪」「工業国にしてこれほど完全に道路網を無視してきた国は日本のほかにない」「高速道路をこれほど余儀なく必要としている工業国は日本のほかにない」などと、日本の道路事情を酷評しました。日本には、鉄道を除けば、歩道しかなかったのです。

　その歩道に、自動車が侵入してきました。八〇年に日本国内の自動車の生産台数は一〇〇〇万台を超え、同年のアメリカ合衆国のそれを上回りました。国内の自動車の台数は戦後六〇年

12 ワトキンス報告
一九五六年、高速道路建設を世界銀行の借款で行う方針に傾いていた日本政府は、経済調査専門家のラルフ・J・ワトキンスを団長とする名古屋・神戸高速道路調査団を招いた。同調査団は同年八月にまとめた報告書のなかで、当時の日本の劣悪な道路状況を厳しく指摘、大きな衝撃を与えた。

開通当時の名神高速道路

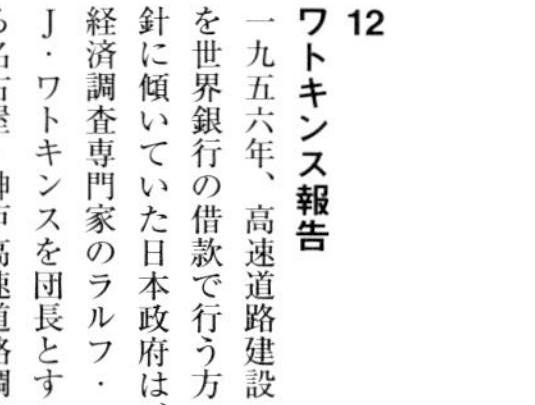

共同通信社提供

間に八〇〇倍の激増を見たのです。宇沢弘文氏は一九七四年に出版した『自動車の社会的費用』（岩波新書）のなかで、自動車をピストルにたとえて、自動車が市民生活を脅かしており、「安全かつ自由に歩くことができる歩行権は市民社会に不可欠な要因である」と訴えました。一言でいうと、自動車の急速な普及に自動車道路の建設が追いつかず、歩道が犠牲になったのです。

自動車道路の建設が本格的に始まったのは、一九五六年に日本道路公団が設立されてからです。ほぼ一〇年後の六五年、ようやく名神高速道路が全線開通しました。それから今日まで、まだ四〇年余りしか経っていません。ヨーロッパは二〇〇〇年の車道の歴史を持っています。道路建設は不要という意見がありますが、過去四〇年余りの建設が急速だったので、そう思われるのは無理もないが、実際は、まだまだ不十分であると思います。

鉄道から自動車の時代へと変わり、高度経済成長を遂げた今、日本は欧米へのキャッチアップを完全に終えたといえます。経済力をメルクマールに見ると、一九八五年のプラザ合意※13で一ドル二四〇円が一〇〇円以下になったあたりが、その節目であったかと思います。その後、日本の経済価値が一気に高まり、日本資本がニューヨークの不動産を買いあさるという象徴的な出来事がありましたが、これは歴史的にいえば、豊臣秀吉※14が朝鮮半島を経由して明の攻略を企てたことと似ています。秀吉は桃山で、黄金の茶室をはじめとする豪華絢爛たる文化を築き上げ、中国からはもう学ぶものがない、すべて取り込んだと考えて明征服の野望を抱きました。無謀なことをしたといわれますが、日本は四〇〇年後には、今度はアメリカを買いにいこうとしたわけで、まさに歴史が繰り返されたといえます。

秀吉のあと、徳川家康が上方から見れば文化果つる地と見えた関東に基盤を移し、新しい国

13 プラザ合意
一九八五年九月、ニューヨークのプラザホテルで行われたG5（アメリカ、イギリス、旧西ドイツ、フランス、日本の五カ国蔵相・中央銀行総裁会議）のドル高是正の協調介入に関する合意。五大国が金融通貨政策の協調により国際経済の安定性回復に動いた最初の本格的試み。その後、日本では急速に円高が進み低金利政策が取られたことで不動産や株式への投機が加速。バブル経済を引き起こした。

14 豊臣秀吉による明の攻略
日本国内を統一した豊臣秀吉は、その支配を海外へも広げようと大国である明攻略の足がかりとして一五九二年の文禄の役、一五九七年の慶長の役と二度にわたって朝鮮に出兵した。当初は攻め進んだものの、明の援軍などの反撃に遭い苦戦。秀吉の死により撤退した。

づくりを始めたわけですが、それと同じようなことが、今の日本に求められているのではないでしょうか。欧米へのキャッチアップを終えた日本は今、東京を中心とした中央集権体制から、地方分権を基本とする新しい国づくりを進める時期を迎えています。先に述べた言葉でいえば、「山の洲」「野の洲」「森の洲」「海の洲」の連合体から成る日本版EU、ジャパン・ユニオンを構想すべきではないか。その実現の基盤となるのは、自動車交通ネットワークであると思います。これからは自動車文明の発展を前提にしながら、新しい地域連合国家の可能性を模索する時代に入ったといえるのではないでしょうか。

二一世紀日本、東アジアの構想

国内においては自動車交通の発達を前提とした国づくり、地域づくりが必要とのご指摘でしたが、私たちは今後、交通の発展を視野にどのような国土構想を描いていけばよいのでしょうか?

自動車交通を基盤に、ジャパン・ユニオンの実現へ

この四〇年余りの間に、道路整備は進み、高速道路が日本の脊梁《せきりょう》山脈を突き抜け太平洋側と

日本海側とを結べるまでになりました。ついに峠を克服したのです。それは全国総合開発計画[※15]（第一次は一九六二年、第二次は一九六九年、第三次は一九七七年、第四次は一九八七年、第五次は一九九八年に策定）と軌を一にして建設され、東京を中核とした経済発展を支える動脈となりました。全国に東京から放射線状に自動車道路が張り巡らされました。そして、国内の貨物輸送の九割を自動車が占めるまでになりました。日本の物流の主役は舟→鉄道→自動車と変化していったわけです。

日本は、世界トップクラスの先進国となり、欧米へのキャッチアップの時代をほぼ終えました。国力を東京に放射線状に集めるだけの時代は終わったのです。日本の国力は、戦前には軍事力、戦後は経済力でしたが、これからは文化力です。軍事力も経済力も国民の繁栄の必要条件ではあっても、国民の幸福の十分条件ではありえません。文化とは生活様式、すなわちライフスタイルのことです。日本人がライフスタイルに誇りを持ち、それが魅力を発揮し、外国人から憧れられるようになるとき、文化は力を持ちます。すなわち日本は文化力を持つのです。日本には各地に豊かな文化が息づいています。それを活かすには文化圏に応じた地域づくりをしなければなりません。

自動車と車道とは車の両輪です。日本は「自動車王国」ですが、「車道王国」ではありません。自動車も車道も個人のライフスタイルとかかわっています。一九七〇年代に乗用車がトラック・バスの台数を超え、乗用車は個人の生活手段となっています。地域生活の一体感の確保には、域内の生活圏を結ぶ環状道路が不可欠です。

これからは、地域が実力を発揮すべき分権の時代であり、鍵になるのは環状道路の整備だと

15 全国総合開発計画（全総）
国土総合開発法（昭和二五年法律第二〇五号）に基づく国土総合開発計画のうち、国が全国の区域について作成する総合開発計画のこと。一九六二年に策定された全国総合開発計画に始まり、最後の「二一世紀の国土のグランドデザイン」を含め五次にわたって策定された。

思います。環状道路網の整備が地域の分権を促進し、地域の一体感を醸成するものと見込まれます。環状道路は、輸送・移動の時間を節約し、経済効率を上げ、環境負荷を軽減するでしょう。それは地域分権の基礎的インフラです。環状道路の整備は文化力を軸にした新時代を開くものと思います。

環状道路としては、首都圏では、首都高速（四七km）、東京外郭環状道路（八五km）、首都圏中央連絡自動車道（三〇〇km）の三環状道路が整備されつつあります。これが首都圏という意識を醸成する上では基礎的なインフラです。東海圏では名古屋環状線（六六km）と東海環状道路（一六〇km）が、また、関西圏では大阪湾環状道路（二〇〇km）、関西中央環状道路（二四〇km）、関西大環状道路（三〇〇km）の三環状道路が整備を待っています。これらの環状道路の整備率は、そのまま、経済の元気度にかかわっています。首都圏や東海圏に比べて、関西圏の経済に元気がないのは、環状道路の遅れがそのまま反映しているように思います。

自動車文明にふさわしい国づくり

陸路でつながるヨーロッパは、自動車文明の時代に入って国民国家を単位としたグレート・リージョン、地域連合であるＥＵをつくりました。ＥＵが自動車のネットワークを基盤にしているとすると、自動車大国となった日本もまた、これまでの国民国家とは異なる国のあり方、すなわち地域ブロックを単位とした新しい国土構想を持ちえると思います。

国の実力を経済力で計りますと、日本のＧＤＰは現在約五〇〇兆円ですから、一七五兆円程度のイギリス、フランスの三倍の実力を持っていることになります。先進国といわれる国のなかでいちばんＧＤＰが低いのは、約八五兆円のカナダですが、これは東京のＧＤＰとほぼ同じです。日本全体ではカナダの六倍の経済力を有し、日本単独でもＥＵに匹敵する規模の経済圏を構成できるのです。そこで、日本を一つのミニＥＵと見立てて、ふさわしい規模の地域ブロックに分割する場合、どのように構想できるかということになります。

全国総合開発計画に代わって国土形成計画法[※16]が施行されました。目下のところ、政府が考えている広域地域は、基本的には現在ある国の出先機関によって分けるというものです。北海道、東北、関東、北陸、中部、東海、近畿、中国、四国、九州、沖縄の地域を基準にして分け、そこに国が権限と財源、人材を下ろしていくということのようです。これは国の出先機関を単位としますから、現実的なわけですが、長期的に、いわば文明論的に、先ほど指摘した経済規模の問題や、その基盤となる自動車交通ネットワークの今後の可能性をもとに見ていくとき、果たしてどうでしょうか。たとえば北海道二一兆円、四国一四兆円のＧＤＰに対し、関東一八〇兆円となると、経済の地域間格差があまりに大きすぎるのではないでしょうか。

私は、ブロック分けの条件として、少なくともどの地域にも先進国並みの経済規模を保証することが必要ではないかと考えています。そのぐらいの経済力を確保でき、地理的な連続性も備えた地域ブロックを考えると、たとえば、北海道と東北をあわせると約七〇兆円ですから、やや少ないですが、これで一ブロックとする。同様に中部と近畿をあわせると約八五兆円、中国・四国・九州で約八五兆円となるので、それぞれを一ブロックとする。関東は東京を除いても九五兆円ですから、東京だけ独立経済圏として、その他の地域を一つにまとめてもいい。しかし、戦後最後の国土計画「二一世紀の国土のグランドデザイン」（一九九八年三月策定）で提

16
国土形成計画法
二〇〇五年一二月、国土総合開発法の一部改正に伴い同法の名称が国土形成計画法に改められ、全国総合開発計画（全総）の名称も国土形成計画に改められた。これにより、今後の国土計画は、総合的な国土の形成に関する指針を示す全国計画（閣議決定）と、ブロック単位の地方ごとに国と都道府県等が役割分担のもと、連携・協力して策定する広域地方計画（国土交通大臣決定）によって進められることとなった。

起された「四つの国土軸構想」を尊重し、日本を四地域に分けるほうが先人の知恵の発展的継承につながると考えますので、基本的には関東を一つにして日本を四地域に分割し、ＥＵに対抗しうる地域連合国家として機能させていけばいいのではないかと思います。

二一世紀日本の地域ブロック構想

この問題について、文明史的な観点からもう少し掘り下げてみたいと思います。私はこの四地域について、北海道、東北を「森の洲」、関東を「野の洲」、中部を「山の洲」、西日本を「海の洲」と区分できるのではないかと思います。洲名に「森・野・山・海」を冠させたのは、それが個々の地域の自然や文化、歴史を象徴する言葉であると同時に、日本が環境を重視する国であることを内外に示す意味でも、このように自然をモチーフにして地域づくりを進めることが、今後ますます重要になると考えるからです。

一つずつ見ていきますと、日本最大の平野でつながる関東は、放射状に東京に向かい、陸のネットワークによって環状に結ばれている地域です。昔でいえば海の平家に対して、馬で野を疾駆する関東武者の世界であり、まさに「野の洲」といえます。東北・北海道は山の多い地域ですが、森林限界を超えるような高山は少なく、緑豊かで、森のイメージが似合う地域です。北海道の原生林、白神のブナ山地、イーハトーブ[※17]のイメージなどからも「森の洲」と呼べると思います。一方、中部地方には箱根や富士山があり、アルプスの山々が連なる峻険な地域であり、中央の高い山脈によって太平洋側と日本海側が分断されてきたという歴史があります。戦後になって、高速道路や新幹線の整備によってようやくそれを克服したわけですが、「山の洲」

17 イーハトーブ
宮沢賢治の造語による岩手県の呼称。イーハトーブとは、岩手をエスペラント風に発音したもので、岩手の雄大な自然と賢治の想像力が溶けあってできた理想郷のイメージを持つ。

はそれだけ峻険であるといえます。近畿以西については、琵琶湖から淀川を経て、瀬戸内海に注ぐ水運のネットワークが基本骨格となっており、そこから中国・四国・九州と結ばれている地域です。陸を環状に結ぶのは難しい反面、津々浦々で結ばれてきた長い歴史を持ち、瀬戸内海、日本海、東シナ海、太平洋とまわりを海で囲まれていることからも「海の洲」であるといえます。これを一つにするには豊予《ほうよ》海峡や紀淡《きたん》海峡に橋をかけ、環瀬戸内海環状道路のようなものを建設することも視野に入ってくるでしょう。

ともあれ、この区分によって、「山の洲」はカナダ以上、「野の洲」はフランス規模、「森の洲」はカナダ規模、「海の洲」はイギリス以上のＧＤＰを持つことになり、すべて先進国並みの経済力によって裏打ちされます。あとは各洲に徴税権を与え、それぞれの人口や経済力に応じた負担金を中央政府に上納する。中央政府は洲から得た財源によって、国家主権にかかわる仕事に従事することになります。

もう一つ、各洲の洲都をどこに置くかという問題もあります。まず「森の洲」の洲都は、東北よりも北海道がよいのではないかと思います。その理由は、東北は地域色が強い面がありますが、北海道は全国から人が集まっており、ある種の全国性を持っているからです。さらに札幌と新千歳空港からアクセスのよい場所に洲都をつくれば、日本の北の玄関口として世界性を獲得することもできます。「野の洲」は東北・北陸・長野の新幹線が集中する大宮あたりか、東京でいいでしょう。「山の洲」は首都移転の際に第二候補となった東濃のあたりが候補となります。「海の洲」は、私は海に浮かべてもいいのではないかと思います。いわゆるメガフロート、大型付帯構造物を瀬戸内海に浮かべ、飛行場、病院、庁舎などの都市機能をすべて載せた、移動が可能な人口島にする。そうすれば誘致合戦をしなくてもすみますし、離島の人たちも励まされるでしょう。

この「浮かぶ洲都」案は、この地域ブロックの発展だけでなく、今後進むであろう東アジアの共同体構想も視野に入れたアイデアです。いずれ東アジア共同体の本部をどこに置くかが議論されると思いますが、多島海地域である東アジア共同体にふさわしいのは「動く島」であり、そのパイロットケースとして、まず日本が動く海洋都市を実現させておくという戦略は悪くないと思います。

二一世紀の海洋アジア

一九世紀の世界経済の中心は大西洋にありました。しかし、太平洋貿易の規模はすでに大西洋貿易を上回っており、二一世紀には太平洋の時代が到来することは確実だと思います。なかでも重要なのは日本、中国、韓国、東南アジア諸国などが中心となる西太平洋ですが、この地域は基本的に多島海地域であり、海を媒介にして結ばれています。その形状から、この地域は「豊饒の半月弧」と呼ぶことができると思いますが、日本はその要の位置にあり、これからは開かれた海洋国としての道を歩んでいく必要があります。(資料5「豊饒の半月弧」)

冷戦後、世界はEU、北米のほかに、東アジアが勃興してきました。「東アジア」は東北アジアと東南アジアの総称で、「ASEANプラス3(日・中・韓)」です。

「東アジア」は、島国日本はもとより、韓国、台湾、香港、中国沿岸部、東南アジアなど、いずれも海に面しており、EUと北米が大陸であるのに対して、「海洋東アジア」というほうが正確です。

「ASEANプラス3」の首脳が「東アジア共同体」をつくる動きが二〇〇五年より始まりましたが、それは海の共同体です。現代の「海洋アジア」は、西は中東から、東南アジア・台湾を経て、朝鮮半島にいたるまで政情が不安で、その海域の形状が全体として弧状をなしていることから、国際関係論では「不安定な弧」と呼ばれています。しかし、「海洋東アジア」が「東アジア共同体」の基礎となりつつある現実や、「海洋アジア」が「不安定な弧」と見られているという現実などを念頭におきながら、歴史的にはさまざまな文化・文明圏に属する人間と文物の交流した「交流圏」としての「海洋アジア」が、今後、「平和の弧」として「海の文明」になりうるかどうか、その可能性が問われています。

資料5

豊饒の半月弧

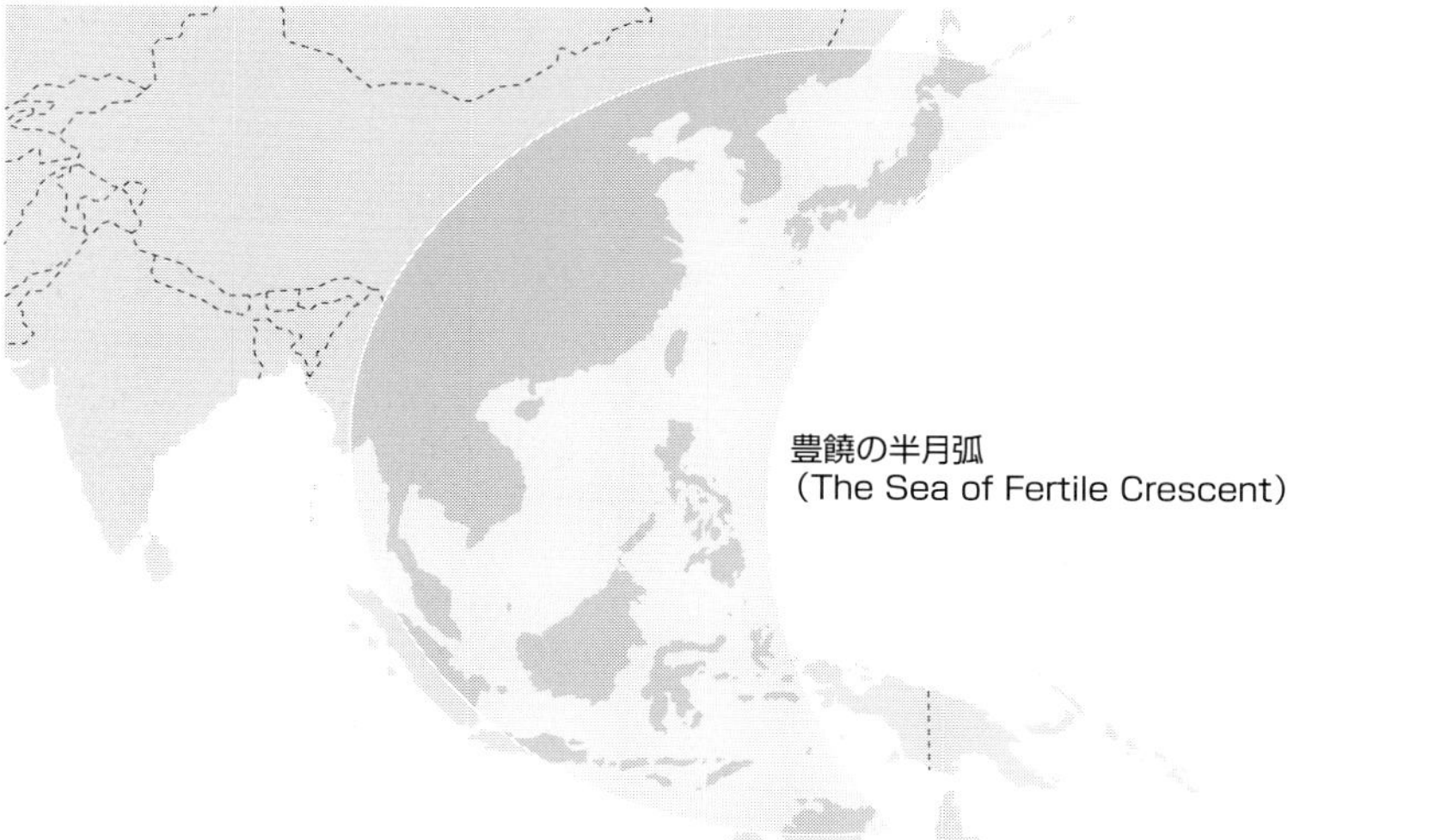

川勝平太『文明の海洋史観』より改作

写真提供：共同通信社

建長寺

金閣寺

桜田門

象徴の江戸城に、天皇陛下という権威がお入りになり、そこが皇居となった。それは中央集権体制のシンボルである。西欧へのキャッチアップを進めた明治・大正・昭和は、「東京時代」と呼べるものである。東京時代は、欧米の文物すべてを東京に取り込んだ時代である。東京はいわば西洋文明への窓口であり、かつての京都が中国文明の博物館であったように、西洋文明の生きた博物館の様相を呈している。

新しい時代の都をどこに置くか

日本の歴代の権力機構の所在地は、それぞれに歴史的な意義と役割を担っている。これは裏を返せば、新しい時代を開くには、次の時代にふさわしい意義と役割を見出し得る場所を選ぶのが、日本の伝統に立脚するということである。元号が平成に改まった翌年の1990年、衆・参両院が一致して首都機能移転を決議した。法律が定められ国会等移転審議が1999年暮れに移転先の第１候補としてあげたのは栃木県の那須であった。那須という土地柄は、新しい時代の首都としてふさわしい条件を備えている。

というのも、那須は「野の洲《くに》（関東）」と「森の洲（東北・北海道）」の狭間に位置している。森は田畑や生活のための水を供給する。その森を守るため、我が国では古来より、森の入り口に「鎮守の杜」を建立し、森を大事にしてきた。森が荒れると平野も荒れるため、それを防ぐという狙いがあったからであるが、「野の洲」と「森の洲」の間に位置する那須は、いわば鎮守の杜への入り口ととらえることができる。それゆえ、那須が新首都になれば、それは「鎮守の森の都」と呼ばれるであろう。それは単に日本の顔だけでなく、世界のモデルになりうる。というのも、大量生産、大量消費、大量廃棄によって地球環境を破壊してきた反省から、1992年にリオデジャネイロで「地球サミット」が開催されたが、このサミットでは「森」がキーコンセプトとなった。那須という鎮守の森の都は、地球環境時代の国づくりの先導的な象徴にもなり得るのである。

室町時代には、京都から「小京都」が生まれ、江戸時代には、ガーデンシティの江戸から「小江戸」が生まれたように、21世紀の日本は「鎮守の森の都」那須を中心に、「鎮守の森の都」群を全国に波及させていく国づくりを目指すべきではなかろうか。

（川勝平太）

Column

「都」が意味するもの

日本の歴代の都をふり返る

我が国では、有史以来、常に権力機構の所在地を変えることで、新時代を拓いてきた。首都の場所を変えて新しい時代を開くというのは、我が国の際立った特徴で、世界に例がない。また、自国の歴史の時代区分を場所名、すなわち「奈良時代」「平安時代」「鎌倉時代」「室町時代」「江戸時代」のように権力の所在地名で表しているのは、日本に特有なもので、外国の歴史には例を見ない。「平安」は平安京都、「室町」も京都の地名である。これら都市のたたずまいは、それぞれの時代のエッセンスを凝縮して今日にいたっており、今でもその土地を訪れれば、その時代の顔が見える。歴史の勉強がおのずとできるわけだ。だから、修学旅行の対象に選ばれるのだ。

奈良、平安が唐の都・長安《ちょうあん》（現在の西安《せいあん》）を模した都市であることは、今も残る当時の建造物や、碁盤の目の町のつくりから容易に察せられる。鎌倉では、鎌倉五山の文化が開花した。これは禅、茶、庭園など、中国の北の文化を代表する長安とは異なる中国の南（南宋）の文化を反映したものだ。そして室町になると、鎌倉で栄えた南宋文化が京の都に入り込み、京都五山の文化が花開く。禅林、すなわち臨済禅のエッセンスが取り入れられ、金閣や銀閣が建てられたのが室町京都である。この時代は、中国の南北の文化をすべて取り込み終えた時期であり、室町京都はさながら、東洋文明の博物館のようであったと思われる。

では、江戸とはいかなる都市であったか。江戸は中国をモデルとせず、日本独自の発想でつくられた都市である。室町末期から入り始めた南蛮文化の影響も見られ、たとえば「天守閣」という言葉などは、西欧の「デウス」が「天主」と漢字で書かれたのを「天守」と書いて、信長は安土城に天守閣を造営した。中国だけでなく南蛮渡来の種々の文化・技術を融合し、独自の様式を確立して中国文化からの自立を果たし、日本独自の伝統を築き上げたのが江戸時代であり、その象徴が権力機構の置かれた江戸である。

明治以降は、封建国家から国民国家へと脱皮するために東京に権力を集中させ、権力の

東大寺

平安神宮

日系人が一変させた南米の道

●杉田房子

南米は日本から遠い。その遠い南米のブラジル、アルゼンチン、ペルー、ボリビア、パラグアイなどへ多くの日本人が移住し、彼らの血のにじむような苦労が実を結び、それぞれの国の経済力をもアップさせた。ブラジルでは、移住一〇〇年祭をやったし、ボリビアの沖縄移住地および、サンファン移住地も、この一両年で入植五〇周年を記念する祭典が挙行された。

ボリビアの元大統領（二〇〇一年没）ビクトル・パス・エステンソロが晩年「私の大統領としての特筆すべき事業の一つは、日本からの移住者を受け入れたことだ」といい、〝移住者の父〟として私が訪れたときですらたたえられていた。このところボリビアの日系人が高く評価され、サンタクルスという地方都市も今や大都市に変身。これも日系人の経済力によるものといわれる。

これらの町を私は二度訪れてい

杉田房子

旅行作家　IATSS評議員

フェリス女学院大学英文科卒業。故大宅壮一氏に師事。観光政策審議会委員、旧国土庁の審議会委員等を歴任。日本ナショナルトラスト理事、日本ペンクラブ会員、日本旅行作家協会評議員。主な著書は『じゃがいもの旅の物語』『野生動物の物語』など。

ペルーの首都リマ。16世紀にスペイン人ピサロが邸宅を建設。コロニアル風の建物が今も残る。

るが、びっくりしたのは道路の変化。雨が降ればタイヤをとられるぬかるみ、晴れれば土埃で前が見えない道だったが、今はスムーズに車が走る立派な舗装道路になり目を見張った。この道路が移住地で育てた作物を各地に送る流通の効果を高め、彼らの経済力も高めた。

ボリビアの首都ラパスは、富士山より高所にある世界一の高所都市。道路が悪いときは、ここまで物資が届きにくかったが、今や高層ビルと商店の並ぶ賑やかな都市になった。しかし、車がラパスへ登っていくのに、一〇〇〇m上がるたびに馬力は一〇%ダウンするから、四〇〇〇m高所となると四〇%も馬力ダウンする。車にとっても辛い道である。

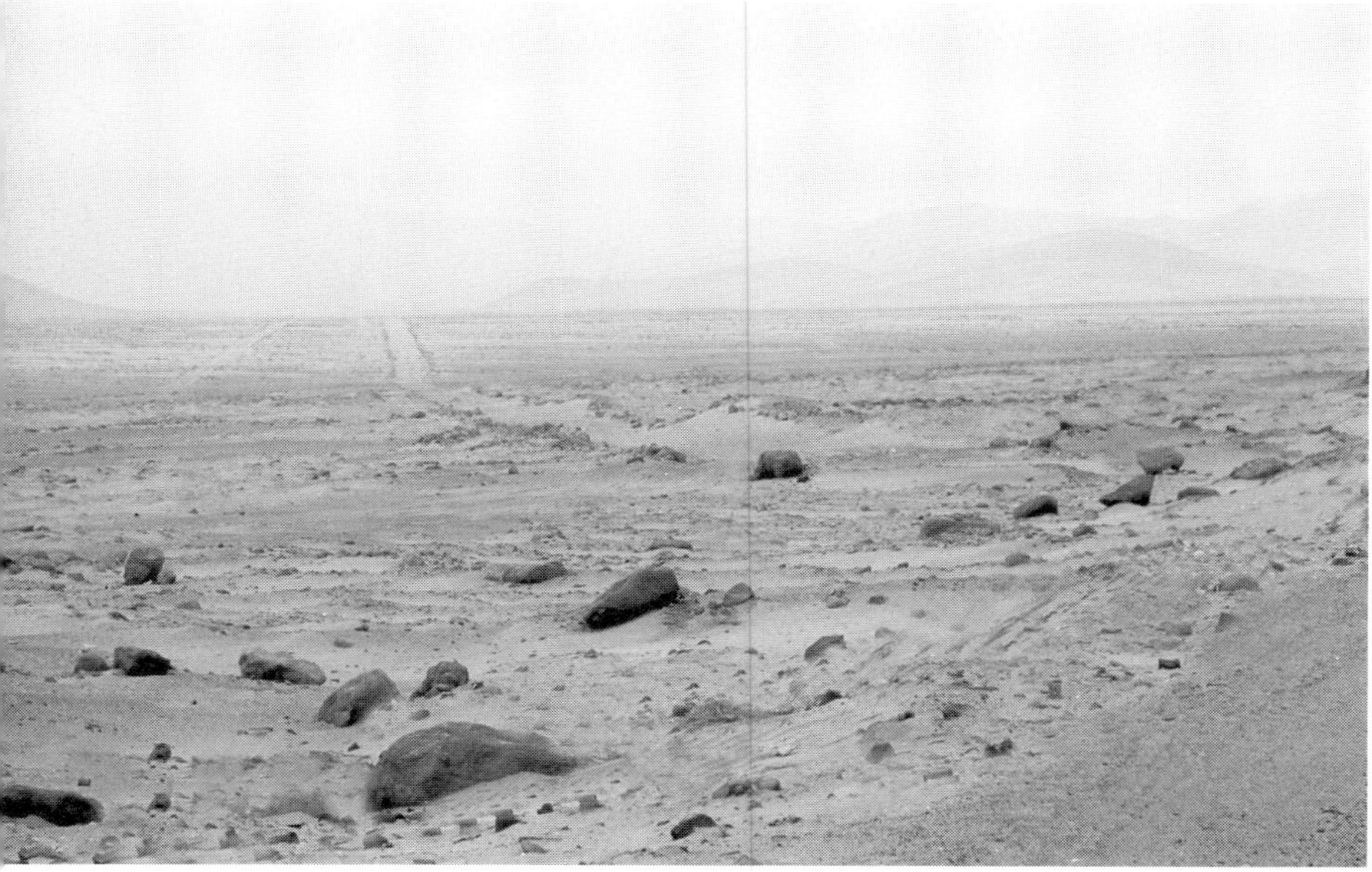

リマ郊外の砂漠化が進み、かつてのインカの道もかすむ。

大アマゾン川は多くの支流をもち、重要な交通の役目を果たす。

自然の厳しいラパスではあるが、ジャガイモの故郷として知られている。寒い荒れた土地でも育つジャガイモ。かつてインカの人々はジャガイモを収穫した後、昼夜外におき、足で踏んで水気をとると、ジャガイモは休眠し、保存食になる。植付けるときは水につけておくと目を覚まして芽を出す。

一六世紀にスペイン人ピサロが、アンデスの民を征服したとき、長年探し求めていた保存食ジャガイモと出合った。当時は航海中に生水は腐って飲めず、食物の保存もできなかったので壊血病で命を落とす船員が多かった。スペイン人はこの価値ある食物を発見して喜び、インカの民が持っていた金製品とジャガイモを根こそぎかき集め、船に積んでスペインへ持ち帰った。ジャガイモはスペインからヨーロッパ各地へ、オランダからインドネシアのジャカルタを経由して日本へも到着し、ジャカルタのイモが「ジャガイモ」と日本では名付け

日系人の努力の結果、野菜が豊富に生産され、市場を賑わす。

アマゾンを縦断する道路ができ、物流の活発化で経済力も向上。

られた。その後、度重なる飢饉に も、荒れた土地でも早く生長するため〝お助けイモ〟として役立った。

ペルーの海岸に近い道路を車で走っていたとき、半ば砂漠化した平原に一本の細い道がアンデスに向かって真っすぐに伸びているのが目に付いた。その昔スペイン人に取りあげられた金やジャガイモをリャマの背に積んで、港まで運ばされたアンデスの民が歩いた道といわれたが、その姿を私には、まぼろしながらに想起できた。

そのとき乗せていただいていた車はバイオ燃料車（アルコール等植物性燃料）だったが、走っていてエンストしやすく不満が多かった。今や進歩目覚ましく、ガソリンが高騰しているので世界的に需要は高まり、輸出も増大すると強気になっている。二〇〇五年九月までの累積販売台数（ブラジル）で、ガソリンとバイオ・アルコールの併用車が五六万台。ガソリン車が五四万台だから、バイオ燃料車が国内市場の八〇％を占めると

アマゾンの原生林の緑は美しいが、その生命力は恐ろしく強い。耕地も目を離すとジャングルにすぐ戻る。

いう予測もある。

道路が良くなり車も性能が良くなると、交通事故は増える一方。南米の人たちはウルフドライバーとして有名だが、犯罪に巻き込まれることも多く、遠出の時は単独ドライブは狙われるから必ず二台以上のチームで行動することと教えられた。同じ道を同じ時間に車を走らせるのもマークされやすく危ないから、と道順にも気を付けているともいう。都会で路上駐車中の車から、カーラジオや金目のものが盗まれたり、タイヤ全部を持っていかれた車も見た。「数時間後に市場にいくと、ちゃんと売っているんですよ。私のものが」と苦笑している知人がいたが、この手の犯罪が新傾向なのは確か。

一方、最近の日本の犯罪が南米化しているのも事実で、こういう国際化はその深刻化といい拡がりといい、対岸の火事などとはいっていられない。

世界最高地の都市ラパス。富士山より高いので旅行者などは高山病になりやすく、空港には常に酸素ボンベが待機。

第二章

国際政治・外交から見た交通

井上　勇一

外務省在パース日本国総領事館首席領事　法学博士

IATSS会員

慶應義塾大学法学部卒業。在アフガニスタン大使館ＤＤＲ（軍閥武装解除）担当参事官などを経て2005年より現職。主な著書は『東アジア鉄道国際関係史』『鉄道ゲージが変えた現代史』など。

井上氏は、現役外交官として大使館勤務のかたわら、外務省外交史料館において『日本外交文書』を編纂するなど、日本外交史、国際関係論を中心に研究活動を続けてこられた。満州の鉄道を舞台に繰り広げられた列強の攻防を、鉄道ゲージの視点から著した『東アジア鉄道国際関係史』はアジア太平洋賞（アジア調査会）、国際交通安全学会の褒賞（平成元年度）を受賞されるなど、アジアの政治・外交上で果たした「交通」の役割についても精通されている。鉄道や海の交通が近代史の舞台でどのような役割を担ってきたのか、地政学的な観点から幅広く論じていただくとともに、今後連携の強化が望まれる東アジア圏において、「交通」の役割をどう考えるべきかといった現代の問題についても意見をうかがった。

※ここで述べられた井上氏の見解は、同氏個人の所見であって、外務省の公的見解を意味するものではないことを、お断りしておきます。

地政学から見た「交通」の意義

広い意味での国際外交の舞台において、いわば地政学的に見た交通の「役割」とは何かといった問題について、幅広くご意見をうかがえればと思います。さらに国家戦略的な観点から、交通の発達が日本のこれからの国益とどうつながるのか、今後の展望も含めながらお話しいただければと思います。

古くから国家戦略の一翼を担ってきた「交通」

「文明と交通」というとき、鉄道や自動車が走る道路などはつい最近の話であって、昔は東西をつなぐ交易ルートだったシルクロードのような道が、諸文明の発展や衝突のなかでとても重要な役割を果たしてきたと思います。シルクロードというと、一般的に文化交流とか交易といったプラスのイメージがあるわけですが、もう一つ忘れてならないのは、侵略ルートとしての機能もあったということです。シルクロードのような文明・文化を象徴するような道でも、国家や民族間の侵略の歴史と深くかかわっており、地政学的にはそのことをまず念頭において考

1
チンギス・ハーン(Chinggis Khan)
モンゴル帝国の創始者。一一八九年、モンゴル族の族長となる。一二〇六年に全モンゴル部族を平定し、チンギス・ハーンの称号を得た。一二二七年に没するまでに中国、中央アジア、南ロシア、東ヨーロッパを含む大モンゴル帝国を築いた。

える必要があります。

アフガニスタンには、最近日本でもよく知られるようになりましたが、タリバンに破壊された大仏があるバーミヤンという町があります。この町の東三〇、四〇㎞の地点は、北のタジキスタンからカブールに抜けるルートになっており、またバーミヤンを通って西のほうへ山間部を抜ければ、イランに出られるというシルクロードの要所の一つでした。このあたりでは今でも、一二世紀にチンギス・ハーン[※1]に破壊された要塞の跡を見ることができます。この一帯はハザラ人という少数民族の勢力地域ですが、彼らはチンギス・ハーンの時代には、防衛のために絶壁の壁面に非常に強固な要塞をつくって外敵の侵入に備えていました。シルクロードを通ってきたチンギス・ハーンはこの要塞を襲撃したわけです。

こうした例は歴史上いくらでもあります。たとえばもう少し新しい時代だと、一九三六年に開催された第一一回ベルリン・オリンピックにおいて、初めてアテネから開催地までの聖火リレー[※2]が行われました。それ以来、アテネからの聖火リレーはオリンピックの慣習となり、非常に美しい物語として語り継がれていくわけですが、これはアドルフ・ヒットラーが考え出したアイデアといわれています。なぜヒットラーがこんなことを始めたのかというと、実はその聖火を運んできた道が、後にドイツが東進する際の侵略路になったという事実が浮かび上がります。ヒットラーはそういうことも念頭に入れて、聖火の通る道筋を研究させていたといいます。

このように、交通には平和的な側面と侵略的な側面があり、これらは表裏一体の関係にあるといえます。近現代の世界情勢と交通の問題を考えるときには、こうしたことを踏まえておくことが必要だと思います。

2　聖火リレー
ギリシアのオリンピアで採火された聖火をオリンピック開催地までリレーで運ぶこと。第一一回ベルリン・オリンピックのコースは、ギリシア→ブルガリア→ユーゴスラビア→ハンガリー→オーストリア→チェコスロバキア→ドイツのベルリンまでの三〇七五㎞。

第一一回ベルリン・オリンピックの聖火リレー

秩父宮記念スポーツ博物館提供

鉄道の敷設が、国家権力拡大の旗印に

ヨーロッパでの近代の始まりは、宗教改革によって国王の権力が教会の権威を上回るようになり、国民国家が誕生する素地が成立したことに由来しますが、あわせて忘れてならないのは、大航海時代が到来することによって、国王の権力が海外の領土にもおよぶようになったということです。大きな帆船で海外に領土を拡張する覇者は、最初はスペインであり、オランダであったのが、やがてイギリスに取って代わられます。トラファルガーの戦いにおけるイギリス海軍ネルソン提督の勝利はその象徴であったといえます。このように一七世紀から一八世紀にかけては、ヨーロッパ列強の力はいかにして海路を押さえるかにかかっており、押さえることができた国がインドを支配し、インドネシアを支配することができたわけです。やがて科学技術の発展にともなって鉄道が誕生すると、鉄道はスピードという点で、船よりはるかに国家の要請を忠実に反映するものとなりました。海路により中国に到達した列強が、いずれも鉄道敷設権を獲得して中国大陸内部に勢力を拡大していったのは、こうした国家の要請に基づいていたからだといえます。

そういった面を踏まえて近代史を見たとき、一九世紀末から二〇世紀初頭にかけての国際政治においては、鉄道の敷設がきわめて重要な意味を持っていたことがわかります。もともと鉄道というのは、ある程度技術がないとつくれませんし、莫大な資金も必要になります。国家的なプロジェクトでないかぎり、鉄道をどんどん延長していくことはできなかったわけで、鉄道はまさに近代化のバロメーターであると同時に、列強にとっては覇権拡大の道具としても重視

されてきたのです。

こうした鉄道争奪戦の典型的な舞台となったのが、一九世紀後半における中国です。イギリスなどの欧米列強は、東シナ海まで船でやってきて、そこから内陸に鉄道を延ばしていきました。一方、シベリア鉄道を延長し、満州北部から太平洋岸に南下しようとしたロシアは、陸路による中国進出を企てます。そのため中国の東側では、鉄道の敷設権をめぐる凄まじい駆け引きが繰り広げられたわけです。敷設費用などは自己調達であったにもかかわらず、なぜあんなに鉄道の敷設権獲得に列強がこだわったかというと、当時は鉄道を敷いた沿線の地域が、そのまま権益獲得のエリアとなりえたからです。この時代の鉄道をめぐる攻防は、単なる鉄道の奪い合いではなく、背後に覇権拡大という列強の野望を抱えていたところに特徴があります。(資料１「東アジアにおける一九世紀末の鉄道敷設構想」)

もう一つ、交通の問題で重要になるのは、その連続性です。たとえばA地点からB地点の間に一箇所でも不連続なところがあると、交通は十分に機能しません。これは道路でも、鉄道でも同じですが、とくに鉄道の場合には、連続性というときには線路の幅、つまり鉄道ゲージ※3が重要な意味を持ちます。ゲージが同じ路線なら、列車はそのまま乗り入れが可能ですが、ゲージが違うと乗り入れができなくなる、すなわち連続性がなくなるのです。

これは、東京の私鉄や地下鉄を思い浮かべてもらうとわかりやすいと思います。現在、東京の私鉄と地下鉄はほとんど相互乗り入れになっており、東横線で横浜から来る場合、うっかりすると日光まで行けるぐらい便利になっていますが、これは線路の幅が同じ三フィート六インチだからできるわけです。ところが、いちばん最初にできた地下鉄銀座線と丸ノ内線には、い

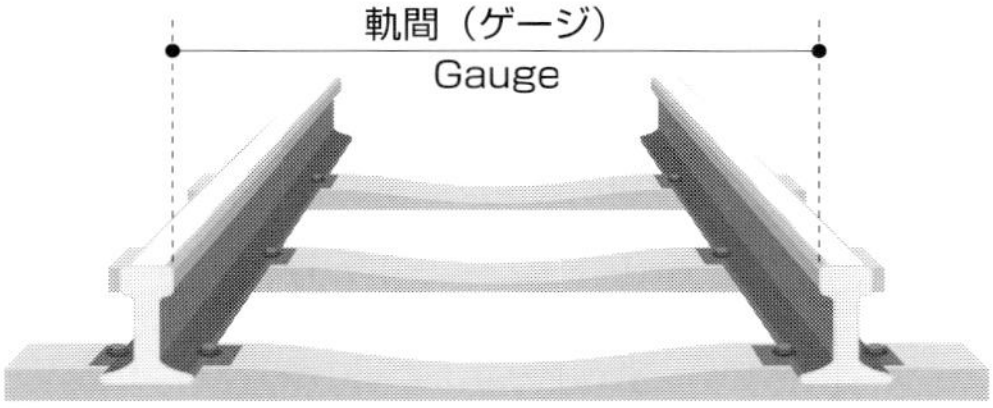

3　鉄道ゲージ

資料1

東アジアにおける19世紀末の鉄道敷設構想

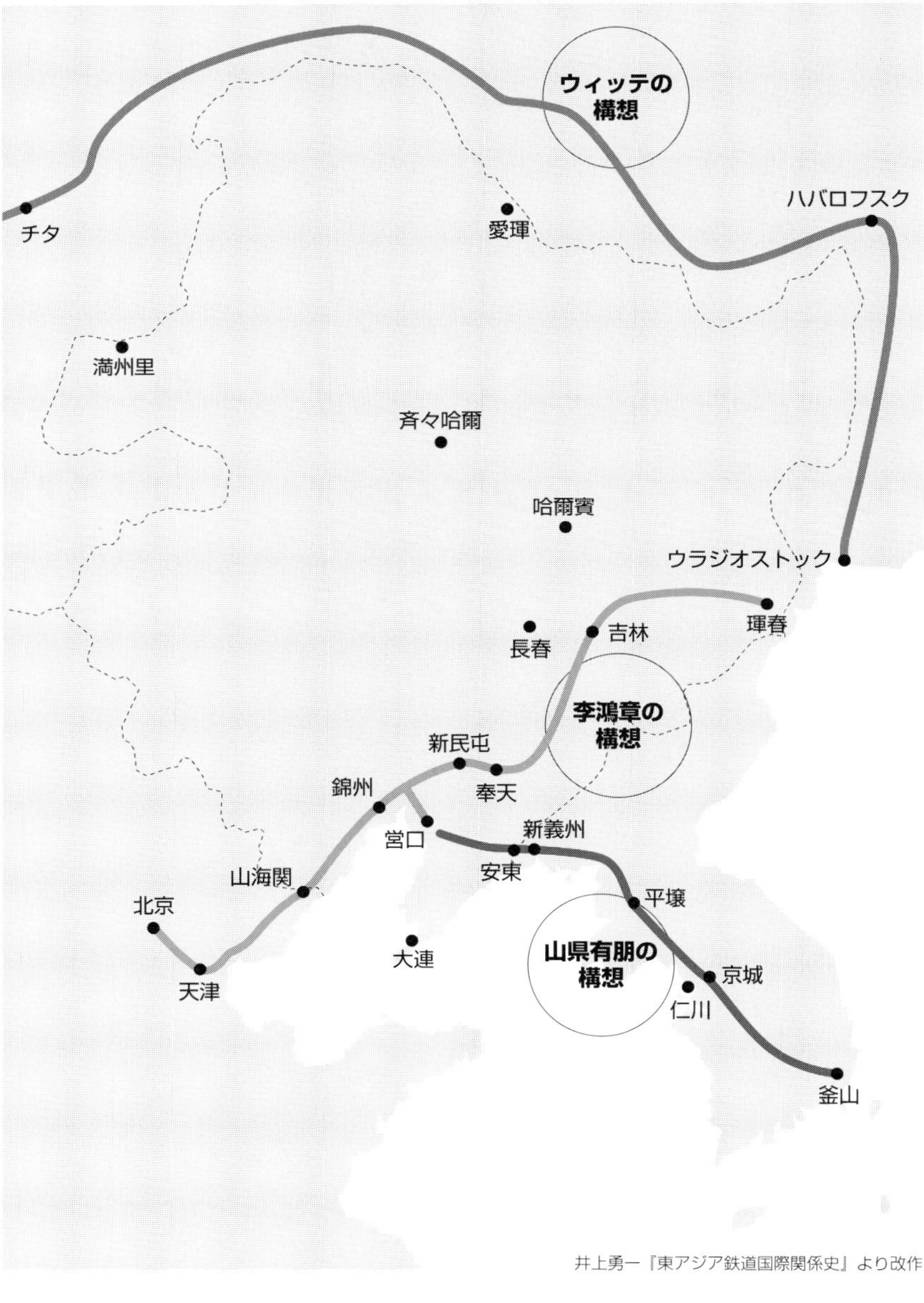

井上勇一『東アジア鉄道国際関係史』より改作

っさい乗り入れがない。この二路線だけ少し広めの四フィート八インチ半のゲージを採用しているために、三フィート六インチの私鉄と相互に乗り入れができないのです。

鉄道ゲージというのは、このように我々の生活にも密接に関わる問題なのですが、一九世紀末から二〇世紀初頭の国際政治においては、その意味するところがまったく違っていました。当時は地政学的な意味において、どのゲージを選ぶかが国家的重大事となっていたのです。

鉄道ゲージが引き起こした列強の対立

一九世紀から二〇世紀にかけての世界は、一口にいえば英露対立の時代であったといえます。ヨーロッパから東アジアにいたる間のどこかで、太平洋、インド洋、地中海に向けてロシアが南下し進出するか、またこれに対してイギリスがいかにしてこれを防ぐのか、これが英露対立の意味であります。その発火点の一つが極東であり、そこに日本も巻き込まれるかたちになりました。日英同盟[※4]はそうした構図のなかで締結されたものです。その結果、「ロシア　対　日本」の対立が先鋭化し、やがて日露戦争へと拡大していったのです。（資料２「関係年表」）

朝鮮半島については、日本とロシアは、日露戦争が始まる以前から、鉄道敷設権をめぐってずっと争いを続けていました。これは日清戦争の後に、朝鮮半島に進出した日本をロシアが抑えにかかったためです。日露のこうした争いの過程では、親ロシア政策を取ろうとした当時の李氏朝鮮王妃・閔妃《びんひ》[※5]が暗殺されるという事件も起きています。この事件は日本の駐韓公使が関与しており、当時においてもとんでもない事件だったわけですが、日露間の対立のなかで起こった事件でありました。

4
日英同盟
一九〇二年に日本とイギリスの間で結ばれた同盟。ロシアのアジア進出を牽制することを主目的とした。三回の改定を経て、一九二一年、ワシントン会議で廃棄された。

5
閔妃
朝鮮李朝、高宗の妃。高宗の父、大院君を退けて実権を握り、親清政策をとった。日清戦争後、反日政策をとったため大院君一派と日本の壮士によって殺害された。

資料2

関係年表

1891年	5月	大津事件
1894年	7月	日清戦争勃発
	8月	日韓暫定合同条款調印
1895年	4月	下関講和条約調印
	4月	三国干渉
1896年	3月	モースの京仁鉄道敷設権獲得
	6月	露清同盟成立
	6月	山県・ロバノフ協定成立
	9月	東清鉄道敷設契約成立
1897年	5月	京仁鉄道譲渡契約成立
1898年	3月	関東州租借条約成立
	4月	西・ローゼン協定成立
	5月	関東州租借条約追加協定成立
	9月	京釜鉄道敷設契約成立
	10月	京奉鉄道借款契約成立
1899年	4月	英露鉄道協定成立
1901年	6月	京釜鉄道会社設立
	9月	義和団事件最終議定書調印
1902年	1月	第一回日英同盟調印
1903年	9月	京義鉄道借款契約成立
	10月	京釜鉄道会社の京仁鉄道買収
	12月	京釜鉄道速成命令公布
1904年	2月	日露戦争勃発
	2月	日韓議定書調印
	7月	野戦鉄道提理部大連上陸
1905年	1月	旅順陥落
	3月	奉天占領
	8月	第二回日英同盟調印
	9月	ポーツマス講和条約調印
	10月	桂・ハリマン覚書成立
	12月	日清満州善後条約調印
1906年	3月	英国の満州門戸開放対日抗議
	5月	満州問題協議会議開催
1907年	4月	満鉄開業
	7月	日露南満・東清鉄道接続協約成立
	7月	第一回日露協約調印
	11月	フレンチの法庫門鉄道敷設権獲得
1908年	9月	フレンチの錦斉鉄道敷設権獲得
	10月	京奉・満鉄連絡協約成立
1909年	8月	安奉鉄道改築覚書成立
	9月	満州五案件協約成立
	10月	ストレートの錦愛鉄道敷設権獲得
	12月	米国満州鉄道中立化案提議
1910年	2月	露国張恰鉄道計画提案
	4月	鴨緑江架橋工事覚書成立
	7月	第二回日露協約調印
	8月	日韓併合条約調印
1911年	7月	第三回日英同盟調印
	9月	京奉鉄道延長協約成立
	10月	辛亥革命勃発
1912年	7月	第三回日露協約調印
1913年	10月	満蒙五鉄道協約成立
1914年	6月	第一次大戦勃発
1915年	5月	日華南満・東部内蒙古条約調印
1916年	7月	第四回日露協約調印
1917年	11月	露国十月革命勃発
1918年	8月	日本のシベリア出兵宣言
	9月	満蒙四鉄道協約成立
1919年	2月	日米東支鉄道管理協定成立
	6月	ヴェルサイユ講和条約調印
1920年	10月	新四国借款団成立
1921年	12月	ワシントン会議開催
1924年	5月	中ソ東支鉄道暫定管理協定成立
	9月	東支鉄道に関する奉ソ協定成立
1925年	1月	日ソ基本条約調印
1927年	10月	山本・張協定成立
1928年	6月	張作霖爆殺事件
1929年	12月	ハバロフスク議定書成立（張学良の東支鉄道回収強行失敗）
1931年	9月	満州事変勃発
1933年	3月	満鉄満州国鉄道委託契約成立
1935年	3月	東支鉄道譲渡議定書調印
1937年	7月	蘆溝橋事件（日中戦争勃発）
1938年	7月	張鼓峰事件
1939年	5月	ノモンハン事件
1941年	12月	太平洋戦争開戦
1945年	8月	ソ連の対日宣戦布告
	8月	終戦
	9月	満鉄解体
1950年	2月	中ソ友好同盟相互援助条約成立
1950年	6月	朝鮮戦争勃発

井上勇一『鉄道ゲージが変えた現代史』より

ちなみに、英露対立のもう一つの発火点となったのは、アフガニスタンです。当時はまだ、アフガンはイギリスの保護国でしたが、この地域を通ってインド洋へのルートを開きたいロシアも、アフガンへの南下政策を進めていました。そのため、当時のイギリスはロシアを牽制する意味もあって、アフガンに対して相当強い締め付けを行っていて、それが結果的に、アフガン[※6]の独立戦争に結びついていったわけです。結局、この時期には中国の東側と西側で、時をほぼ同じくして日本はロシアと戦い、アフガンは独立を目指してイギリスと戦ったわけで、地政学的な観点からすれば、このとき置かれていた日本とアフガンの立場は、非常に類似したものであったといえます。

さて、一九世紀に中国にやってきた西欧諸国は、だいたい四フィート八インチ半の標準軌と呼ばれるゲージで線路をつくりました。当時のヨーロッパでは、この長さが鉄道のスタンダードゲージだったからです。それに対してロシアは、五フィートという少し大きめのゲージ、広軌を採用した。これは、ドイツなどの列強に侵略されないようにと、ロシアが意識してゲージを変えたからだといわれています。同様のことはスペインにもあります。スペインでも標準軌ではなく、広軌が採用されましたが、これはフランスの侵入を防ぐためとされています。

ロシアは一九世紀後半になると、五フィートで建設したシベリア鉄道[※7]を徐々に東に延ばし、やがて中国領土内への進出を企てます。この動きに脅威を感じた日本は、イギリスと同じ四フィート八インチ半の標準軌で朝鮮半島に鉄道を敷き、さらに満州へと北上する計画を立てます。つまり、イギリスと日本は四フィート八インチ半で中国に入り、ロシアは北から五フィートの鉄道で入ってくるという、いわば「五フィート　対　四フィート八インチ半」のロシアと日英

6 アフガンの独立戦争

一九世紀末～二〇世紀初頭にかけて争われたイギリスとアフガニスタンの戦争。ロシアの南下を恐れたイギリスがアフガニスタンに干渉、それが契機となり三次にわたり交戦。一九一九年にラワルピンディ条約を締結し、アフガニスタンの独立が承認された。

7 シベリア鉄道

チェリャビンスクからウラジオストクを結ぶ七四一六kmの直通鉄道。一八九一年に着工し、フランスからの財政的な援助を受けながら一九〇四年に全線開通。現在はモスクワ―ウラジオストク間の九二八九kmを結び、世界一長い鉄道路線として知られる。

毎日新聞社提供

両国との対立構造、すなわち日英同盟成立の背景が極東にでき上がったわけです。

このように鉄道ゲージというアングルからは、日英同盟の構図が非常によく見えてきます。当時の極東における地政学的な意味を探る上で、鉄道ゲージというのは非常にわかりやすい視点であると考えられるのです。

日露戦争 満州軍総司令部奉天入場

共同通信社提供

満州の鉄道をめぐる日本とロシアの対立は、日露戦争、さらに日露講和条約締結の際にも続いたと聞いています。そのあたりのいきさつについて、もう少し詳しく教えていただけますか?

日露戦争下での「狭軌」の採用

日本とロシアが戦った日露戦争もまた、鉄道ゲージが雌雄を分けた戦いであったといえます。開戦当時、日本がとった戦略のなかで特筆すべきなのは、今の中東鉄路、当時の東清鉄道南満支線を遮断したことです。ロシアはその頃には、すでに旅順、大連まで五フィートのゲージの鉄道を敷いていましたが、これを日本が遮断したことで、旅順、大連のロシア軍を完全に孤立させることができたのです。

戦争が始まると、日本は遼東半島に上陸し、普蘭店《ふらんてん》で南満州鉄道を遮断して、そこから奉天に向けて北上を続けました。その後は「遼陽《りょうよう》会戦」や「沙河《しゃか》会戦」など、一つずつ戦っては勝利を収め、そのたびに鉄道のゲージを北へ、北へと狭めていったわけです。このとき日本が採用したゲージは、例の標準軌ではなく、当時日本国内で普及していた三フィート六インチの狭軌でした。これは、国内の機関車や客車を船で運び、そのまま兵站線《へいたんせん》※8として使うという戦略をとったからです。当時の満州軍総参謀長・児玉源太郎のアイデアだったと思いますが、日本優勢のまま進んだその後の戦局を思えば、この戦略はまさに英断であったといえます。

一方、ロシアは五フィート幅の鉄道で兵員を続々と前線に送り、ロシア軍を満州に集結させました。ただ、当時のシベリア鉄道は単線であったため、モスクワ方向へ貨車を送り返すためには、どこかに待機線をつくる必要がありました。そのため東に向かう輸送については、ロシアは当初から貨車を送るだけのワンウエイと考え、送った貨車を現地で兵舎に加工し、兵隊たちを住まわせていたといいます。

日本有利の戦況で進んだ日露戦争は、一九〇五年の「奉天（現在の瀋陽）会戦」をもって、大規模な戦いは終わります。この時点では、旅順、大連はすでに日本に落ちていますから、日本は奉天を押さえたことにより、南満州鉄道の旅順－奉天間を完全に制圧したわけです。ちょうどこの時期に、ロシアでは「血の日曜日事件」が起こり、いわゆるロシア革命の幕が開きました。このため輸送力を誇ったシベリア鉄道も、やがて断絶し、兵站線を断たれたロシア軍の敗色が濃厚になっていったのです。（資料3「日露戦争中に敷設された日本の軍用鉄道」）

一九〇五年のポーツマス条約（日露講和条約）の際には、日本はハルビンまでの東清鉄道南満支線の全線割譲を要求しています。しかし、負けてもなお強気のロシアは、なかなか日本の要求をのもうとはしませんでした。結局、最終的には長春で南満支線を南北に分割し、その南側を日本に譲渡するというロシア側の提示に日本は同意することになります。その背景には、講和会議が開かれた時点では、日本は奉天と長春の間まで広軌のゲージを狭軌に改築していま

8 兵站線
戦闘の前線に人員や兵器、食糧などを補給するための輸送連絡路。

ポーツマス会談の交渉風景
毎日新聞社提供

資料3

日露戦争中に敷設された日本の軍用鉄道

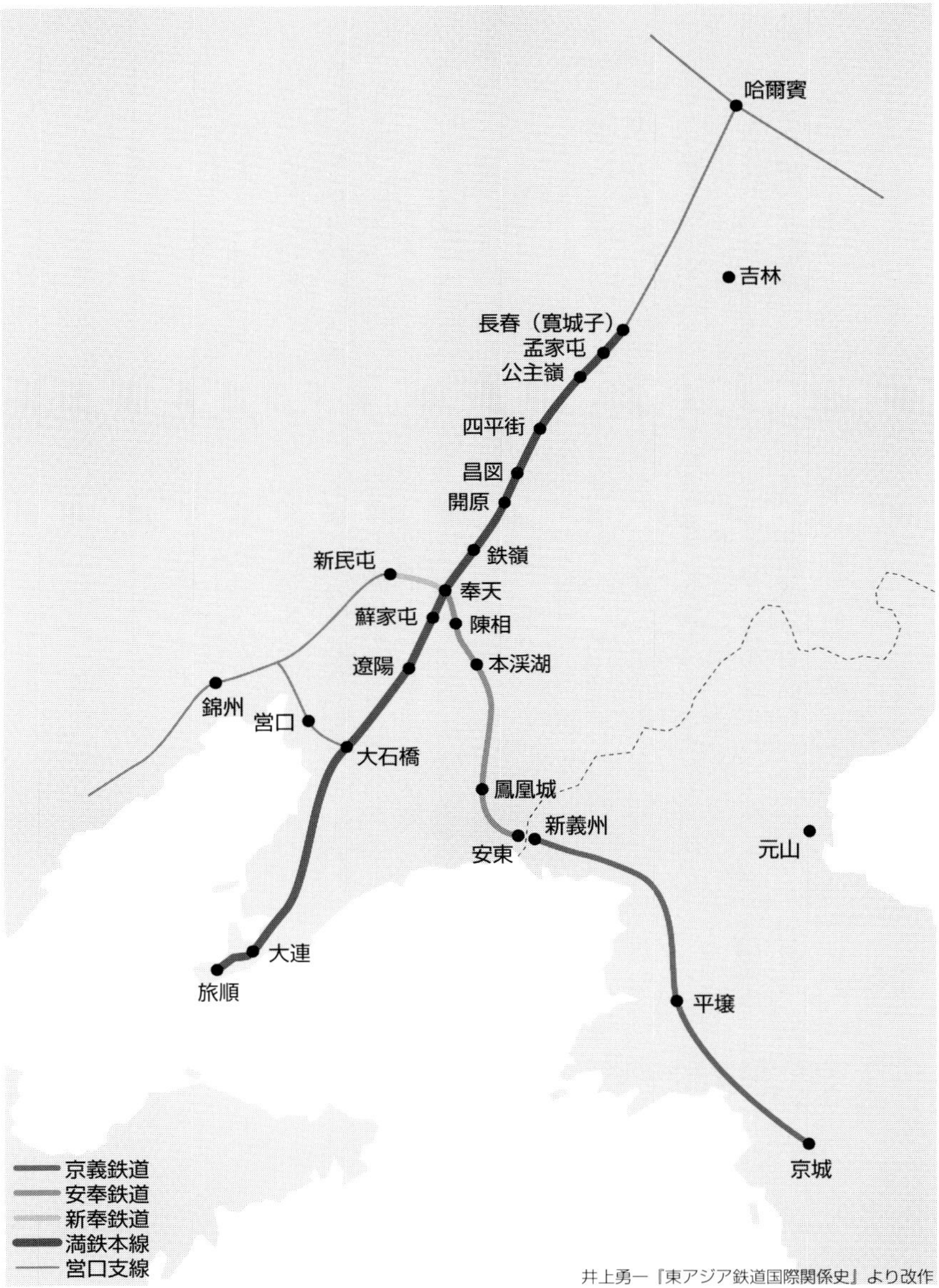

井上勇一『東アジア鉄道国際関係史』より改作

したから、ロシアとしても、旅順・大連から長春までの南満支線の割譲は拒否できなかったという事情もありました。しかし、その後、満州事変によって満州国が成立するまで、ポーツマス条約によって満州の南北に日露両国がそれぞれの勢力範囲を確定したことは、何よりも大きな成果であったと思います。

しかしながら、ポーツマス講和会議では賠償金の獲得を断念させられるなど、日本側にとっては不満の残る結果であったため、国内の反応は惨たんたるものでした。「勝った、勝った」の号外によって勝利の喜びに浸っていただけに、ロシアから賠償金すら獲得できないという結果に、国民はみな怒りを爆発させてしまったのです。日比谷焼き討ち事件はその最たるものでありました。しかし、ロシアの極東進出の動脈であった南満支線を分割させ、ともかくも長春以南を獲得したのです。

優れていた満鉄の技術力

日露戦争後、日本は本格的に満州経営に乗り出し、一九〇六年には満鉄[※9]（南満州鉄道株式会社）を設立しましたが、満鉄の初代総裁・後藤新平[※10]が導入したのが、例の四フィート八インチ半の標準軌でした。戦時中には日本の機関車を走らせるために三フィート六インチの狭軌を採用したところを、わざわざ線路の幅を少し広げるという面倒なことをやったわけです。これはなぜかというと、日本は四フィート八インチ半のゲージで朝鮮半島の南端から満州までつなぎ、さらに北京までつなげて極東に広大な鉄道ルートを実現させたいと考えていたからです。

日露戦争中に兵站線として建設した安奉鉄道などの軍用鉄道は、日露戦争後は標準軌に改築

9 満鉄
南満州鉄道株式会社。日露戦争後、日本がロシアから譲り受けた南満州の鉄道とその付属事業を経営した国策会社。一九〇六年設立。その後の日本の中国大陸進出の拠点となったが、一九四五年の第二次世界大戦における日本敗戦を機に、中国が接収した。

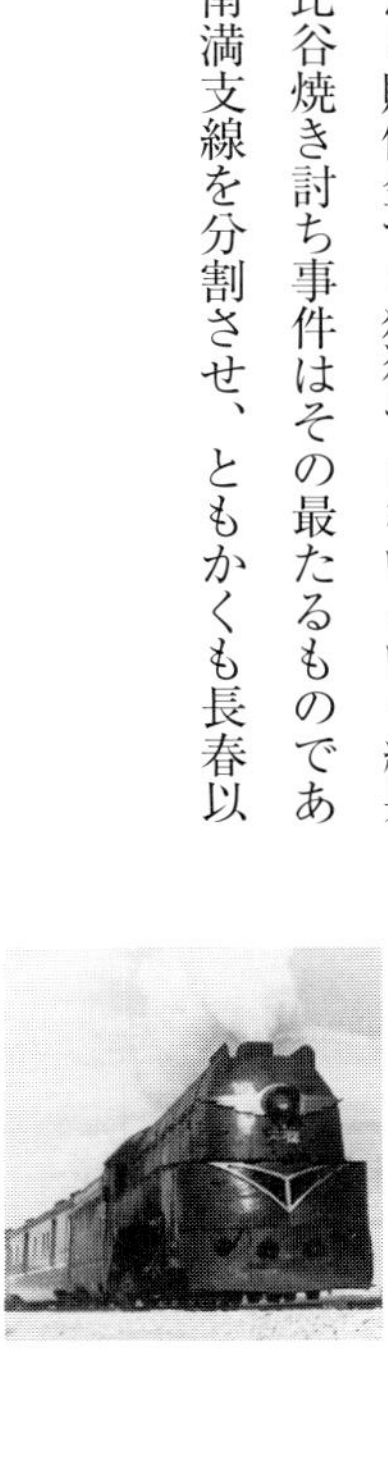
交通博物館蔵

10 後藤新平
南満州鉄道初代総裁。行政官として、鉄道だけでなく満州経営全般に大きな業績を残した。その後は関東大震災直後の山本権兵衛内閣で内務大臣となり、震災復興計画を立案。区画整理、公園・幹線道路の整備など東京の都市基盤整備に尽力した。

され、さらに満州と朝鮮半島の国境を流れる鴨緑江に架橋し、朝鮮半島南岸の釜山から朝鮮半島を縦断し、奉天を経由して北京にいたる鉄道ルートを確立することになります。そのため満鉄は、設立と同時に狭軌から標準軌への改修を進めましたが、、凄いと思うのは、満鉄はその工事を列車を運行しながらやり遂げたことです。これは当時の満鉄の技術力が優れていたことを示すエピソードとして語り継がれており、今でも高く評価されています。

一〇〇年後の結末は…

このように、日露の対立はまず朝鮮半島で始まったのですが、最終的には四フィート八インチ半の標準軌で統一され、朝鮮半島は標準軌の鉄道圏となりました。こうしてできた鉄道網は、そのまま第二次世界大戦以降も利用され、今日にいたっています。

ところが一〇年ほど前、韓国は新幹線に広軌のゲージを部分的に導入する意向を示しました。その背景には、新幹線をいずれシベリア鉄道につなげ、ユーラシア大陸を横断してヨーロッパにつなぐという構想があったからです。今はもう時代が違いますから、列強の覇権争いという話ではありませんが、考えてみると、これは、日本が苦労してつくった朝鮮半島の標準軌の鉄道網が一〇〇年後にひっくり返されるということです。幸いにして、韓国が選択したのは従来と同一の標準軌でしたから、杞憂に終わったといえますが、日露戦争の背景から見れば、非常に感慨深いものがあるといわざるをえません。

鉄道をめぐるこうした争いは、何も極東にかぎった話ではなく、たとえば第一次世界大戦下のドイツの「３Ｂ政策」と、対するイギリスの「３Ｃ政策」の衝突にも見られます。３Ｂというのは、ベルリンとビザンチン（コンスタンチノープル＝現イスタンブール）、バグダッドの三都市の頭文字Ｂのことで、当時ドイツは、この三都市を結ぶルートを押さえにかかりました。実際にはさらにクウェートまで延ばして、アラビア湾へ抜ける戦略でしたが、これはスエズ運河開通以前の西欧列強にとって、このルートがインド洋へ抜ける最短ルートだったからです。これに対しイギリスは、アフリカの南端ケープタウンからカイロに北上し、インドを横断してカルカッタにいたるという「３Ｃ政策」を取ります。その衝突地点が中東地域だったわけで、このときのドイツとイギリスの対立が、やがて第一次大戦の下地になっていったのです。

外交史料から見えてくるもの

鉄道ゲージの視点から東アジアの現代史を考察する著書を執筆された際には、当時の外交史料を丹念に読まれたとうかがっています。実際にはどのような史料にあたられたのですか？

鉄道利権を重視したイギリス

私が主に読み込んだのは日本とイギリスの外交史料です。日本の外交史料は、外務省ではこれを記録と呼んでいますが、麻布台にある外務省の外交史料館[※11]で閲覧できます。これは外務省が一八六九年に創設されてから終戦までの記録で、冊数にして約四万三、四千冊ぐらいのすべてがそこに保管されています。生の史料ですから、明治・大正時代のものだと墨で流れるような文字で書かれており、大臣決裁を受けた書類には、大臣の花押が押されているという非常に迫力のあるものです。満州の鉄道に関する記録についても、鉄道路線の一本一本についてファイリングされ、当時の記録が非常によく整理、保管されています。私は、中国との鉄道敷設権の獲得交渉をめぐる記録を中心に見ていったのですが、鉄道敷設権をめぐる本省から発出された交渉にあたっての訓令、その交渉結果を報告してきた電報などが綴られています。（資料4「南満州鉄道株式会社の設立を命じた勅令」）

一方、イギリス側の史料は日本に比べると少し大まかで、生の文書は、在外公館から送られてくる電報なり公信なりが、番号順に綴じられているだけです。したがって、この時代の中国の鉄道関係の電報を見ようとすると、北京から届いた電報の分厚い束のなかから、鉄道に関係するものだけを探しながら読むことになります。またその他にも、中国の鉄道に関係のある電報、たとえば、中国各地のイギリスの総領事、あるいはワシントンやパリなどの各大使からロンドンに宛てられた電報の束のなかから、中国の鉄道に関する電報を探さなければなりませんから、これはかなり面倒な作業でしたが、それとは別に、当時、イギリス外務省内で配布された執務参考資料である「コンフィデンシャル・プリンツ」と呼ばれる文書も見ることができました。

これもけっこう大まかなのですが、たとえば「チャイニーズ・アフェアズ」（中国問題）とい

11 外交史料館
外務省の一施設として一九七一年に開館した外交関連の史料館。膨大な数にのぼる幕末以来の日本の外交記録を収集、整理、保管し、公開している。日本の外交史料は、第二次大戦によって多数の重要記録が焼失したが、戦後は散逸史料の収集・復元をはかり、さらに連合国に接収された記録の返還を求めるなどして整理、保管されている。

資料4

南満州鉄道株式会社の設立を命じた勅令

「勅令第百四十二号 南満洲鉄道株式会社に関する件」

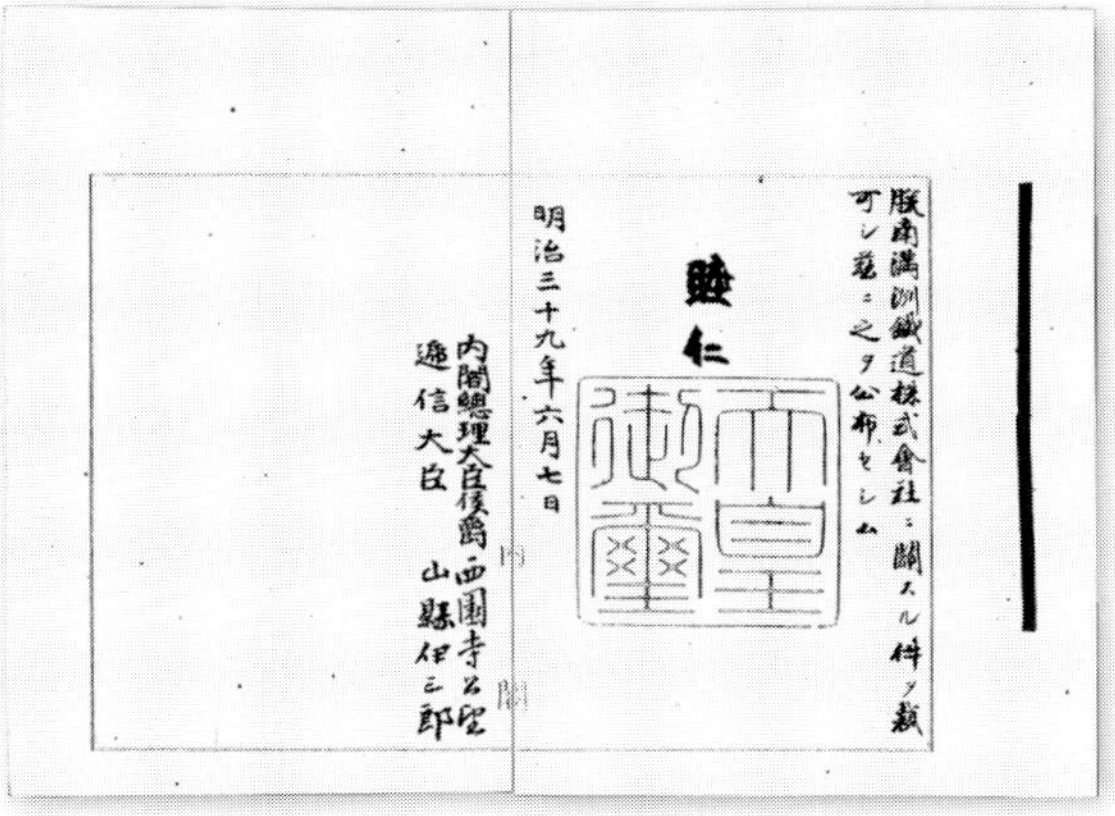
朕南満洲鐵道株式會社ニ關スル件ヲ裁可シ茲ニ之ヲ公布セシム

睦仁

天皇御璽

明治三十九年六月七日

内閣總理大臣侯爵西園寺公望

遞信大臣　山縣伊三郎

日露講和条約により、中国東北地方におけるロシア利権が日本に譲渡され、満州に関する日清条約によってこれが清国に承認された。この利権を運用するために設立されたのが南満州鉄道株式会社（満鉄）であり、左の資料はその設立を命じた勅令である。

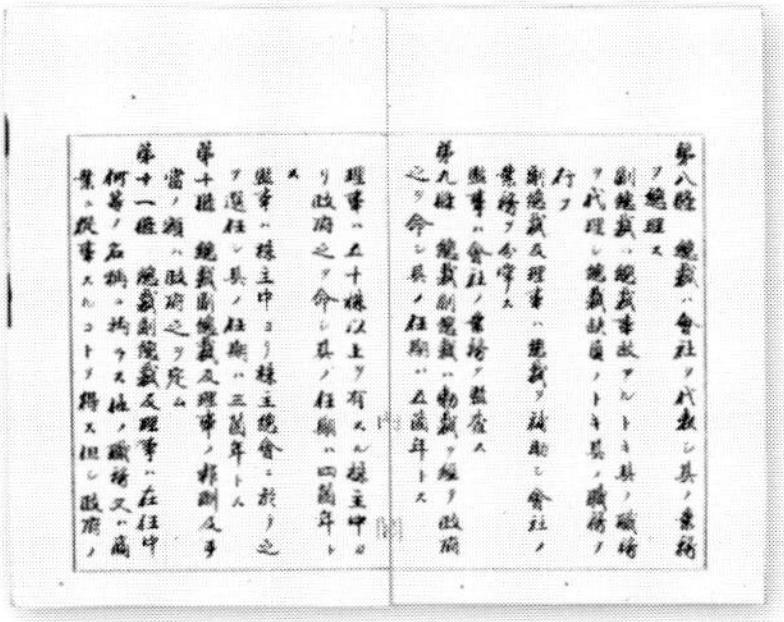

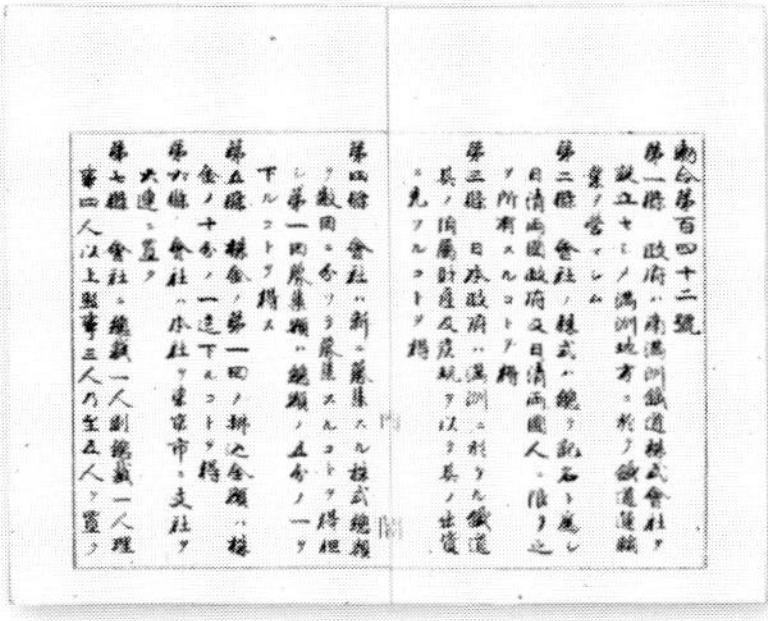

アジア歴史資料センター提供

うくくりでは、北京－ロンドン間のやり取りだけでなく、中国問題についてのワシントン－ロンドン間のやり取りなどの周辺史料も一緒に印刷されており、我々のような他国の研究者にとっては非常に便利なものです。しかも鉄道問題については、「レールウェイ・アフェアズ・イン・チャイナ」という特集が設けられており、他の文書とは分けて編集されていました。実はこれだけでも物凄い量で、ある程度予想はしていましたが、やはり鉄道問題が当時のイギリスにとって、非常に大きなウエイトを占めていたということを改めて実感しました。

これらの史料を当たっていくと、ポイント、ポイントで日本側の記録と、イギリス側の史料がよくマッチングして、納得できるところがありました。日本とイギリスのお互いの手の内のようなものが、双方の記録をたどることで見えてきたわけです。

イギリス外交史料から見えた日英同盟の本音

たとえばイギリスは、一八九一年に北京から天津、山海関を通って満州に入り、奉天へ抜ける京奉《けいほう》鉄道を敷設しています。ところが一九〇〇年、中国では「扶清滅洋《ふしんめつよう》」を掲げる義和団[※12]の乱という欧米排斥運動が起こり、列強の鉄道やキリスト教会が次々と破壊されるという事態が生じます。この暴動がようやく収まり、京奉鉄道を修復することになったとたんに、今度はロシアがそこに五フィートの鉄道を敷くことを画策します。これに対し、イギリスが、「それはおかしい。それはイギリスの権益だから」と反発し、大もめにもめるということがありました。

その後、一九一一年には辛亥革命[※13]が起こり、やはり同じように、中国の民衆によって京奉鉄道の線路が破壊されましたが、実はその前に、日本は京奉鉄道の防備のためと称してこの鉄道

12 義和団の乱
一八九九年～一九〇〇年に、列強の進出に抵抗する中国民衆が起こした排外運動。日・英・米・露・独・仏・伊・墺の連合国軍に鎮圧された。北清事変ともいう。

13 辛亥革命
清朝を倒して中華民国を樹立したブルジョア民主主義革命。一九一一年一〇月、武昌の反乱を契機に各地で革命派が隆起。清国を倒し、一九一二年一月に孫文を臨時大統領として中華民国を樹立した。しかし、まもなく清朝軍閥の袁世凱と妥協、袁が大統領に就任した。

沿線に兵を送っていた。そうやって日本は事実上、京奉鉄道を占領していったわけです。しかしイギリス側からすれば、これはロシアが一〇年前の義和団の乱のときにやったことと同じに見える。そのためイギリスは、日本に対して不信感を抱くようになるわけです。

イギリスは最初、京奉鉄道の権益を狙うロシアに危機感を募らせ、ロシアを牽制する目的で、日本と日英同盟を結びました。しかし、一九一一年の辛亥革命の際には、今度は日本の動きに対して危機感を抱くようになる。日本のとった行動は、一〇年前にロシアがとった行動と同じではないかと、少なくともイギリスはそうとらえたわけです。そのあたりから、イギリスは日英同盟の限界を明確に認識し始めるのです。

日本側としては、一所懸命イギリス側に配慮はしています。鉄道守備のための派兵については、イギリス側の同意を取り付けてから兵を送りたいという趣旨の電報を打ち、北京の日本代表がイギリス側と交渉したり、あるいはロンドンでも交渉して、日本には京奉鉄道を占領する意志はないことを繰り返し伝えています。しかし、当時イギリス側でやり取りされた公電には、日本に対する不信感がにじみ出ているのです。

日英同盟そのものは、一九一一年に三回目の更新をしますが、この時点ではもはや日英間に緊密な信頼関係はなくなります。同盟を廃棄しなかったという事実だけが、ある種の意味を持つような、そういう非常に冷めた関係になっていくわけです。こうした両国の微妙なニュアンスのズレは、なかなか日本側の記録だけでは見えてきません。イギリスの文書をひもとくことで、ようやく全体像が浮かび上がってくるのです。

イギリスは当時、世界を代表する海運国でしたが、そのイギリスがこれだけ鉄道問題にこだわったのは、極東において軸を船から鉄道に移すということがあったのでしょうか?

イギリスが感じたシベリア鉄道の脅威

イギリスは確かに海運国です。ですから中国には海からやってきました。一方、ロシアは内陸から中国に行くことができる。それはイギリスの海軍力をもってしても阻止できないわけです。当時のイギリスにとって、極東への最短ルートは大西洋を横断して、カナダを鉄道で渡り、バンクーバーから上海まで船で向かうルートでした。これがいちばん時間的には短いのですが、それでも一カ月近くかかります。これに対しロシアは、モスクワからシベリア鉄道を使えば一週間で北京まで行けてしまう。その時間差というのは、どれだけ海運力があっても埋めることができないわけです。また船で到達できる沿岸地域から内陸部に権益を拡大しようとすれば、当然、船に代わる交通手段が必要になりますから、中国に進出した列強は、船で中国まで来た後、鉄道を張りめぐらしていく必然があったといえます。

イギリスがつくってきた京奉鉄道を、ロシアがいろいろな事件を起こしながら五フィートのゲージに切り換えようとしたとき、果たしてイギリスがそれに抵抗できる方法があったかというと、せいぜい山海関まで軍艦を送って、艦砲射撃でその列車を攻撃するぐらいしかなかったとイギリスはいっています。そのため、なんとしても奉天までの鉄道を整備し、ロシアが奉天から北京まで五フィートのゲージで出てくるのを防ぐ必要があった。それが当時のイギリスの基本的な戦略だったと思います。

したがって、イギリスとしてはまず港を押さえる必要がありました。イギリスは広東や福州、上海などを先に開港させていますが、満州では渤海湾《ぼっかいわん》の奥にある牛荘《ぎゅうそう》に商工会議所があったほどですから、牛荘から満州の農産物が輸出されていた事実が想起されます。加えて、日露戦争後は満鉄の大連中心主義により、満州のすべての物資が大連から輸出されるようになり、牛荘は寂れてゆきます。牛荘に駐在していたイギリスのビジネスマンは、日英同盟によってイギリスは日本を支持したけれど、日露戦争の結果、イギリスは満州から駆逐されたということを実感していたのではないでしょうか。

こうした海と陸の交通が交わる要所は、昔から非常に重視されてきたわけですが、それは今の物流などを見ても同じだと思います。たとえば今、ＵＡＥのドバイが中東の物流拠点として急速に伸びていますが、中東では一九九〇年のイラクのクウェート侵攻以前は、むしろクウェートが物流の中心でした。物資はクウェートで荷揚げされ、そこからイラクやサウジの奥地、イランへと供給されていました。とくにアラビア半島では鉄道が発達しておらず、道路を車で運送するか、ラクダで運搬するしかないため、どこに荷揚げするかが大きいのです。

イラクのフセイン大統領によってクウェートが破壊されると、開明派のドバイ首長はドバイ港に自由貿易地帯をつくりました。大きな港湾とコンテナ基地をつくり、アラビア湾に来る物資はすべてドバイに荷揚げできるようにした。クウェートへは、そこから物資を小さいコンテナ船に移して運ぶようにして、クウェートが持っていた物流基地としての機能を奪ったのです。

地政学の世界でも、物流の世界でも考え方は同じです。国や都市の繁栄を考える上で、交通の拠点を押さえることがいかに重要か、こうした例からも見て取れるのではないかと思います。

日本の外交戦略と交通

ここから先は現代、さらに将来に向けてのお話をうかがえればと思います。今の国際情勢のなかで、私たちが重視すべき国益とは何か？　また、政治外交上、重要性が増してくる「交通」のテーマとは何かといった問題について、お話しいただけますか？

日本の国益とは何か

国益ということでいえば、戦前の場合は非常にはっきりしていました。満州の安定、あるいは満鉄の経営がすなわち当時の国益と直結したわけで、当時の日本はそれを、まさに「二〇億の国幣と一〇万の血」の代価を払って日露戦争を戦い、獲得したわけです。その権益を失うことは国益の喪失であると、国益の意味はきわめて明快でした。鉱物資源の確保や広大な土地の利用はもちろん、日露戦争後には、初代満鉄総裁の後藤新平の「大風呂敷」にもあるように、将来的には日本の過剰人口を満州へ移すというようなことも検討されていました。当時は日本も含め、世界のすべての列強が、そうした価値観に縛られていた時代であったといえます。

しかし、現在の国際政治のなかでは、そういうある特定の地域にこだわって利権拡大を目指すことは、あまり意味をなさなくなっています。では、今の時代に国益をどう考えるかということですが、日本の場合は、ご承知のとおり資源や食料の相当部分を国外から輸入していますので、やはりそれらを安定的に供給できる体制を維持することが、国益に対する基本的な考え方になると思います。

とくに石油については、一九七三年の石油ショック[※14]以降、供給先の分散化の必要性が叫ばれ、中東依存度をどうやって下げていくかが課題になりました。石油に依存し過ぎたエネルギー政策自体を見直す必要があり、田中内閣時代にはエネルギー供給先の分散化が国策としてはかられました。その結果、石油依存率がそれなりに下がった面もありますが、相対的にはまだ石油に頼らざるをえないのが現実で、国もいろいろな可能性を探っていますし、石油が出るところには必ず日本の商社が進出するといった状況が続いています。（資料５「日本の原油輸入比率」）

なぜあんなに大勢の商社マンがナイジェリアにいるのか、あるいは、サハリン（樺太）南部のユジノサハリンスクにいるのか。ユジノサハリンスクには日本の総領事館が開設されていますが、それは石油や天然ガスが出るからです。私の現在の勤務地である西オーストラリアのパースもそうですが、インドネシアに近い北西大陸棚でも石油や天然ガスが出ますので、ここにも大勢の商社マンが駐在しています。資源の供給先の分散化をはかる努力は七〇年代からずっと続けられており、中東一辺倒だった石油供給源が少し広がった時期もありました。ところが気が付くと、いつの間にかまた中東への依存率が高まってしまい、現在もまだ八割以上を中東に頼っているというのが実情です。したがって、日本の国益と交通ということでいえば、やは

14
石油ショック
一九七三年一〇月、第四次中東戦争の勃発で原油価格が三倍以上に高騰したことがきっかけとなって世界的なインフレとなり、日本では大きな社会問題となった。さらに、一九七九年に再度の原油価格値上げによる物価高騰が起きて、第二次石油ショックといわれた。

りシーレーンの確保ということが非常に重要であり、これは、一九七〇年代も、現在も、まったく変わっていないといえます。

シーレーンの確保は国家的課題

最近、日本は自衛隊のイラク派遣とか、インド洋での米軍へのオイル補給などを行っており、ああいった話は非常に遠い世界の話のように感じられているかもしれませんが、シーレーンということで見ると、あれはまさにシーレーンの道筋の話です。一九九〇年にイラクがクウェートに侵攻した際に、日本は一三〇億ドルもの大金を拠出しました。アメリカから「ツー・リトル、ツー・レイト」といわれましたが、あれは当時、アラビア湾の海域でどれだけ日本のタンカーが列をつくって石油の供給を待っていたかという状況があったからです。アメリカからすれば、日本のタンカーを誰のために守ってやっているのかという不満があった。その恩恵に対する拠出が少ないじゃないかというのが、例の「ツー・リトル、ツー・レイト」の発言の背景に

資料5

日本の原油輸入比率

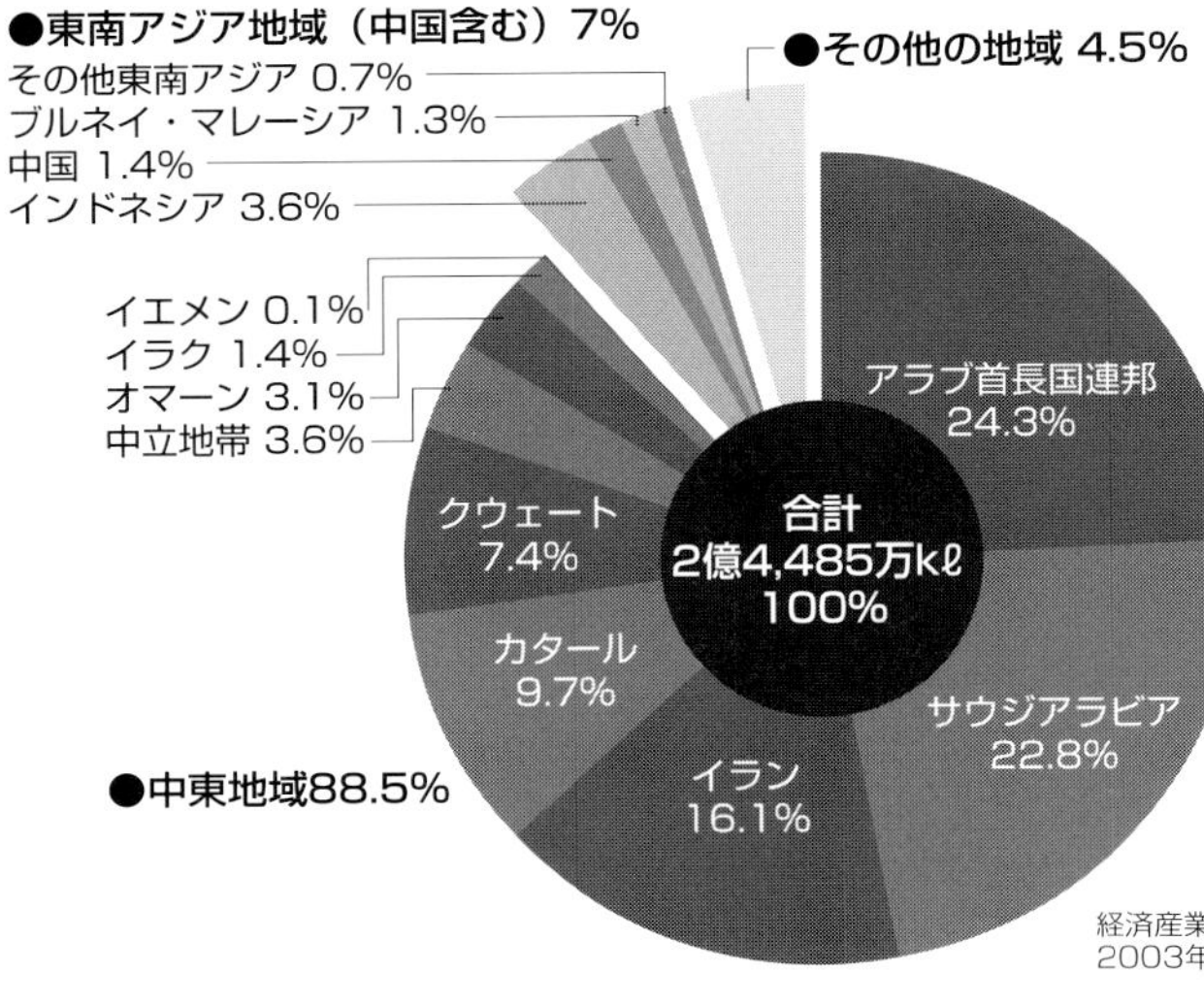

経済産業省『資源・エネルギー統計年報』2003年度データより

あったのだと思います。

湾岸戦争のあった海域は、シーレーンのラスト・ディスティネーションです。日本からすればずいぶん遠い、よそ様の庭のような感じがするわけですが、しかし、石油が日本にとって大事なものであればあるほど、シーレーンをいかに維持するかが重要課題となります。日本の自衛隊がシーレーンを直接自衛することは、憲法上は認められていません。したがって、東南アジア、インド洋、中東地域の政情の安定に努めることが、結局はシーレーンの防衛につながるのです。そのため日本としては、これらの地域の安定を確保するために、自ら積極的に政治的なイニシアチブを取ることが必要だということになります。

日本がこれまでＡＳＥＡＮ※15統合などに積極的に関与してきたのは、東南アジア地域の活性化と安定化をはかることが、日本の国益につながると考えてきたからです。今から三〇年ほど前に「マラッカ海峡防衛論」がいわれ、物議を醸しましたが、「防衛論」というい方はともかく、シーレーンの確保という意味で考えれば、東南アジアの安定の確保がマラッカ海峡のスムーズな通航を容易にするという意味で、うなずける面があったと思います。実際、あの海域の安定が日本にとって重要であることは、今もってまったく変わっていないのです。

そういうこともあって、日本の外交の関心は、最近はとくに中東に向いています。かつて日本は、中東問題では手が汚れていないということで、アラブ諸国寄りのスタンスも取りやすかったのですが、最近はイスラエルとパレスチナの和平交渉などにも、日本は積極的に関与するようになっています。それもやはり、中東地域における安定の回復が日本の外交上、非常に重要であることを、イラク南部への自衛隊派遣などを通じて強く認識し始めているからです。

15 ASEAN (Association of South - East Asian Nations)
東南アジア諸国連合。一九六七年にインドネシア、マレーシア、フィリピン、シンガポール、タイが設立した地域協力機構。東南アジアの友好と経済発展、政治的安定を目的としている。一九九九年までにブルネイ、ベトナム、ミャンマー、ラオス、カンボジアが加わり全一〇カ国、総人口約五億人から成る。

マラッカ海峡を航行する船舶
(財)マラッカ海峡協議会提供

安全保障の問題

現代における地政学といった場合、もう一つは安全保障の問題があります。ご承知のとおり、日本はアメリカとの同盟関係を基本にしてこの問題を考えているわけですが、実はアメリカにとっても、日本は地政学的にいってきわめて重要な位置にあります。アメリカが日本に基地を持てなければ、第七艦隊にしても、ハワイあたりから極東海域のほうに出ざるをえない。空軍にしても、ハワイから飛び上がっても、極東に基地がなければ、ハワイに戻らないといけないわけです。しかし、沖縄や横須賀に米軍の基地があれば、そことアラスカやハワイの基地を結んで北太平洋の制空権、制海権を握ることができます。アンカレジのエルメンドルフ空軍基地と、日本国内の三沢や横田などの米軍基地とを結ぶ軍用定期便が毎日運行されていますが、それは、それだけ日本国内の米軍基地と米本土とが不可分の関係にあることを示していると思います。仮に日本がアメリカと同盟関係になかったならば、北太平洋の制空権、制海権はまた別のかたちになっていたのではないでしょうか。

余談ですが、一〇年余り前、上海からロサンゼルスに向かってアメリカの旅客機が飛んだとき、ちょうどアリューシャン列島の南のあたりで乱気流に巻き込まれ、操縦士と副操縦士が二人ともケガをするという事故が発生しました。操縦士はとくに重傷で、とにかくすぐ降ろさないといけない、とてもロスまでは飛べないという状態でしたが、そのときにアメリカは、アリューシャン列島にある小さなシミアという島に、その旅客機を降ろしました。アリューシャン列島の西端にはアッツ島があって、これは日本の守備隊が太平洋戦争の最中に最初に玉砕したことで知られている島ですが、シミアというのはその東側の島になります。

実は、アメリカはこの島に巨大な秘密の空軍基地を持っていたのです。基地の存在は知られていましたが、もう冷戦が終わった後で緊急事態だし、別に隠しておくこともないだろうということで、そこに初めて民間機を降ろしたわけです。私は当時、アンカレジ総領事館で首席領事をやっていまして、もしかしたら日本人が乗っているんじゃないかと大騒ぎになったのですが、まさにアリューシャン列島のあの海域というのは、冷戦時代の最重要ポイントだったのです。それだけにアメリカとすれば、アリューシャン列島に基地をつくらないと、米ソ対立の接点ともなるアラスカ周辺の制空権、制海権を十分に確保できないと考えていたのではなかったかと思います。

このように、安全保障の観点からいっても、海、空、陸の交通の拠点を確保することはきわめて重要な意味を持ちます。日本もまたこうした地政学的な戦略から、戦後は一貫して米国との同盟関係を維持してきたということではないでしょうか。

安全保障といえば、近年、ヨーロッパではEU統合の動きが加速し、お互いに結び付くことによって地域の安定をはかる方向に進んでいます。こうした動きについてはどう思われますか?

世界大戦の教訓から、相互依存の安全保障へ

ヨーロッパにおいては、二度の世界大戦の教訓というものが、非常に大きく作用していると思います。とくに第一次大戦のいわゆる西部戦線では、フランスとドイツの双方で物凄い数の

戦死者が出ました。その後、第二次大戦も経験するわけですが、両国の戦死者数を比べると、第一次大戦よりは少ないのです。ヨーロッパの人々は、前の大戦の忌まわしい記憶が残っているだけに、またここで徹底的に戦うとお互いが滅びてしまうと考え、ある程度ぶつかることを避けたのではないかとさえ思います。

そして、二度とあのような戦争を起こさないための仕掛けとして、お互いに入り込み、結び付きを深めるという方向性を打ち出しました。人やモノ、文化や経済が相互に乗り入れ、片方がだめになると、もう片方もだめになるという相互依存の国家関係をつくり上げることによって、ヨーロッパ全体の安定をはかるという選択をしたわけです。これは安全保障の問題を考える上で、非常に重要な転換であったと思います。

第二次大戦前には、欧米各国がそれぞれの経済圏を設定して、よそ者がなかに入ってくることをブロックしてきました。ここまでは自分の陣地、そこから先は敵の陣地で、自分たちも向こうへは行けないけれども、こちらにも来させないというのが、それまでの安全保障の基本的な考え方だったと思います。それが逆に、相互乗り入れを進め、人的交流や文化的交流を深めることが、実は相互の安全保障につながるという発想に転換したということは、考え方が大きく変わってきたといえると思います。

それはやはり繰り返しになりますが、ヨーロッパ人にとっては二度の大戦をくぐり抜けた経験が大きい。三度目は絶対に起こしたくない、仮に起これば、人類の破滅をもたらしかねないというヨーロッパ人の想いが、ＥＵ統合の原動力になっていることは間違いないと思います。そして、それを具体的に可能にしたのが、ヨーロッパ大陸を縦横に結ぶ道路や鉄道といった交通の広がりだったと思うのです。現に、鉄道や道路が国境を越えてつながったことで、ＥＵでは知らない間に人やモノ、文化や経済の交流がどんどん進んでいる。それが、政治の動向如何によっても決して止めることのできない強い流れとなって、今のＥＵを現実的に成り立たせていると思います。

ユーロトンネル[※16]などは、その象徴の一つといえるでしょう。このトンネルの話はもともと、一九世紀にフランス側から持ちかけたものですが、大陸とは一線を画したいイギリスはそれをずっと拒否してきました。マーガレット・サッチャー元首相も、ユーロトンネルの施設権を売り渡すことは絶対にしないと抵抗していましたが、サッチャー首相の退陣とほぼ同じ時期に、トンネルでフランスからイギリスに乗り入れる計画が決まりました。サッチャー政権下のイギリスは、ＥＵにも加盟しないといってきましたが、首相の退陣、そしてトンネルの開通とともに後退していった感があります。結局、トンネル開通によってイギリスのＥＵ化が始まったといえるのではないでしょうか。

ＥＵ統合の話とは少しずれますが、私がイギリスにいたとき、私の知っているイラン人の女性たちは、絶対かぶりものをしませんでした。街を歩いているのを見かけても、すぐには中東系かどうかわからないぐらいイギリス社会に同化していました。彼女たちも他国で暮らし、異文化に接するうちに生活習慣が変わったわけで、こうした経験がやはり重要なのだろうと思います。しかし、彼女たちが飛行機に乗ってテヘランで降りるときには、またかぶりものをして降りていく。イランは、一九七九年のイラン革命[※17]以後、文化的に逆行したわけですが、それでも、このように少しずつ文化の交流は行われている。つまり、これからの世界は、我々の気が

16
ユーロトンネル
(Eurotunnel)
イギリスのフォークストンとフランスのカレー間のドーバー海峡を結ぶ鉄道用の海底トンネル。一九九四年開通。全長五〇・四九km。

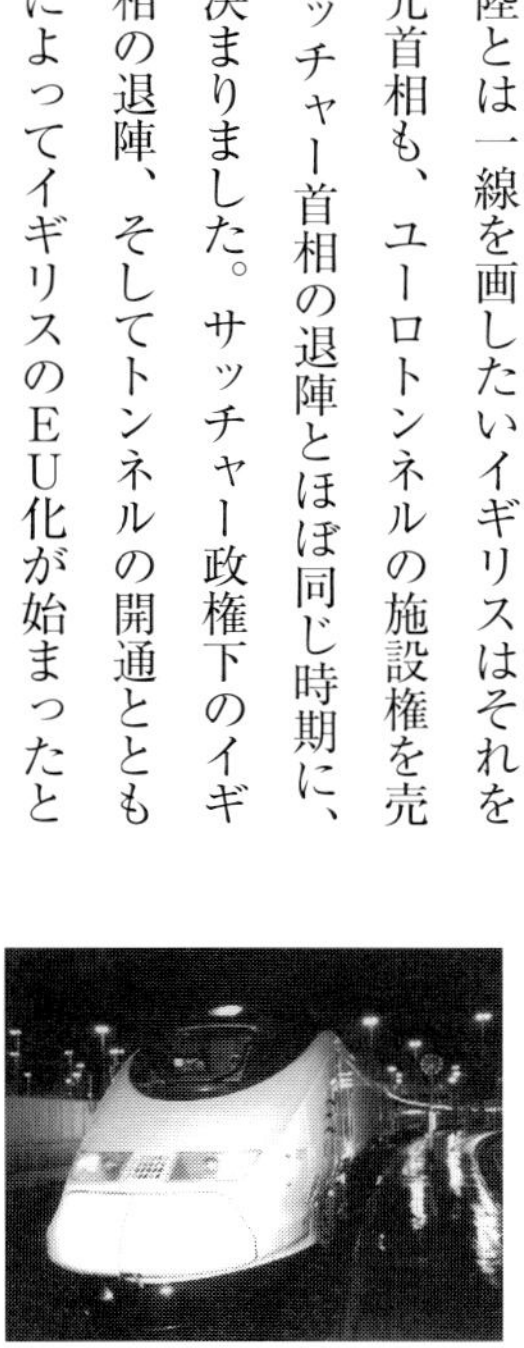
毎日新聞社提供

17
イラン革命
一九七九年、パーレビ王朝の支配体制を打倒し、イスラム原理主義に基づく政治体制を樹立した革命。パリに亡命し、王政批判を続けていたイスラム教シーア派のルーホッラー・ホメイニ師が帰国し、最高指導者となった。

付かないようなところでも、自然と、しかし公然と相互交流が進んでいく時代であり、そういった時代になってきているとすれば、国際間が相互依存関係に進むのはそれほど難しいことではないかもしれないと思うのです。

最後に、日本を含む東アジア圏の問題についてうかがいます。二〇〇五年一二月には初の東アジアサミットも開催され、地域協力に向けた連携強化の動きが加速していますが、こうした動きを日本はどう受けとめるべきだとお考えですか？

大東亜共栄圏と東アジア共同体の違い

今の東アジアを見渡したとき、いちばん大きな問題は、東アジア共同体をどうやって構築していくかだと思います。すでにヨーロッパではEU統合が進み、北米地域も統合の方向に動いていることを思えば、東アジア圏の統合の動きはやはり不可避だと思います。その際、日本人である我々の頭に引っ掛かってくるのは、かつての大東亜共栄圏構想です。[※18] この構想については、今日いろいろなとらえ方がなされていますが、もっとも基本となる考え方は、一九三八年に当時の近衛文麿内閣の外務大臣・有田八郎の考え方に集約されていると思います。有田が述べたのは、大東亜共栄圏とはすなわち広域経済圏構想であり、東アジア圏に日本が自給自足するためのネットワークをつくる、日本中心の東アジア地域連合をつくるということでした。これは当時、戦火が拡大する一方の日中関係を収束するための東亜共同体の呼びかけとなり、大

18 大東亜共栄圏
太平洋戦争中に日本が掲げたアジア支配正当化のスローガン。欧米の植民地支配に代わり、日本を中心に東アジア・東南アジア地域で共存共栄の新秩序を樹立することをうたった。

東亜会議へと拡大されてゆくことになりましたが、今日考えられている東アジア共同体の理念は、これとはまったく異なるものです。かつての日本中心主義的な考え方はなくなり、関係諸国の相互依存関係を前提とした共存共栄の理念をはっきりと打ち出していますから、日本が東アジア共同体構築に向けたイニシアチブを取るにしても、この違いをまずきちんと理解しておく必要があると思います。

では、そうしたなかで、日本はどう振る舞うべきかということですが、日本は東アジア共同体を築いていく上で、イニシアチブを取ることを期待されている国の一つであることは間違いないと思います。この共同体の構成国は、ASEAN諸国に日本、中国、韓国を加えた「ASEAN＋3」が核となりますが、さらにオーストラリアやアメリカを加えて環太平洋に広げていこうという話もあって、いろいろ揺れていることはご承知のとおりです。日本同様、中国、韓国もイニシアチブを取ることを期待され、また取ろうとしていますから、それぞれのビジョンや思惑の違いによって議論が紛糾するわけですが、重要なことは、日本がこうした状況下で、どのようにして関係諸国の信頼を勝ち取り、どういうかたちでイニシアチブを取っていけるかだと思います。

前に述べたように、日本は自衛隊をイラクにも派遣していますし、アフガニスタンの復興にも非常に深く関わっています。私がDDR[※19]担当参事官としてかかわったアフガニスタン旧国軍兵士に対する武装解除と社会復帰のための支援は、日本でなければできなかったこととして、カルザイ大統領はじめカブールの国際社会から高い評価を受けています。またこうした国連の活動に対する貢献を背景にして、日本は国連の常任理事国入りに向けて積極的な働きかけもし

19
DDR（Disarmament, Demobilization and Reintegration）
元兵士の武装解除・動員解除・社会復帰を示す用語。二〇年以上にわたる内戦の後、アフガニスタン政府はG8が主導する国際社会の支援を得て国軍創設、DDR、警察再建、麻薬対策、司法改革といった治安分野の改革を実施。日本が支援を行ったDDRは二〇〇三年に開始され、二〇〇五年七月、国防省傘下の旧国軍六万人の武装解除が完了した。

共同通信社提供

ていますが、こうした動きに対して、そこまでしなくてもいいという声も国内にはあるようです。しかし、望むと望まざるとにかかわらず、日本が国際社会で果たすべき役割については、日本が考えたり、想像したりする以上のことが期待されているということも事実です。

日本の対外的な影響力について、いろいろな人がいろいろなことを語っており、たとえば国際政治学者だった高坂正堯[※20]さんは、日本は「中級国家」であるといい、作家の堺屋太一[※21]さんは「商人国家」と表現されています。日本はこれまでもそうだったと思いますが、誰も決して日本が超大国を目指しているなどとはいっていません。しかしながら、実際に日本が持っているパワーというものは、「日本は大国ではないし、中級国家だから」といってすませられないほど、すでに大きなものになっているのが現実です。だからこそ東アジアの共同体構想においても、日本はイニシアチブを取っていく責任があり、またその必然もあるわけです。

たとえばこんな話もあります。私がアフガニスタン赴任中に、G8各国が戦後の治安回復にそれぞれ関わりました。アメリカは新しい軍隊をつくる、ドイツは警察を整備する、イギリスは麻薬撲滅をやる、イタリアは司法制度を整える、日本はDDRといって旧国軍の武装解除を行うといったように、それぞれ割り振りを決めて治安の回復にあたったわけです。しかし、フランスはそこへ入ってきませんでしたし、各国の努力に対して協力するという姿勢すら示さなかったため、カブールの国際社会におけるフランスの評価は非常に低いものでした。他方、カナダもG8の一国ですが、治安改革について責任を持つ分野は与えられていないにもかかわらず、フランスと異なり、とくにDDRについては、日本の次に資金を拠出し、アフガニスタンの治安回復に貢献しようとする積極的な姿勢を示し、カブールの国際社会では高く評価されて

20 高坂正堯
国際政治学者。元京都大学法学部教授。理想主義的平和論ではなく、現実的平和主義にのっとり国際政治と日本の外交を論じた。主な著書は『現代史の中で考える』（新潮社）など。一九九六年没。

21 堺屋太一
作家。評論家。通商産業省在職中に執筆した小説『油断！』がベストセラーとなり、退官後は執筆、評論を中心に活動を続ける。一九九八年に経済企画庁長官、二〇〇〇年に内閣特別顧問を務めた。主な著書は『団塊の世代』（文藝春秋）など。

います。

これらから感じたことは、ある国家が国際社会で評価されるためには、少しでも多くの資金を拠出するとか、少しでも多くの人的貢献をするということではなく、程度の差はありますが、国としてできることをきちんと行っているかどうかだと思うのです。豊かな国が多額の資金を国際社会に供与するのはむしろ当然のことであって、その金額の多寡によって貢献したかどうかが決められるわけではないということです。

確かに、軍事力を行使しないことを前提に協力を進める日本が、アフガニスタンのような国で大国並みの責務を担うというのは、なかなか難しい面があります。しかし、そこで協力の輪から外れると、日本の知らないところで物事が決められ、請求書だけが回ってくることになりかねない。それを避けるためには、できる範囲の仕事をむしろ積極的に引き受けるほうが得策です。東アジア共同体構想においても、そういう姿勢を崩さないことが重要だと思うのです。

現在の小泉内閣における対中国、対韓国関係のあり方が、ある種のネックになっているといった指摘が日本国内にあるのは確かです。しかしながら、少なくともこの三者の歩調が合っていかないと、ＥＵのような強固な地域統合には進まないことは誰もが認めるところです。そのためにも、日本としてはまず、中国や韓国が日本の国際貢献に警戒心を持つことがないように、三者が共存共栄する東アジア共同体の将来像を描いてみせることが必要だと思います。また、少なくとも、日本側のそうした努力なしに、中国と韓国が日本に歩み寄ってくることは期待できないと思うのです。ここは政治絡みのなかなか難しいところですが、将来的な相互依存関係を構築するとまではいわないにしても、地道な交流を継続するという流れのなかから、何らかの問題解決の糸口が見つけられるのではないかと期待します。

しかしながら、東アジア共同体を実現するためには、まだまだ相当な年月を要することも間違いありません。それはキリスト教と民主主義という共通の価値を持つ欧州においてすら、第二次大戦後六〇年を経たにもかかわらず、まだ完全な共同体をつくり上げるところまでいたっていないことを見れば明らかです。東アジアでは、宗教が異なり、政治社会制度が根本から違っていますから、こうした地域で、経済的共同体の結成を目指しても、果たしてどの程度実現するのかどうか、また実現できるとしても、どのくらいの年月を要するものなのか、まったく想像できないということも否めません。

ただそうであっても、それが東アジアの安定と発展を導く唯一の方法だと確信するのであれば、実際に日本をはじめすべての東アジア地域の国々はそれを感じているわけですが、その課題に挑戦する以外にはないでしょう。日本は、タイ、マレーシア、シンガポールなどと二国間の自由貿易協定（ＦＴＡ）を結び、将来的にはこれを、二国間関係から多国間関係へと東アジア全体に広げようと努力していますが、これは日本だけではなく、各国とも同じような努力を続けています。こうした努力の積み重ねが、将来像を描くということであり、東アジア共同体を結実させるために必要な作業ではないかと思います。

「通貨」より「交通」の取り組みが先決

このようにいろいろと難しい課題があるなかで、相互依存の関係を築いていくいちばんの決め手となるのは、やはり「交通」だと思います。モノと人の往来が確実に保障され、東アジア圏の社会・経済の枠組みを変えるぐらいに相互乗り入れが進んでいけば、この地域の共存共栄のあるべき姿がはっきり見えてくるだろうと思います。

実際、日本の状況を見ても、近隣諸国との経済の乗り入れは今、相当に進んでいます。日本海側の船の往来は非常に増えていますし、日中国間にしても、貿易面ではすでに不可分の関係にあります。中国が米国を抜いて、日本の最大の貿易相手国になってきたことは、このことを明確に示していると思います。そのなかで外交だけが手詰まりだといわれますが、日本としては、東アジア共同体の将来像を描きつつ、二国間の課題を一つずつ誠実に解決してゆく以外にないのではないかと思います。非常に難しい立場ではありますが、すでに広がりつつある交流の道を閉ざすことなく、日中間で、また日韓間で相互依存関係を確立するように先に進めることが重要であり、モノや人の往来をより緊密にしていくことによってのみ、これが可能になるものと思います。（資料6「東アジアの貿易実態」）

一方、広がる東アジア圏の実態経済の観点から、先に共通通貨の導入を進めるべきとする議論もあるようですが、私は通貨統合については、まだ現実的ではないと考えています。今、湾岸地域でも似たような動きがあって、サウジアラビア、オマーン、アラブ首長国連邦、カタール、バーレーン、クウェートの六カ国が、湾岸協力会議[※22]というものを設け、EUに似た共同体の構築を目指して動き出しています。この六カ国はすべてイスラム教の王国で、言語はみなアラビア語、民族的にも近く、「半島の盾の軍」という共同の軍隊を持つなどきわめて近い関係にありますが、それでも、通貨統合の話は将来の課題として出ているものの、実現するまでにはいたっていません。通貨の統合がいかに大変なことであるかは、こうした例からも見て取れる

22
湾岸協力会議（Gulf Cooperation Council=GCC）
一九八一年にサウジアラビア、オマーン、アラブ首長国連邦、カタール、バーレーン、クウェートの六カ国が設立した地域協力機構。軍事、経済、文化など、広範な分野での協力・調整を行っている。

資料6

東アジアの貿易実態

世界の各地域経済共同体と東アジア各国の貿易における域内国・地域シェア（2003年）

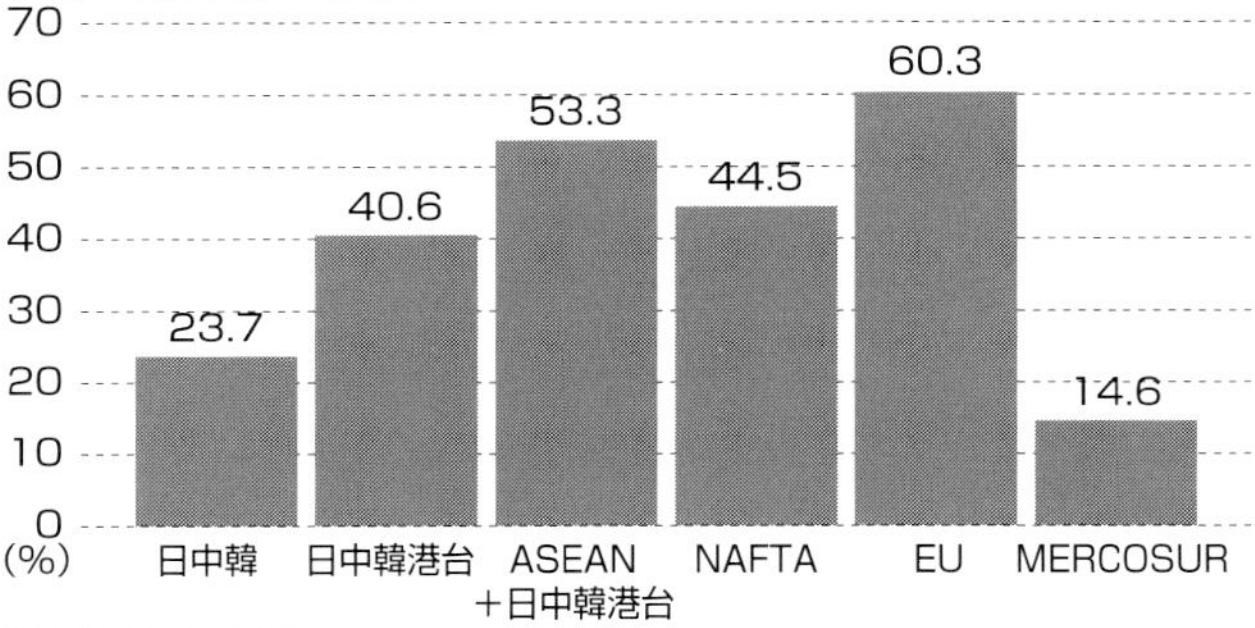

日本は財務省貿易統計、台湾はBureau of Foreign Trade,Ministry of Economic Affairs,R.O.C.、その他はIMF、Direction of Trade Statistics.

我が国との関係

国名	貿易額			我が国による直接投資	進出日本企業数	在留する日本人数
	対日輸出 2002年（百万ドル）	対日輸入 2002年（百万ドル）	対日収支 2002年（百万ドル）	2003年（百万ドル）	2003年11月現在	2003年10月1日現在（人）
インドネシア	1,773,997.4	779,818.2	994,179.3	648	587	11,608
カンボジア	9,370.6	8,747.3	623.3	—	3	733
タイ	1,314,593.9	1,648,577.4	-333,983.5	629	1,102	28,776
中国	7,727,792.6	4,979,795.6	2,747,997.0	1,766	1,939	77,184
東ティモール	5.8	412.0	-406.1	—	—	625
フィリピン	818,013.7	1,057,667.7	-239,653.9	196	375	10,650
ベトナム	316,278.3	266,343.0	49,935.4	70	204	3,560
マレーシア	1,401,350.1	1,377,609.5	23,740.6	463	642	10,769
ミャンマー	13,736.1	14,464.7	-728.6	—	22	640
モンゴル	927.0	3,863.8	-2,936.9	9	4	330
ラオス	840.7	2,251.9	-1,411.1	—	4	386

貿易統計/財務省、日本の貿易統計・国際収支統計/JETRO、海外進出企業総覧/東洋経済新報社（2004年）、海外在留邦人数調査統計/外務省（2004年）、在留外国人統計/法務省（2004年）より

と思います。

東アジアでは、通貨統合よりも共通マーケットの確立が先決であり、日本で生産しようが、タイで生産しようが、どこで生産しようが変わらないという状況になって初めて、通貨統合の話が現実味を帯びてくると思います。メイド・イン・ジャパンではなく、メイド・イン・アジアと呼ばれる状況になれば、「通貨が違うと不便だ」といった声が、むしろマーケットのほうから自然に湧き上がってくるはずです。そういう状況をつくり出すことが先決であり、先に通貨統合の旗を掲げても、うまくいかないのではないかと思います。

物流の規格、規則の統一を

そのためにも、物流や人流の拡大が必要ですが、日本と近隣諸国とは海で隔てられていますから、日本の場合は海運と航空路線の拡大充実が、やはり当面の課題になると思います。物流などは一見問題がないように見えますが、EUやアメリカと比べると、まだ解決すべき課題が多いのが実情です。たとえば日本のコンテナは、国際的規格よりも少し小さいため、国際競争に乗り遅れている面があります。EUやアメリカの場合、港に着いたコンテナをそのまま鉄道で運んでいけますが、日本では港で一度バラして、トラックや鉄道に積み替えて運ぶという非効率なことをやっています。しかも、コンテナをバラさず運べるようにするには、種々のゲージやトンネルの大きさなどの見直しが必要になるため、膨大なコストがかかる。それは簡単にはできませんから、当面は規格の差をハンディキャップとして受け入れるしかないというのが、今の日本の実情なわけです。

大型コンテナ船

(社)日本船主協会提供

東アジア全体を見渡しても、こうした規格や規則のバラツキが著しく、これらをどうやってすり合わせていくかは、東アジア共同体を実現する上で非常に大きな課題になると思います。まず技術的な水準を揃え、双方の商習慣などをすり合わせ、その上で規格や規則を合わせる必要があるわけで、これは一朝一夕に片付く問題ではありません。しかし、こうしたすり合わせを少しずつでも進めていくことが、その後の展開を加速させる契機になると思います。どこか一国が得をするのではなく、すべての関係諸国が納得できるルールをつくる作業は、それ自体がお互いに理解を深め合うよい機会になると思うからです。

最後になりましたが、食糧安全保障の問題についても触れておきます。最近、日本では食糧の自給率が低下し、食糧安全保障ということが盛んにいわれていますが、私はこの問題についても、他国との相互依存の関係を築くことが解決への早道だと思います。自由貿易協定をきちんと整備すれば、必ず安定的に農産物や水産物が入ってくるようになり、日本で食糧が不足して右往左往するような事態にはまずならないのではないかと思います。たとえばタイが日本への米の輸出を止めたら、確かに日本は困りますが、米の売り込み先がなくなるタイの農家も、同様に困るわけです。それがまさに相互依存ということであって、食糧安全保障は、決して自由貿易と対立する概念ではないだろうと思います。

結局、今これだけマーケットの国際化が進むなかで、どれだけ付加価値の高いものを生産できるかを各国が競っているわけで、農業もその例外とはなりえません。これからはむしろ、日本の農業の国際競争力をどうやって高めるか、付加価値の高い産物を生産するために農家の人たちにどんな支援を行っていくかということに、もっと知恵を絞るべきだと思います。いろいろと難しい面があることは承知していますが、そこがクリアできるようになれば、日本も東アジア共同体の実現に向け、確実に一歩踏み出したといわれるようになるのではないでしょうか。

「道はつづく」――② カナダ編

カナダ大陸横断とオーロラ見物

●杉田房子

広大なカナダを横一文字に走るトランスカナダ・ハイウエーは、東のプリンス・エドワード島から西のビクトリアまで結んでいる。走り抜ける町や村は、どこも町名と人口とを標示しているが、都市以外は見渡すかぎりの小麦やトウモロコシ畑に、いやというほどカナダの広さを実感させられる。西部のカルガリー付近までくると、今度はカナディアン・ロッキーの山々が、神々が住むといわれる神秘さと美しさで対照も見事だ。いよいよ山々の間を縫って走れば、熊の親子だの大鹿、モルモット、湖にはビーバーなど野生動物に出合う自然との触れ合いもある。

道がいいからスピードの出し過ぎも多いが、なんと速度取り締まりの飛行機が飛んでいた。「そんなに急いでどこへ行くのか」の声が空から降ってくる。

もっとも、冬の〝空からのパトロール〟はむずかしい。そこで、

カナディアン・ロッキーの道路には野生動物が次々に出現。驚きと喜びの連続。

道路中心のパトロールの出番だが、取り締まりの多くは飲酒運転だという。アルコールが入れば眠くなるのは人の常。車のなかが暖かいので、ほんのちょっとと仮眠していると、夜間などの急激な温度の低下で寝たまま凍死であの世へ直行の例が、車の増加とともに多くなり、パトロール・デポに拘束・厳罰の憂き目にあう。

こうしたハイウエー時代以前は、カナダ横断鉄道が大西洋と太平洋を結ぶ〝大陸制覇の旅〟を誇っていたが、今は廃止されて横断するなら乗り継ぎの連続となっている。

そもそもは国民が世界中からの移民で構成されている国を一つにまとめようと構想し、実現させたのは初代首相のジョン・マクドナルド。一八七一年に着手したが、建国四年に満たない国が世界最長の鉄道を敷設しようというのだから、マクドナルド首相の苦労は並大抵ではない。しかし、幾多の難工事の末、一四年の歳月を経て完成した。ヨーロッパから西部への移住者の輸送に目覚しい働きを、そし

世界一美しい道路。周囲の山々の神秘的な美しさに瞬く間も惜しい。

毛皮が立派で一時絶滅寸前だったが、手厚い保護によりビーバーの可愛い姿がロッキー湖沼によみがえった。

て、それらの人々に資材や農機具を運び、彼らの造った産物をトロントなどの大都会に運んだ。

難工事の一つ、ロッキー山中で苦労しながら作業していた人たちが、動物の足跡が集中しているので先をたどり、動物が傷を温泉で治しているのを発見。これが今日のバンフ温泉である。もっとも長湯は禁物で「二〇分以上入らないように」と大書した注意書が貼ってある。

道路も車もいいので、旅行者といえどもカナダ国内の車での移動は常態化しているが、新しいルートの開発の列車の旅も目に付く。二〇〇六年夏にはバンクーバーからロッキーを一周する列車「ウィスラーマウンテニア号」の運転が

ウィニペグから北上する「ハドソン・ベイ号」。別名「オーローラ・トレイン」。

始まる。バンクーバー北部にあるウィスラーは、北米一のアウトドア・リゾートとして発展した町で、ここでの一泊をはじめ、ケネル、ジャスパー、カムループスにも宿泊し、ゆっくりと一週間かけての〝スローの行動〟こそ列車の旅にふさわしいと注目されている。

ロッキー山中のバンフ温泉。近くの温泉プールは、ドライブの疲れを癒す。

〝オーロラの旅〟も人気があり、マニトバ州の最北の町チャーチルやノースウエスト準州のイエローナイフも共にオーロラが見られるところ。私は、バンクーバーからウィニペグ経由チャーチルへの空路を選んだ。ウィニペグ‐チャーチル間は「ハドソン・ベイ号」という列車が運行しているが三四時間は時間がかかり過ぎる。チャーチルの人口は一三〇〇人。訪れた三月は、ハドソン湾も町も雪のなかに埋もれていた。そもそもイギリス人のヘンリー・ハドソンが一七世紀に毛皮交易の基地としたところ。町の付近に道路はあるが、ツンドラ地帯なので道路工事に莫大な経費がかかるため、外部からの道路はなく、食料、日用必需品

雪の上を走るのに最高のツンドラバギー車。スキー履き、暖房付きで快適。

まで航空機による輸送依存が大きい。ウィニペグから乗ったターボプロップ機には機内の半分以上を貨物が占領し、機内持ち込みバッグまで制限させられた。

夕食後、借りたトナカイの防寒服を着てオーロラ見物に出かける。ホテルの主人が、ガラス屋根のオーロラドームを所有しているので、屋内のドームで暖かく見られるのはありがたい。夜八時頃から天空に舞うオーロラ。次々に現れるオーロラは、一度に頭上で重なりあい、地上の果てから他端までアーチをかけ、形ではカーテン状あり、コロナ状あり、竜巻状あり。色彩と輝きが異なるうえに、それぞれが時とともに移り変わる変幻は、夢幻というか玄妙というか。思わず屋外に飛び出して天を仰ぐ。体の震えが止まらなくなったのは寒さか感動か。

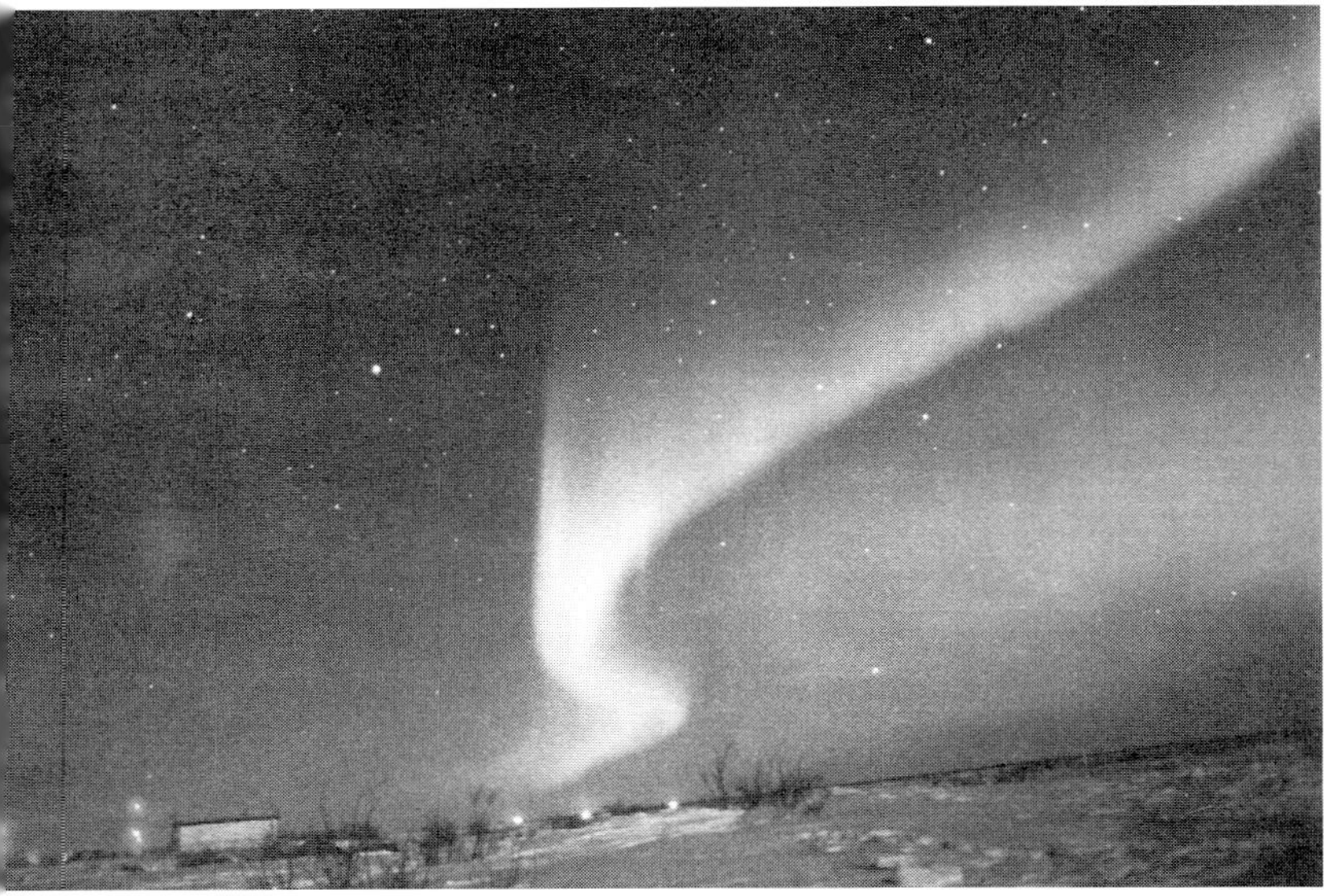
かくも神秘的で美しい自然現象があるだろうか。オーロラは人生最高の感激を与えてくれた。

第三章
和船の発達と日本文化

安達　裕之
東京大学大学院総合文化研究科教授

東京大学工学部船舶工学科卒業。専門分野は日本造船史。
主な著書は『日本の船～和船編』『異様の船～洋式船導入と鎖国体制』など。

安達氏は、日本の造船史を長年にわたり研究され、和船技術の変遷や、我が国の水上交通が日本文化の形成、交易の発展に果たした役割などについて精通されている。古代から現代にいたる和船技術と水運の歴史をふり返っていただき、我が国の水運網がどのような必然のもと、どのように形成されてきたか、また、それが我が国の文化にどのような影響を及ぼしてきたかを検証していただくとともに、船が大陸との往来に欠かせない交通手段であったことから、大陸との文化、経済の交流に海の道が果たした役割などについても言及していただいた。

「日本の船」の原像

島国でしかも河川の多い日本列島では、古来、人の往来や物流に「船」が重要な役割を果たしてきたと思います。そこでまず、古代から近世までの和船の発達と水運の歴史を、ひととおり概観していただけますでしょうか?

「和船」とは何か

最初に和船という語について説明しておきましょう。この語には二つの意味があります。

第一は日本の船です。日本の船でありさえすれば、時代や船型を問いません。たとえば、「天竺《てんじく》へ往来御免の和船」(『別本天竺徳兵衛物語』※1)がそうです。この用例の和船は、一七世紀前期に徳川幕府から異国渡海朱印状を交付されて、安南《あんなん》(現在のヴェトナム)・暹羅《しゃむ》(現在のタイ)・呂宋《るそん》(現在のフィリピン)など東南アジアに渡航した貿易船、いわゆる朱印船のことです。朱印船に使われたのはジャンク(中国船)系統の船で、当時の日本の在来形船とは船体から帆装までことごとく異なっていましたが、朱印船は日本の船なので、和船と称されたわ

1
別本天竺徳兵衛物語
天竺徳兵衛とは江戸初期の貿易商。一〇代の頃から中天竺(ちゅうてんじく＝シャム)に渡航。その記憶にもとづき、旅先の地理・風俗・物産などの記録を長崎奉行に提出、後に「天竺渡海物語」として歌舞伎にも脚色された。

けです。

第二は日本の在来形船です。これは幕末に導入された洋式船との対比から生まれた語義で、日本船・日本形船も同意です。当時の和船の主流は弁才船《べざいせん》に代表される棚板造りの船であり、洋式船とは船体から帆装にいたるまで相違していたので、和船の一語で十分に彼我の区別はつきました。ところが、洋式船が導入されてほどなくして、彼我の区別は必ずしも明確ではなくなります。洋式船の高い建造費に加え、明治に入ると洋式船のみに適用される法律が施行されたことにより、国内海運では和洋を折衷した船が横行したからです。

肋材《ろくざい》を入れ、舵を洋式にするなど船体の一部を洋式化したり、洋式の補助帆を船首尾に張るいわば在来形の改良船は、船体と帆装に和船色が濃いために和船の範疇に入っても、一部洋式化した和式の船体にスクーナー[※2]式の帆を装備した船やスクーナーもどきの折衷船は、和船とも洋式船ともいいがたく、当時、合の子船と俗称されました。昭和初期に機帆船、つまり機関付帆船が帆船に代わって国内海運の主役の座につくと、和船は衰退の一途をたどります。今日、各地に残る和船と称される船は、和洋を折衷した技術で造られています。洋式技術の影響を受けていない和船は、徳島城博物館に展示されている千山丸以外には現存しません。千山丸は安政四年（一八五七）九月に阿波藩が建造した御召鯨船で、小船ながら、大名の船の豪華さの一端を余すところなく今に伝えています。なお、明治政府の管船上の区分としての日本形船は、明治二九年（一八九六）までは船体が完全な洋式構造でない帆船のことで、和船と同義ではないので注意を要します。

以上が和船という語の歴史的な用法です。国語辞典を引くと、和船とは日本在来の形式の木

2　スクーナー
二本の帆柱に縦帆を装備した帆船のこと。

造船の意としています。しかし、時代により、地域により在来形船は異なるので、辞典の語義はあいまいといわざるをえません。ここでは和船の意味を広くとって、第一の日本の船の意味で使うことにします。

単材刳船《たんざいくりぶね》から複材刳船《ふくざいくりぶね》・準構造船へ――刳船の時代

古来、海や川のそばに住むほとんどの民族は、それぞれ独自に交通手段として何らかの水上航行具を発明し、利用してきました。日本で最初の水上航行具は、一本の木を刳《く》り抜いて造った丸木船です。丸木船に先立って筏《いかだ》や浮きが使われたかどうかは遺物がないのでわかりませんが、縄文時代の丸木船は各地で出土しています。出土船の多くは長さ五～七m、幅五〇～六〇㎝です。上から見ると船首尾を丸く削り出したいわゆる鰹節型をしていて、船首尾はそり上っていません。大ざっぱにいって、船材は太平洋側が榧《かや》、日本海側が杉です。なお、造船史では後述する複材刳船と区別するために、丸木船を単材刳船と呼んでいます。

縄文時代に続く弥生時代の船としては、少数の単材刳船の出土例があるにすぎません。しかし、この時代は日本の歴史において大きな意味を持っています。大陸から水稲技術や金属器（青銅器・鉄器）が伝えられ、大陸としばしば交渉を持つようになるからです。むろん、大陸との交渉には船が不可欠です。では、渡海にはどのような船を用いたのでしょうか。小さな単材刳船に多人数が乗って、荒海を乗り切るのはまず不可能なので、より耐航性に優れ、積載量も大きな船が使われたと考えるのが自然です。福井県坂井郡春江町から出土した流水文銅鐸には、船首尾をそり上げ、多数の櫂《かい》らしきものを舷側に並べた船が鋳出されており、大型船の使用を

千葉市検見川で出土した単材刳船

江戸東京たてもの園蔵

うかがわせます。

弥生時代の大型船の出土例はありませんが、刳船部材を前後に継いだ大型船がこれまで愛知県で一艘《そう》、大阪市で四艘出土しています。大阪市出土の船はいずれも船首尾を欠くため、本来、何材を継いでいたかは不明です。ところが、天保九年（一八三八）に川浚《かわざら》えの最中に発見されて、ほぼ完形で掘り出された愛知県の船は、四材の楠の刳船部材を継ぎ、長さは優に二〇mを超えていました。なお、造船史では複数の刳船部材を前後に継いだ船を複材刳船と呼びます。

大阪市の三艘は古墳時代か奈良時代と推定されています。しかし、推定の根拠は明確ではなく、ずっと時代が下がる可能性があります。昭和三二年（一九五七）に石井謙治氏※3が『日本の船』を刊行して、古代・中世を通じて刳船を基本とする船が主用されていたことを明らかにするまで、刳船は古いという先入観が強かったからです。愛知県出土の船は古瓦・古銭・木仏像などを伴出したと伝えられているので、八世紀以降の船であることは間違いありません。一二世紀の『玉葉《ぎょくよう》』※4・『兵範記《へいはんき》』などの貴族の日記や『平家物語』に見える「二瓦《ふたつがわら》」は、船首・胴・胴・船尾の四材の刳船部材をついだ大型の川船のことで、胴の刳船部材が瓦を思わせるところから生じた称のようです。愛知県出土の船は明らかに「二瓦」なので、一二世紀前後の船かもしれません。

複材刳船の船材として多く使われたのが楠です。出土した五艘のうち四艘までが楠でした。楠は幹が太いので、幅の広い材が取れる反面、低いところで枝分かれするため、長い材が取れません。そこで楠の欠点を補うために、複数の刳船部材を前後に継ぐ技術が生まれました。実はこの技術は、中国にあったことがわかっています。山東省から三材構成の複材刳船を左右に

3 石井謙治
一九一七年、東京都生まれ。元日本海事史学会会長。著書は『日本の船』『図説和船史話』『和船Ⅰ・Ⅱ』など。

4 玉葉・兵範記
『玉葉』は鎌倉前期の公卿・九条兼実（かねざね）が、当時の政局を克明に綴った日記。『兵範記』は平安後期の公卿・平信範（のぶより）が、当時の社会情勢を綴った日記。

並べた組船《くみぶね》が出土しているからです。これは隋代（五八一〜六一八）の船ですが、前漢時代（紀元前二〇二〜八）の墓から出土した木製の模型船や後漢時代（二五〜二二〇）の副葬品の陶製の船の船底を刳船部材の前後継ぎとみなせるなら、さらにさかのぼる可能性があります。いずれにせよ、弥生時代における金属器の使用による工作技術の向上や、大陸とのひんぱんな往来を考えあわせると、この時代に水稲技術や金属器などとともに複材刳船の技術が南中国から伝来した可能性は高そうです。

複材刳船は、単材刳船よりはるかに長大でも、まだまだ積載量も限られ、耐航性にも欠けます。そこで両舷に舷側板をつけて深さを増し、積載量と耐航性を大きくした船が造られました。こうした船を造船史では構造船にいたる前段階の船という意味で準構造船と呼んでいます。大阪市で発掘された四艘の船のうち一艘の両舷には舷側板の一部が残っていましたし、また二艘の舷側には舷側板を取りつけた跡があるので、いずれも準構造船であったことは確かです。舷側板の効果は絶大で、たとえば、長さ二四m、幅二mの複材刳船に一mの舷側板をつければ、喫水は〇・五mから一mと倍になり、積載量は約七tから約一八tと二・五倍に増えると試算されています。

ここで準構造船の例として西都原《さいとばる》古墳※5（宮崎県西都市）から出土した有名な船形埴輪を取りあげておきましょう。これは古墳時代中期の五世紀のものです。この船を見ると、刳船部材を継いだ船底部と舷側板の結合部を船首から船尾まで縦通材で覆っています。船材の結合法としては二材を重ねて継ぐ重ね継ぎと、木端と木端を突き合わせて継ぐ二つの方法がありますが、材の結合部を覆う縦通材の存在は、この船の船底部と舷側板の結合法は後者で、結合は釘では

5 西都原古墳
宮崎県西都市にある五〜六世紀の古墳群。大型の男狭穂塚（おさほづか）古墳、女狭穂塚（めさほづか）古墳を含む前方後円墳三二基と円墳・方墳・地下式横穴など三〇〇基ほどからなる。船形埴輪は一六九号墳から出土した。

西都原古墳出土の船形埴輪
東京国立博物館蔵

なく、藤などの蔓《つる》による縫合であることをうかがわせます。中世の絵巻物に描かれた準構造船は船底部と舷側板を重ね継ぎしているので、結合法が後に変わったに相違なく、古墳時代の準構造船の延長線上に中世の準構造船があるわけではありません。

古墳時代の出土船にも船形埴輪にも帆柱を立てた跡がありませんが、六世紀の珍敷塚《めずらしづか》古墳[※6]（福岡県浮羽郡吉井町）に描かれた船を見ると、どうやら両舷に棒を立て、その間に帆を張っていたようです。同様の帆はミクロネシアの船や江戸時代のアイヌ民族の船でも使われています。ところが、中世の絵巻物に描かれた船は船体のほぼ中央に立てた帆柱に四角い帆を揚げています。東アジアで四角い帆は日本以外では使われておらず、起源は不明ですが、いずれにせよ、帆装法でも古代と中世に断絶があることだけは確かです。

中世の絵巻物を見ると、複材刳船が川で、準構造船が海で使われています。浅い川で船の大型化をはかろうとすれば、肩を大きくし、長さを延ばすよりほかに手はなく、そのために四材の刳船部材を継いだ二瓦と呼ばれる大型船が造られたことは容易に想像がつきます。一方、海は深いので、船の大型化に効果的なのは、船長に比して寸法の小さい深さか肩を増すことです。だからこそ棚板の枚数を増やし、棚板を外に開かせたのです。遅くも一六世紀には、準構造船の船底部を板材に置き換えた棚板造りの船が出現しています。棚板造りとは、航《かわら》[※7]（瓦）と呼ぶ船底材に数枚の棚板を重ね継ぎし、多数の船梁《ふなばり》で補強した船体構造をいい、棚板構成は根棚・中棚・上棚の三階造り、中棚を欠く二階造り、中棚が二枚の四階造りがあります。むろん、準構造船と棚板造りの船は船底材の形状を異にするだけなので、一見、紙一重の差しかなさそうですが、楠の刳船部材という特殊な材が不要になれば、船材の選択範囲が広がり、それだけ

6 珍敷塚古墳
福岡県浮羽郡吉井町にある装飾古墳群の一つ。

7 航
船首から船尾まで通す平らな船底材。西洋船やジャンクの船底材である竜骨が角形であるのに対して、幅広いのが特徴。先端に水押（船首材）、後端に戸立（船尾板）を組み合わせて船体の基本を構成する。

造船が容易になったはずです。あるいは、大型船に必要な楠の大材の不足が棚板造りの船を出現させたのかもしれません。

このように、単材刳船から複材刳船・準構造船をへて構造船にいたるというのが和船の大型化の過程です。むろん、複材刳船や準構造船が生まれても、単材刳船は堅牢で長期間の使用に耐えるため、森林資源の豊富な日本では小型船として驚くほど長く使われ続けました。古代・中世の小船はもとより、いわゆる構造船の発達した江戸時代でも漁船の一部はそうでしたし、また近年まで岩礁の多い海岸での磯漁に使われていました。大材の不足から単材刳船が姿を消したのは近年のことです。（資料1「準構造船から棚板造りの船へ」）

日本海の面木《おもき》造り

技術は風土的な条件に左右されます。これまで単材刳船から複材刳船・準構造船を経て棚板造りの船が出現する過程についてお話ししてきましたが、この過程は瀬戸内沿岸と茨城県以南の太平洋沿岸に限られます。というのも、この過程で重要な役割を果たした楠が日本海沿岸には生育しないからです。

瀬戸内・太平洋と並ぶ古代からの幹線航路であった日本海の沿岸では、縄文時代の単材刳船は出土しても、大型船の出土例はなく、しかも中世の絵巻物にも日本海の船は描かれていません。そこで近世初期の日本海で活躍した北国船《ほっこくぶね》・羽ヶ瀬船《はがせぶね》といった面木造りの船（資料1「面木造りの船」）から話を始めましょう。面木とは一木から刳り出したL字形に近い断面を有する船材のことで、面木造りとは対向する面木の下端に船底材を接《は》ぎ合わせて船底部とし、面木の上端に

資料1

準構造船から棚板造りの船へ

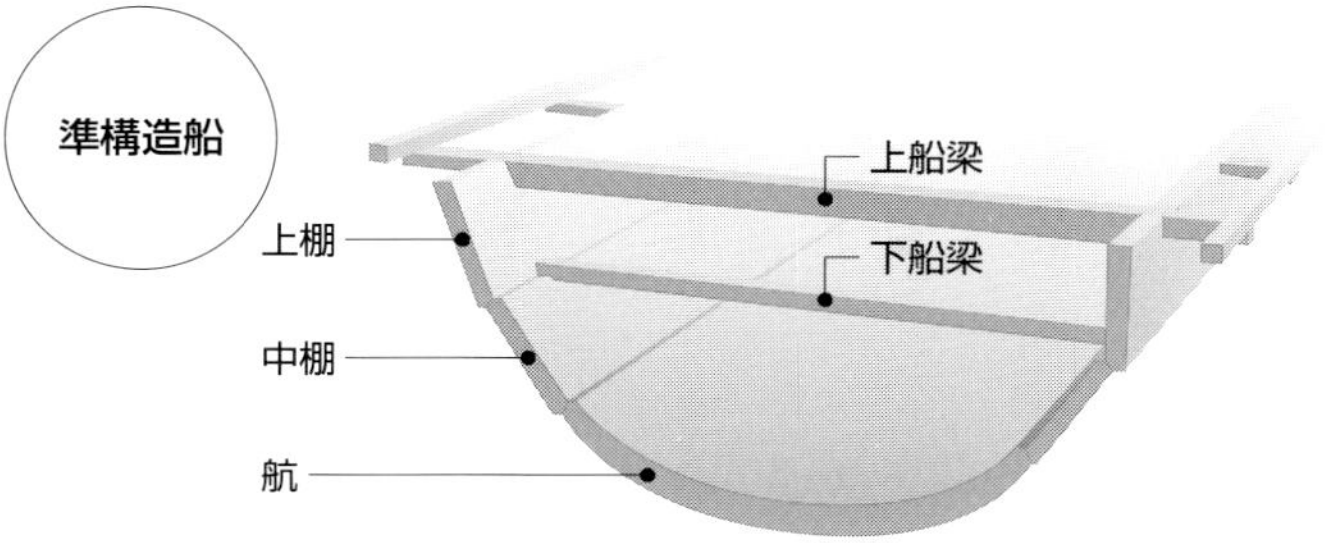

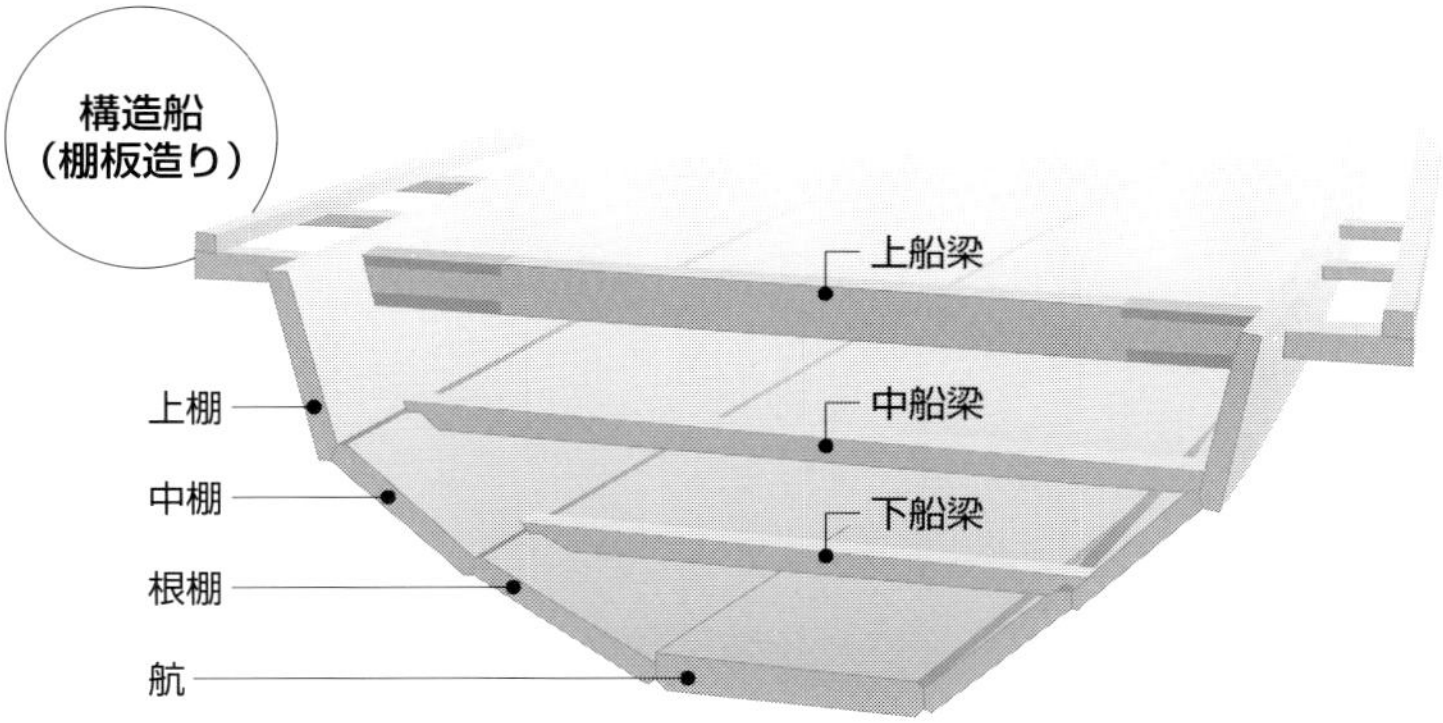

面木造りの船

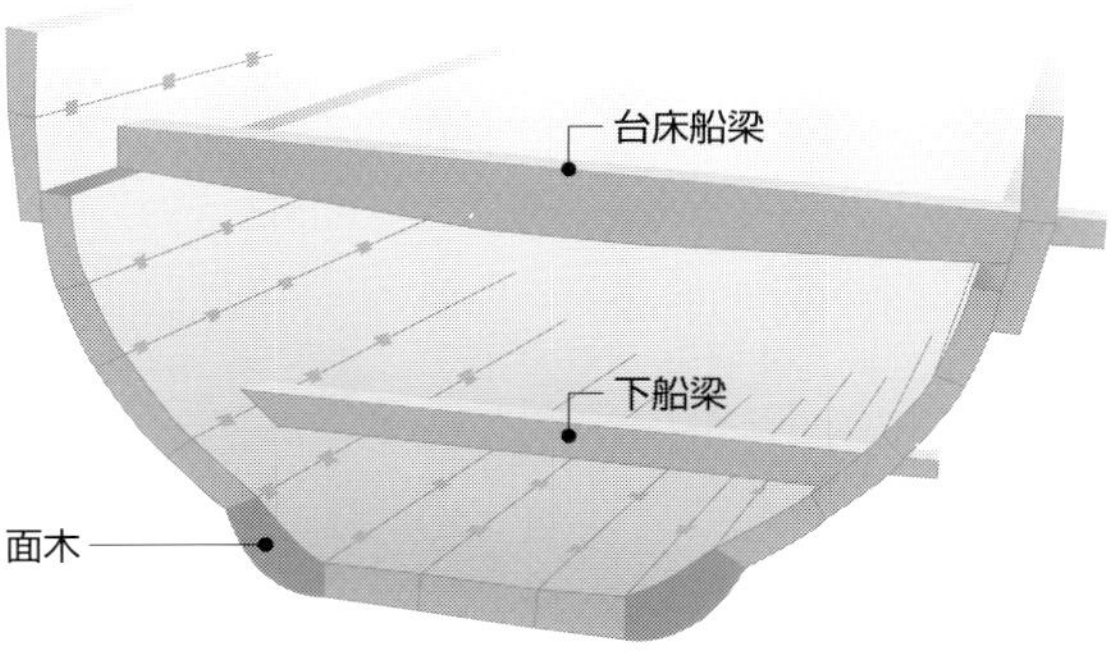

石井謙治『図説和船史話』より改作

順次、舷側材を接ぎ合わせ、最後に棚板を重ね継ぎした船体をいいます。面木造りが棚板造りとまったく別の系統の技術に属することは、連続的な外板構成と接合わせを基本とする材の継ぎ方を見れば一目瞭然です。船材だけに限っても、面木のような特殊な材を必要とするところに面木造りの特色があります。

面木造りの船が棚板をつけた刳船つまり準構造船から発達したことはまず間違いありませんが、前述のように楠は日本海沿岸では生育しないため、その船底部は杉・草槙《くさまき》・檜葉《ひば》などの真っ直ぐな長大大径木で造られていたはずです。大阪市では杉の複材刳船が出土しているので、日本海でも棚板造りの船の出現する可能性が皆無であったとはいえません。けれども、長材を得やすかったためか、森林資源の豊富な時代に複材刳船は日本海に現れなかったようです。

複材刳船に起源を有する航が海船では三材を継いでいたのに対して、面木が一材であったことは、日本海の準構造船が単材刳船を船底部としていたことを物語っています。とするなら、棚板の枚数を増やし、棚板を外に開かせて船の大型化をはかった瀬戸内海・太平洋と違って、日本海では準構造船の一木の船底部を分割して面木とし、間に船底材を入れて船幅を広げ、面木に舷側材を継ぎ足して深さを増すことによって、船の大型化をなし遂げたと考えていいでしょう。このように直材の性質を生かした面木造りは、棚板造り同様、日本の豊富な森林資源を背景に成立した技術であることにかわりはありません。

慶州の雁鴨池から発掘された統一新羅時代（七～九世紀）の小船は、三材の刳船部材を左右に継いでいました。日本海の左右継ぎの技術が朝鮮半島から伝来したかは不明ですが、いずれにせよ、半島と日本海沿岸は独自の大型船を発達させることになります。

船による交通を通じて日本が中国大陸・朝鮮半島から受けた歴史的・文化的影響は計り知れないものがあります。大陸との交通に使われた船がどのようなもので、どんな技術が使われていたのか、お話しいただけますか？

遣唐使船はジャンクか

日本と大陸との交通は、むろん、古くから行われていましたが、どのような船で行き来したかについては、手がかりがほとんどなく、よくわからないというのが実情です。

中国に渡航する船は、当初、九州から壱岐・対馬を経て朝鮮半島の西岸沿いに北上し、黄海を横切って山東半島にいたるいわゆる北路をとっていました。五世紀の倭の五王[※8]の南朝への遣使や七世紀初頭の遣隋使、そして初期の遣唐使がそうです。島や岸づたいの航路なら、水や食料を補給できるばかりでなく、避難する場所も多く、日本海が穏やかな春から夏にかけての季節なら、大型準構造船で十分に航海できたと考えられています。

ところが八世紀以降の遣唐使船は半島沿いのコースを捨て、たいてい四艘で船団を組み、九州から直接、東シナ海を突っ切って中国に向かういわゆる南路をとるようになります。六六〇年に百済を滅ぼし、六六八年に高句麗を滅亡させて半島を統一した新羅との関係が悪化しつつあったからです。南路では遣唐使船の難破が目立ち、往航・帰航とも無事であったのは八回のうちわずか一回にすぎません。原因は季節風の知識の欠如にあり、季節風の逆をついて出帆し

8 倭の五王
『宋書』に記された五世紀の五人の倭国王。讃・珍・済・興・武の個人名に、倭を姓として名乗る。四二一年（または四一三年）の讃から四七八年の武まで、少なくとも九回の使者を中国に遣わした。

たり、絶好の時期を順風が吹かないといって逃した船もありました。後代の中国船や遣明船は南路を季節風を利用して、さしたる困難もなく航海しています。どうやら遣唐使の時代の南路には季節風の特性の把握に不可欠なひんぱんな往来がなかったようで、遭難の多発も無理からぬところです。

北路と違って南路では途中で寄港できず、荒天時の避難場所もないため、準構造船では安全な航海は覚束《おぼつか》なくなったに違いありません。そこで遣唐使船の建造に大陸系の技術を導入したと考えられています。その傍証となるのが、承和五年（八三八）の遣唐使に加わった僧円仁の日記『入唐求法巡礼行記《にっとうぐほうじゅんれいこうき》』※9です。彼の記すところによれば、櫓《ろ》と舵を備えた二本帆柱の乗船が中国揚州沿岸で擱座《かくざ》したとき、船底が準構造船では起こりえない壊れ方をしています。

大陸系の技術といえば、白雉《はくち》元年（六五〇）に安芸国で造られた二艘の百済船は、白雉四年（六五三）派遣の第二次遣唐使用とされています。百済と中国南朝との親密な関係から、実態不明の百済船をジャンクつまり中国船と説く研究者もいます。しかし、概してある地域における船の発達は、外交関係の親密度によっては決まらず、風土的な条件に拘束されるので、憶測の域を出ません。

天平一八年（七四六）以来、安芸国における渡唐船の建造は五回を数えます。天平四年の近江国・丹波国・播磨国・備中国による建造も、海のない国が含まれているところから、建造費を負担したもので、実際の建造は安芸国といわれています。したがって、安芸国に大陸系の造船技術を身につけた集団がいたことは確実です。造船にあたって、とくに造舶使長官や次官を任命し、船にまで人並みに官位を授けたことは、使節船建造がいかに国家的な事業であったか

9
入唐求法巡礼行記
遣唐使に加わった天台宗の僧円仁（えんにん）が著した、承和五年（八三八）の入唐から帰国（八四七）までの日記。遣唐使の行動、唐内各地の様子などが記され、一二九一年の古写本は国宝に指定されている。

を物語っています。もっとも、建造は遣唐使の派遣に合わせて行われており、長ければ十数年の間があくので、どのようにして技術を伝承したか知りたいところですが、残念ながら何もわかっていません。

八世紀中期以降の安芸国で造られた船について、記録は百済船とも別の船とも述べていませんが、百済船の建造から一世紀を隔てるだけに、新たに中国からジャンクの技術を導入したと考えてよいと思います。もっとも、その実態となると不明といわざるをえません。

今日、遣唐使船の復元がさまざまに試みられています。けれども、遣唐使船を復元するに足るだけの資料はなく、唐代のジャンクの絵も伝存しません。確かに、法隆寺絵殿の『聖徳太子絵伝《しょうとくたいしえでん》』や『吉備大臣入唐絵詞《きびだいじんにっとうえことば》』『華厳縁起《けごんえんぎ》』などの絵巻物にはすばらしいジャンクが描かれていますが、これを二〜三世紀以上も前の遣唐使船と同一視してよい保証はどこにもありません。日中交流に大きな足跡を残した遣唐使ですが、残念ながら現状では船の復元は不可能というほかありません。（資料2「『吉備大臣入唐絵詞』の遣唐使船」）

資料2

『吉備大臣入唐絵詞』の遣唐使船

12世紀から13世紀初頭の作とされる『吉備大臣入唐絵詞』（模本）より（東京国立博物館蔵）。宣和5年（1123）に北宋使節として高麗に渡った徐兢《じょうきょう》が『宣和奉使高麗図経《せんなほうしこうらいずきょう》』で述べる中国船とよく符合する。

寛平《かんぴょう》六年（八九四）の菅原道真の建議によって遣唐使の廃止が決まると、大陸系の技術は、日本の在来形船に何ら影響を及ぼすことなく途絶えてしまい、以後、わずかに来日した中国商人が唐船を建造したにすぎません。

遣明船と朱印船

遣唐使の廃止により正式な国交は途絶えましたが、九世紀中期の唐の商船を皮切りに、中国の商船が季節風にのって毎年のように来航しました。一二世紀後期の南宋の時代には日本の商船もしばしば渡宋し、元が中国を統一してからも、元寇による一時的な影響があるにせよ、渡航は絶えることはなく、鎌倉時代末期から室町時代初期にかけては社寺造営の費用を調達するため、幕府公認の貿易船が次々と元に派遣されました。こうした対宋・対元貿易船の実態は不明です。もしジャンクなら来日した中国人の手になるか、購入したか、雇ったかですし、あるいは国内海運の大型船と見るべきかもしれません。いずれにせよ、中国への渡航船の実態が明らかになるのは一五世紀以降のことです。

元にかわって明が中国を支配すると、足利義満は明と冊封関係※10を結びました。その結果、応永一一年（一四〇四）から天文一六年（一五四七）までに明に派遣された船は一七次八四艘を数えます。使節船であると同時に貿易船であった遣明船には大型船が必要でしたが、派遣ごとに特別の船を造った遣唐使船と違って、国内海運の大型商船を転用しています。

遣明船の具体的な姿を探るうえで見逃せないのは、新羅征伐に向う神功皇后の軍船を描いた永享五年（一四三三）の『神功皇后縁起《じんぐうこうごうえんぎ》』と、唐から円仁を乗せて日本に帰る使節船を描いた

10 冊封関係
冊封とは、前近代の中国中心の国際秩序・外交体制の一つ。冊封関係とは、中国の皇帝が周辺諸国の王に爵位・称号等を授け、臣下とする冊封の手続きによって成立する関係。

大永五年（一五二五）の『真如堂縁起《しんにょどうえんぎ》』です。両船とも豪華な檜皮葺きの屋形を設けているので、半島・大陸への渡航船ということで、絵師は当代の代表的な渡唐船たる遣明船を手本にした可能性が考えられます。とくに帆柱の前後に屋形を設ける神功皇后の軍船は、時期的にみて写生した遣明船を軍船に仕立てた可能性が大きいでしょう。永享五年（一四三三）に絵巻物を誉田《こんだ》八幡宮（大阪府羽曳野市）に奉納した将軍足利義《よし》教《のり》は、前将軍義持《よしもち》の断絶した明との国交の回復をはかり、前年八月に兵庫に下向して再開第一次の遣明船の出帆を見送っているからです。船団中最大の軍船の搭載する四爪碇《よつめいかり》が中国製で、しかも応仁二年（一四六八）の遣明船の記録である『戊子入明記《ぼしにゅうみんき》』に載る「公方様《くぼうさま》之碇」の公算が大きいとなればなおさらです。（資料3『神功皇后縁起』の軍船）

　神功皇后の軍船は船尾に刳船部材が見えるので、明らかに準構造船です。鎌倉時代の海船と共通する点が多い反面、相違する点も目立ちます。なかでも見逃せないのが広くなった船の幅で、棚板を舷外に傾斜させ

資料3

『神功皇后縁起』の軍船

船尾に黒く見えるのが刳船部材。基本単位で構成された帆や別の段に描かれた中国製の四爪碇など、船の描写は秀逸であり、絵師が鋭い観察眼の持ち主であったことを証明している。（誉田八幡宮蔵）

ていたに違いありません。円仁の帰朝船は、船底部が見えないため、準構造船か棚板造りの船か判断に迷います。幅の広い船体から棚板造りの船とみる研究者もいますが、準構造船でも幅の広い船が造れることを見ても、船は長いため、往々にして前後に圧縮して描かれることからしても、幅の広さは決め手にはなりません。しかし、永正二年（一五〇五）の航海書『船行要術《せんこうようじゅつ》』に「内海ベザイ作ノ船」「伊勢作ノ船」「関船」といった棚板造りの船の名が散見されるので、遅くも一六世紀には準構造船の船底の刳船部材を板材に置きかえた棚板造りの船が出現していたことはまず間違いないところです。

では、一七世紀前期に徳川幕府から交付された異国渡海朱印状を携えて東南アジア諸国との貿易にあたったいわゆる朱印船はどうでしょうか。記録に残る限り、朱印船に用いられたのは「朱印前」あるいは「日本前」と呼ばれたジャンクで、中国や暹羅などで購入されたほか、国内でも造られました。一口にジャンクといっても、隔壁を入れた船体と縦帆は共通するものの、実に多種多様です。残念ながら朱印船の具体的な姿を今に伝える絵はきわめて少なく、しかも鎖国を目前にひかえた寛永一一年（一六三四）に集中しています。それを見ると朱印船が帆装のほかに舵や船尾廻りに西欧のガレオン船の技術を取り入れたジャンクであったことがわかります。こうした折衷形式のジャンクは朱印船ばかりでなく「ミスツイス造リノ船」と称された暹羅船も同様です。暹羅船の名が示すように、折衷船が生まれたのは東南アジアで、スペイン人もしくはポルトガル人がこれをメスツィソ（合の子）と呼んだのでしょう。朱印船が暹羅船と異なるのは中国にも西欧にも類例のない矢倉形式の船首楼で、ここから日本前あるいは朱印前という呼称が生まれたに違いありません。（資料4「清水寺に奉納された末次船の絵馬」）

11 進貢船
中国皇帝に貢ぎ物を捧げるための琉球王国の使節船。中国福建省と那覇港との間を、通常二隻で航海した。

鎖国下でも寛永一二年（一六三五）の熊本藩と延宝三年（一六七五）の仙台藩のように、幕府はジャンクの建造を上申する大名には許可を与えたほか、自らも寛文九年（一六六九）に長崎代官末次平蔵に命じて福州船系統のジャンクを造らせ、延宝三年に小笠原諸島を探検させています。幕府が後継船を建造しなかったのは、同じ積石数の在来形商船に比べて多くの乗組員を要し、経済性で劣っていたからかもしれません。以後の日本では、琉球で用いられた進貢船《しんこうせん》※11とジャンク系統の馬艦船《まーらんせん》、それに一八世紀後期に幕府が造る三国丸や第一次蝦夷《えぞ》地直轄時の朱塗りの御用船（赤船）といった折衷船を除いて、ジャンクの建造は途絶えますが、明治三〇年代以降に逆風帆走性能がよく、縮帆も容易なジャンク式の伸子帆《しんしほ》が国内海運の商船に普及します。伸子帆とはバッテン付ラグスルのことで、多数のバッテン（張木）が洗い張や染色のときの伸子を思わせるところから起こった称です。

資料4

清水寺に奉納された末次船の絵馬

寛永11年（1634）7月に長崎の清水寺に奉納された末次船の絵馬の写し。寛政7年（1795）か8年から9年に長崎に滞在中、本草家として著名な佐藤中陵《ちゅうりょう》に鎖国のための帆装制限令を思いつかせたのが、この朱印船の絵馬である。（長崎歴史文化博物館蔵）

近世日本を支えた水運

江戸時代の対外政策の基本は鎖国でした。大船建造禁止令の制定も、その鎖国政策の一つだといわれています。先生はご著書のなかで、そのあたりの経緯を詳細に検討されていますが、この法はどんな意図のもとで発令され、その後の日本の船造りにどんな影響を与えたのでしょうか?

大船建造禁止令の真実

大船建造禁止令は、寛永一二年(一六三五)六月公布の武家諸法度[※12]の第一七条に「五百石以上之船停止《ちょうじ》之事」と定められた規定のことで、直前の五月に出された日本人の海外渡航の禁止と関連づけて、鎖国のために取られた措置の一つとする説が有力でした。しかし、この禁令はそもそも鎖国とはまったく無関係です。

話は少しさかのぼります。慶長五年(一六〇〇)の関ヶ原の合戦で天下の覇権を握った徳川家康は、慶長八年(一六〇三)に将軍宣下を受けましたが、大坂には依然として豊臣秀頼が健在であったため、政情は安定せず、西国大名は水軍の増強に努めました。当時の水軍の主力艦

12 武家諸法度
江戸幕府の大名統制法規。第一条文武弓馬の道の奨励に始まり、法度違反者の隠匿禁止、城郭の無断修築禁止、私婚の禁止、参勤作法などの一三カ条からなる。三代将軍家光が、参勤交代や大船建造禁止などを定めて一九カ条の法度として体裁を整え、これが後の定形となった。

は安宅船《あたけぶね》で、補助艦が快速を誇る関船《せきぶね》でした。安宅船は、幅の広い安定性の良い船体を有する伊勢船や二形船《ふたなりぶね》の上部を装甲した高い矢倉で囲い、その上に二、三層の櫓《やぐら》をあげており、必要に応じて薄い鉄板を張るほか、搭載する火器も多く、攻撃力・防禦力とも群を抜いていました。一方、関船は、細長い船型を有し、船首を水押造りにすることを除けば、船体・上廻りとも安宅船と基本的に変わりません。

慶長一四年（一六〇九）、幕府はついに強硬手段に訴え、軍船・商船を問わず、領内にあるすべての五〇〇石積以上の船の進上を西国大名に命じました。水軍の主力艦の安宅船を没収して、石山本願寺合戦[※13]の毛利氏のように一朝事あるときに西国大名が海上から秀頼を救援する憂いを幕府は取り除いたわけです。商船まで対象に加えたのは、商船としての伊勢船・二形船に戦闘用の艤装《ぎそう》を施せば安宅船に転用できるからにほかなりません。もっとも、同じ商船でも海外貿易に従事した朱印船は対象から外されています。漕帆兼用の在来形の軍船や商船と違って、朱印船は帆走をもっぱらとし、機動性に欠けるため、接戦を至上とする日本の水軍では無用の存在でしかなかったからです。慶長一四年以後、各地に残存していた小安宅船も元和偃武《げんなえんぶ》[※14]以降は次第に姿を消し、代わって関船が水軍の主力となり、大型化が進みますが、幕府の禁令のため約八〇挺立が限度でした。将軍や大名は豪華な二階建ての屋形を設けた大型の関船を御座船《ござぶね》（御召関船とも呼びます）として用い、特に参勤交代時に海路をとる西国大名は多数の関船を擁して人員輸送の用に供しました。

寛永一二年（一六三五）の大船建造禁止令は、慶長一四年の大船の没収の延長線上にあり、立法趣旨は大名の水軍力の抑止にあります。当時、軍船の名に値する船はもはや存在せず、改

13 石山本願寺合戦
本願寺と織田信長の一一年にわたる戦争。上洛した信長から銭五〇〇〇貫と大坂退去を要求された本願寺法王顕如は、元亀元年（一五七〇）に諸国の門徒に法敵打倒を命じた。長引く戦闘ののち、天正八年（一五八〇）、朝廷の仲介により講和。顕如・教如親子は大坂を退去した。

14 元和偃武
元和元年（一六一五）の大坂夏の陣で豊臣氏が滅亡、戦国の騒乱が終わり、日本国が平和になったことを表す。偃武とは武器をおさめて用いないこと。

めて立法を必要とする情勢に幕府が直面していたわけではないので、この禁令の制定には大船の禁止を西国から全国に拡大して法的な不均衡を是正する法制整備の色彩が濃いといえます。

しかし、幕府の見逃していたことがありました。西国以外、とりわけ日本海では早くから商船の大型化が進み、小浜・敦賀・新保《しんぼ》・三国などの豪商は大名から特別の保護を受け、大船を擁して海運業を営んでいたのがそれです。寛永一五年（一六三八）に大船建造禁止令の改定にあたって老中は大名にこう説明しています。軍船とりわけ安宅船は従来通り禁止するが、商人の迷惑が上聞に達したので商船については制限を撤廃する、と。迷惑を訴えた商人のなかに日本海の豪商がふくまれていたことはまず間違いありません。かつて潜在的な水軍力と見なした商船に対する制限の撤廃は、幕府の自信のほどを物語っています。

ここで問題になるのは、寛永一二年（一六三五）五月の日本人の海外渡航の禁止を踏まえて幕府が、翌月公布した大船建造禁止令の禁令の対象に新たに朱印船のような大洋航海可能な航洋船を加えたか否かです。前述の寛永一五年（一六三八）の改定の際の老中の説明からしても、朱印船を破却せず放置したことから見ても、幕府が航洋船を禁じなかったことは明らかです。日本人の海外渡航禁止に先立って派遣停止を命じられて以来、朱印船は長崎に係留されており、島原の乱では四艘の朱印船が島原に廻航されて戦闘に参加しています。

寛永一四年（一六三七）の大船の没収以後も社会は安定せず、ささいなことでもすぐに安宅船建造の風評つまり謀反の風評が流れました。寛永九年（一六三二）の福岡藩の黒田騒動[※15]と、正保二年（一六四五）の阿波藩の海部《かいふ》騒動[※16]では、藩主の御座船建造が禁令違反として争点の一つとなっています。また承応三年（一六五四）に、古くなった三〇艘ほどの関船の代船建造を

15 黒田騒動
福岡藩の御家騒動。藩主黒田忠之が出頭人倉八十大夫を重用し、筆頭家老栗山大膳と対立。寛永九年（一六三二）、栗山は忠之に反逆の意志があると幕府に訴えたが、将軍の親裁により、福岡藩は存続、栗山は南部藩へ預かりとなった。

16 海部騒動
阿波藩のお家騒動。海部郡内の知行地の百姓に対する苛政などの罪で幽閉されていた元家老の益田豊後は、正保二年（一六四五）に家老長谷川越前の悪行と自身の潔白を幕府に訴えたが、幕府は訴えを退けた。

二〜三年ですませたいがよいかと、阿波藩主から問われた老中は、船材がそろい次第、建造に取り掛られるのがよいが、一度に造って変事の噂が立ってはいかがかと思うので、二〜三艘ずつ造られるのがよろしかろう、と答えています。

しかし、延宝八年（一六八〇）に将軍になった綱吉の治世には社会も安定し、幕府のみならず世間もまた軍船に対する関心を失います。天和三年（一六八三）公布の武家諸法度で大船建造禁止令が独立条項から付帯条項に格下げされ、綱吉との関係にとかく円滑を欠いたと伝えられる水戸藩主徳川光圀《みつくに》が三〇〇〇石を超える快風丸を造り、元禄元年（一六八八）に蝦夷地を探検させたのはその一証左です。以来、禁令の改廃にかかわるような内政上の問題は生じず、軍船無用の泰平の世が続くなかで、いつしか禁令は死文と化します。

これで大船建造禁止令の話は終わりかというと、そうではありません。大船建造禁止令が制定者の思いもよらぬ法として復活を遂げることは後でお話しします。

弁才船に代表される和船の発達は、江戸時代の物流に大きな役割を果たしたと思います。そこで、当時の日本の流通ネットワークともいうべき水運網がどうなっていたのか、ご説明いただけますでしょうか?

川と海に張りめぐらされた水運網

江戸時代は、鎖国により海外との交通がほとんど途絶えたかわりに、強力な統一政権のもとで国内水運が飛躍的な発展を遂げた時代です。近世初頭の幕府と諸藩の年貢米廻漕を契機として、従来は敦賀・小浜経由で上方に流入していた北国の諸物資は、おもに西廻り・東廻り両航路によって膨大な人口をかかえる大坂・江戸という二大市場へ廻漕されるとともに、この二大中央市場を中心とする商品流通の拡大もあって、全国的な海運網が成立しました。一方、河川の改修工事も盛んに行われました。淀川や利根川の瀬替《せがえ》※17、京都の高瀬川や江戸の小名木川の開削はそのほんの一例です。こうして淀川・利根川・信濃川などの大河川から今日では思いもよらぬ小河川にまで舟運が開け、内陸部奥深くにまで川船の往来する姿が見られたのです。（資料5「江戸後期の海運網」）

　西廻り航路とは日本海沿岸の諸港から瀬戸内海を通って大坂・江戸にいたる航路、東廻り航路とは日本海沿岸の諸港から津軽海峡を経て江戸にいたる航路をいいます。河村瑞賢《かわむらずいけん》※18が奥州の幕領米を寛文一〇年（一六七〇）に東廻り航路で、また寛文一二年（一六七二）に西廻り航路で江戸に廻漕したことはよく知られています。瑞賢が両航路による幕府の年貢米の廻漕体制を確立したことは確かですが、瑞賢をもって両航路の開拓者とするのは間違いです。瑞賢が東廻り航路に慣れた船として伊勢・尾張・紀伊などの船を、また西廻り航路に慣れた船として摂州《せっしゅう》伝法《でんぽう》・神戸・脇浜、備前日比浦、讃州塩飽《さんしゅうしわく》・直島などの船を幕府に推挙したことは、瑞賢の時代よりもはるか以前に両航路が開かれていたことを示しているからです。両航路ともすでに寛永期（一六二四～一六四三年）には開かれていたと私は考えています。

　水運発展の最大の理由は、米や材木など重量のわりに安価な物資の大量輸送の手段として、水運が陸運よりも経済性と能率ではるかにまさっていたからです。幕府は五街道をはじめとす

17 瀬替
新しく河道を掘削して、河川を付け替える工事。

18 河村瑞賢
江戸前期の商人。伊勢の貧家に生まれ、材木商となり、明暦の大火で巨利を得た。幕命により江戸廻米の東廻り・西廻り海運を改良し、淀川治水のため安治川を開くなど、海運・治水の功労者でもあった。

資料5

江戸後期の海運網

江戸時代の航海は、沿岸の陸標を目当てに航海するいわゆる沿岸航海だったが、岸沿いに走る地乗りだけでなく、遠州灘では早くから遠沖の直航路をゆく沖乗りが行われていた。沖乗りは地乗りよりも航程が短く、航海日数も短縮できるため、弁才船の耐航性が向上するにつれ、18世紀後期からは日本海や北方海域でも昼夜連続の沖乗りが日常化した。たとえば北海道の松前から大坂にむかう船は、佐渡海峡を通らず、日本海を一気に下関まで乗り下って瀬戸内海に入った。

船の科学館資料をもとに改作

る全国の主要街道を整備し、宿駅《しゅくえき》を設けました。しかし、目的は商用ではなく公用にあり、宿継《しゅくつぎ》を原則とするため、商人荷物は公用荷物の間隙をぬって一宿ごとに継ぎ送りするほかなかったのです。当然、駄賃や問屋場口銭がかさみ、所要時間がかかり、荷物に傷や欠けが生じやすくなります。しかも、馬一頭の積載量は幕府の駄賃荷物の運送規定によれば四〇貫（一五〇kg）、米に換算すれば一石が限度で、通例、馬一頭に馬子一人がつきました。一方、航海は天候に左右され、海難の危険がつきまとうものの、船の輸送能力は格段に大きく、たとえば、海船の場合、乗組員は一七世紀後期の一〇〇〇石積で一四〜二〇人、五〇石積でも二〜三人、川船の場合、利根川水系の川船のなかで最少の川下小船でも船頭一人で米一〇石程度を運んでいます。一人当たりの輸送力が大きいほど、運賃は安くなります。そのため江戸時代には可能な限り水運が利用され、川と海の結節点である川口には必ずといっていいほど港が栄えました。たとえば、最上川河口の酒田、信濃川河口の新潟、北上川河口の石巻、淀川・木津川両河口の大坂、隅田川河口の江戸がそうです。

水運が発達する上で重要な役割を果たした幕府の法令が二つあります。寛永一三年（一六三六）に公布された海難救助と海難処理に関する法令と、寛永一五年（一六三八）に改定された武家諸法度の大船禁止条項がそれです。いわゆる大船建造禁止令の対象から在来形商船を外した経緯についてはすでに述べたので、ここでは商船の大型化に道が開かれたことを指摘するにとどめ、寛永一三年令について見ることにします。

この法令は三カ条よりなり、第一条で遭難船の救助を義務づけ、第二条で遭難船の荷物の取りあげを命じて報酬を規定し、第三条で打荷をした遭難船は着いた港の役人が取り調べ、残り

淀川を曳かれてのぼる三十石船とくらわんか船

船の科学館蔵

荷を記した証文を出し、不正があれば厳罰に処すと定めています。中世では無人の寄船《よりぶね》つまり漂着船の押収は慣行として認められていたため、乗組員が乗っているにもかかわらず、寄船と号して船を襲うこともしばしばでした。海賊停止令はすでに天正一六年（一五八八）に豊臣政権下で発令されていますが、救助を義務づけ、海難処理の仕方を定め、偽装海難を禁じる全国令は寛永一三年令が最初で、幕末にいたるまで幕府の基本法として受け継がれてゆくことになります。

海難が発生すると浦役人が厳しく取り調べ、不正行為がなければ不可抗力による海難であることを証明する第三条にいう証文つまり浦証文（浦手形・浦切手・浦状などとも呼びます）を乗組員に交付し、逆に乗組員は救助に手落ちがなかったことを証する置手形を役人に渡します。海難救助が制度として有効に機能したのは、救助の事実が村地先海面《むらじさきかいめん》[※19]の漁業権を保証したからです。漁村にとって置手形が必要な理由はここにあり、漁場紛争では救助がいずれの村によって行われたかが必ず問われました。一方、乗組員にとって浦証文が必要なのは、不可抗力の海難では船主は荷主に対して賠償責任を負わなくてすむからです。

もとより、法律が制定されても、犯罪が根絶されないのは世の習いです。元禄七年（一六九四）に江戸で江戸十組問屋[※20]、大坂で江戸積問屋（後の大坂二十四組問屋[※21]）が結成され、大坂と江戸を結ぶ菱垣廻船を厳重な管理下においたのも、乗組員の不正行為に一因がありました。寄船の略奪や偽装海難に対して幕府と諸藩は厳罰をもって臨みましたが、商人荷物の場合、往々にして当事者による示談つまり内済に解決をゆだねました。暴風雨の際に奸民《かんみん》が船を誘引して破船させ、荷物を奪うという噂は絶えず流れましたが、噂の域を出ません。不法行為は続いた

19 村地先海面
村の前面の海面。

20 江戸十組問屋
江戸に成立した問屋仲間の連合体。

21 大坂二十四組問屋
菱垣廻船で江戸へ送る商品の仕入れと運送を業務とした大坂の問屋の連合体。江戸十組問屋の結成に対応して設立された。当初は一〇組であったが、天明四年（一七八四年）、二十四組からなる江戸積買次問屋仲間を結成し、株仲間として正式に承認された。

にせよ、全体からみれば一握りにすぎず、海難救助と海難処理の制度を確立した寛永一三年令の公布は水運発達の上で特筆に値します。

全国的な海運網の展開とともに商品流通が拡大するにつれ、商船は大型化します。一七世紀中期には五〇〇石積の船は大船でしたが、享保期（一七一六～一七三五年）ともなると幹線航路には一〇〇〇石積の商船が珍しくなくなり、一九世紀中期には一五〇〇～二〇〇〇石積の商船が用いられました。とはいえ、すべての商船が大きくなったわけではありません。大型化は、樽廻船や菱垣廻船、それに幕府・大名の年貢米の廻漕船など、大量の積荷が確保された長距離の大廻しの場合に顕著でした。乗組員は船の大きさに比例して増加しないので、船が大きくなればなるほど乗組員一人当たりの積石数が増し、それだけ運航面での経済性が良くなるからです。一方、近距離のいわゆる小廻しの商船には、おおむね二〇〇石積以下の小船を用いるのが通例で、小さい代わりに圧倒的な数を誇っていました。たとえば、明治一四年（一八八一）には五〇石積以上の船は一七六三八艘を数えますが、五〇〇石積以上の船一三四七艘（一艘平均七六九石）対して、五〇〇石積未満の商船は一万六二九一艘（一艘平均一二三石）と五〇石積以上の商船の九二％を占めています。大ざっぱにいって、大型船の範疇は時代によって変わりますが、全体から見れば大型船が一握りの存在であったことはいつの時代でも同じです。

面木造りの船の衰退と弁才船の普及

近世初期には、瀬戸内・太平洋では棚板造りの商船、日本海では面木造りの商船と、技術の系譜を異にする商船が活躍していました。けれども、一八世紀前期に面木造りの商船はほとんど姿を消し、代わって弁才船が日本海に普及します。この興味深い現象については、次のような説が広く信じられてきました。棚板造りの船も面木造りの船も漕帆兼用船でした。ところが、弁才船は帆走専用船に脱皮し、漕櫓用の乗組員を不要にして経済性を高めたうえ、帆走技術を向上させて航海の迅速化をはかり、船内に轆轤《ろくろ》を装備して船内作業を省力化するなど海運合理化に成功したのに対して、北国船や羽ヶ瀬船といった面木造りの商船は旧態依然で、平底の船体と古い帆装形式のため追風以外の帆走性能は悪く、多くの漕手を乗り組ませる必要があったうえ、轆轤による重労働の軽減もはかられず実用性も悪かったので、主流の座を追われた、と。海運の合理化に普及の要因を求めた通説が、強い説得力を発揮しないはずはありません。

（資料６「津軽深浦の円覚寺に奉納された北国船の絵馬」）

しかし、通説には疑問があります。明治時代でも二〇〇～三〇〇石以下の弁才船は、依然として漕帆兼用船でした。問題は大型船がいつ帆走専用船に転換したかですが、明確ではありません。俵物を松前から長崎

資料6

津軽深浦の円覚寺に奉納された北国船の絵馬

樽のように板を接いだ丸い船首や簡素な上廻りがよく確認できる。面木造りの船の大きさは、積石数のほかに片舷の櫂数でも表すが、11枚櫂のこの船は2000石近い大船であったと思われる。（春光山 円覚寺蔵、船の科学館提供）

に運ぶ商船が、隠岐沖、佐渡沖の日本海を一気に突っ切り、松前―長崎間を年に二往復することも珍しくなかった一八世紀中期にも弁才船はまだ櫓を搭載しています。俵物とは干鮑《ほしあわび》・鱶鰭《ふかひれ》・煎海鼠《いりこ》を俵に詰めて輸送したことに由来する称で、昆布・鶏冠草《とさかぐさ》・鯣《するめ》などの諸色海産物とともに対中国貿易において重要な銅代替輸出品でした。むろん、日本海の直行路をとる俵物廻船が帆走をもっぱらとしていたことは容易に想像がつきます。弁才船が櫓を捨てるのは意外に遅く、一八世紀後期以降のことで、乗組員の減少が見られるのも同時期のことです。要するに、弁才船の帆走専用船化と乗組員の減少は連動していないのです。

とするなら、帆走性能と実用性の良さが普及の原因と考えたいところです。しかし、面木造りの船には満足な造船関係の資料も航海の記録も今に伝わらない現状では、帆走性能の善悪を論じてもはじまりません。現に明和三年（一七六六）に能生《のう》（新潟県糸魚川市）の白山神社に奉納された見事な絵馬には、不得手なはずの逆風で帆走する羽ヶ瀬船が描かれています。しかも、面木造りの船も何らかの形式の轆轤を装備していたことを裏付ける有力な証拠があります。材木積みに活躍した船が、その轆轤で作業の省力化をはからなかったはずはありません。

では、一八世紀前期に面木造りの船が衰退した原因を何に求めるべきでしょうか。私は森林資源の枯渇が原因と考えています。近世初期に各地で行われた城郭・社寺の造営や城下町の建設をはじめとする大規模な土木事業に要した材木の量は桁外れで、ようやく開発の緒についたばかりの木曽・伊那《いな》・飛騨・陸奥・土佐のみならずさらに遠隔地の蝦夷地からも材木が伐り出されました。こうした空前の材木需要は江戸開府後わずか数十年間で国内の天然林資源の大半を枯渇状態に追いこみ、熊沢蕃山《くまざわばんざん》※22をして「天下の山林十に八尽く」と慨嘆せしめたほどです。

22 熊沢蕃山
江戸前期の儒学者。岡山藩主池田光政に仕え、治山、治水、明暦の飢饉対策など、藩政への献策を行った。隠居後は講学、著述に専念したが、政治批判で幕府に忌まれ、下総古河に禁固となり、その地で病死した。

大木が必要なのは、棚板造りでは帆柱、面木造りでは帆柱と面木です。帆柱は、従来、一木から造る一本柱でしたが、大木の不足から芯材の回りに材を打ち付け、責込鉄物を入れる松明柱《たいまつばしら》が考案されました。しかし、船底の角に用いる面木は一木を刳ってこそ意味があります。もともと面木造りの船は、面木という特殊な材を用いるため弁才船よりも建造費が嵩《かさ》む反面、優れた耐久性や積載効率の良さなどそれを補うだけの長所を有していたと思われます。その長所を大木の不足による面木の入手難が打ち消し、衰退を決定づけたに違いありません。棚板造りの船は、大木が不足しても接合わせの枚数を増やせばすみます。もし全国的な海運網の確立していない中世に森林資源の危機が訪れていたなら、面木造りから別の構造に移行することもありえたかもしれませんが、当時は棚板造りという代替技術が存在したため、面木造りの商船の急激な衰退を招いたのでしょう。近年の面木造りの漁船の衰退も、大木の不足による建造費の高騰が一因といいます。大きな面木を必要とするだけに、商船が漁船に先だって姿を消したのも当然の帰結です。

江戸時代の和船といえば、我々は反射的に「千石船」の名を思い浮かべますが、今日いわれている「千石船」とは、具体的にどのような船を指すのでしょうか?

千石船の説明にあたって、まず「石」について一言述べておきます。石と聞くと、まず最初に思い浮かべるのは、メートル法の施行まで用いられた容積の単位です。むろん、量制は時代によって異なり、とくに中世後期には種々の枡《ます》があらわれて混乱しますが、時代により、地域により変わった一石の容量も近世初期に次第に整理され、寛文八年（一六六八）に幕府が定めて以降、一升＝六四八二七立方分（＝一・八ℓ）が用いられました。

日本で商船の大きさを「石」で表すのは、古代から近世にいたるまで積荷の主体が米だったからにほかなりません。洋の東西を問わず、商船の大きさは、船に積める荷物の容積か重量つまり載貨容積か載貨重量によって示すのが常です。石は容積の単位なので、船の石は載貨容積と考えられがちです。しかし、江戸時代に石は、容積の単位ばかりでなく、米一石の重量四〇貫（一五〇kg）を基準とする重量の単位としても通用していました。同時代の海運関係の文書を調べると、船の石は一石＝四〇貫で重量換算されているので、積石数が載貨重量であったことは確実です。たとえば、一〇〇〇石積の船なら四万貫つまり一五〇tの荷物を積めることになります。換算例は見出せませんが、中世の船の石も重量石と考えられています。

船の石は明治時代に大きく姿を変えます。まず明治四年（一八七一）に政府は積石噸数改方法則を制定して、一石を米の容積の単位と一致させました。次いで明治一七年（一八八七）に公布された船舶積量測度規則で、イギリスのモールソム法[※23]にならって一石は一〇立法尺と定められた結果、石は米に由来する容積の単位とも重量の単位とも異なるまったく新しい容積の単位に変わりました。しかし、政府は度量衡法の改正にともない昭和六年（一九三一）に六〇年間続いた石数とトン数の併用をやめ、船の積量の表示をメートル（m）を単位とするトン（t）数に統一したため、ここに船の石は長い歴史を閉じたのです。

前置きが長くなりましたが、今日いう千石船は、かっては弁才船と呼ばれていました。もっ

23 モールソム法
一八五四年に制定された一〇〇立方フィートを一tとする船舶積量測度規則。

弁才船（国徳丸）

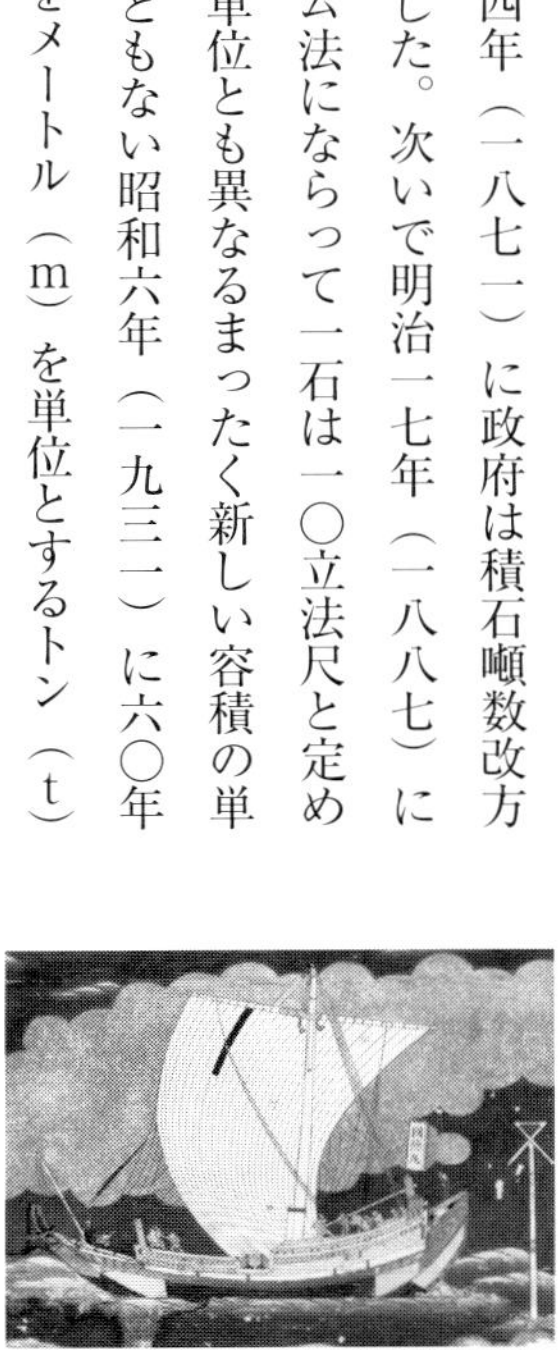

粟崎八幡神社蔵
（金沢市有形文化財指定）
船の科学館提供

とも、江戸時代の造船・海運関係の文書では、米一〇〇〇石あるいはそれに相当する重量の荷物を積める商船を「千石積廻船」と称しても、千石船を船型呼称として用いた例は皆無です。たとえば、大坂堂嶋の船匠金沢兼光《かなざわかねみつ》が著した船の大百科全書『和漢船用集』[※24]をひもとくと、「千石船」の項には弁才船の絵が載っています。けれども、兼光が「千石船」の項を立てたのは、千石船が弁才船の別称であったからではありません。説明を読むと、単に船の積石数を説明するためにすぎないことが了解されます。とはいえ、兼光が積石数の説明に「千石船」の項を立て、弁才船の挿図を載せたのは、一八世紀前半に弁才船が全国に普及するとともに、一〇〇〇石積級の船が珍しくなくなったことと無関係とは思えません。

　弁才（弁財）はベザイの当て字です。ベザイの由来については諸説あるものの、博覧強記で鳴る金沢兼光ですら「字未考」として仮名書きにしているくらいなので、確かなことは不明です。造船史の上からいえば、弁才船は三階造りの船で、水押造りの船首に特徴があります。当初、上廻りは関船と同じく総矢倉形式で、舷外に突き出た上船梁に台を渡し、立《たつ》に雨押《あまおさえ》や筋などの縦通材を組み合わせた垣立《かきたつ》を立て、矢倉板を張っていました。しかし、一七世紀後期に弁才船独特の上廻り形式が確立されます。総矢倉を舳《おもて》と艫《とも》にわけ、艫矢倉を居住兼作業区画とし、舳の垣立《かきたつ》を低くして矢倉板を取り払い、舳と艫の垣立の間に空船のときに伝馬船《てんません》（橋船・艀《はしけ》とも呼ぶ）を搭載する伝馬込みを設けたのがそれです。一八世紀に入ると、弁才船は上棚の上縁に矧付《はぎつけ》と称する舷側材を垣立の高さまで接ぎ合わせるとともに、船首近くに合羽《かっぱ》と呼ぶ水密甲板を設けて耐航性を向上させました。帆装は、船首に小さな弥帆《やほ》と称する補助帆を張り、船体中央に大きな本帆を揚げる中世以来の伝統的な形式を踏襲していますが、幕末には弥帆と本帆

24 和漢船用集
大坂堂嶋の金沢兼光が明和三年（一七六六）に刊行した書。中国・日本の文献を渉猟し、船、船道具、船大工の道具などについての記述は、当時の造船を知る資料として重要である。

の間に中帆、船尾に艫帆《ともほ》を追加装備する船が現れます。舵をさまざまな綱具類で吊り下げるのも中世以来の伝統です。こうすれば、水深の浅い河口の港で船底より下に突き出た舵を引き上げたり、舵を深く入れて横流れ防止の一助とすることもできます。一八世紀前期までの舵は関船同様幅の狭いものでしたが、一八世紀後期以降、横風・逆風帆走時の横流れの防止と操船性能の向上をはかって巨大化します。

このように弁才船の船体も艤装《ぎそう》も時代とともに変わりましたが、建造技術にも同じことがいえます。ここで一例をあげておきましょう。棚板造りの船では棚板と棚板、あるいは棚板と航・船首材・船尾板との結合には通釘《とおりくぎ》を用いいます。通釘は釘の胴を打ち抜いて、尾つまり先端を曲げて打ち込むのを原則とし、これを尾を取る、あるいは尾を返すといいます。航と棚板の通釘の尾の取り方は時代によって変化します。当初は航の上面を刳って尾を取っていたのが、金沢兼光の時代には航の両側に溝を掘って尾を取り、さらに遅くも一九世紀の初めには、尾が錆びて持ち上がるのを防ぐため、通釘一本ごとに矩形の穴を掘って尾を取った後に埋木をしました。

なにわの海の時空館で展示するために大阪市は、平成六年から平成一一年にかけて菱垣廻船を復元しました。菱垣廻船とは大坂から木綿・油・紙・薬種などの日用品を江戸に運ぶため菱垣廻船問屋の仕立てた弁才船のことです。私は復元事業に参加し、一九世紀前期の菱垣廻船の図面をもとに今に伝わる弁才船の建造記録・図面・雛型（模型）などを研究して復元船の仕様書をつくりました。一九世紀前期の船を復元するのですから、私は航と棚板を結合する通釘の尾を第三の方式で取ることに決め、船大工に説明したところ、船大工は通釘は打ち込むものだと言い張ったため、さまざまな資料を見せてようやく納得してもらいました。かつて通釘は尾を取るのを原則としたことは、まったく忘れ去られていたわけです。

千石船が弁才船の俗称であることはわかりましたが、菱垣廻船や北前船はどのような特徴があるのでしょうか?

弁才船は海運の主力廻船として活躍しただけに、用途により区別される派生型や地方的な特徴を有する地方型を多くを生み出しました。たとえば、菱垣廻船と北前船がそうです。

菱垣廻船は弁才船の派生型の一つで、前述のように、木綿・油・紙・薬種など日用雑貨品を大坂から江戸に積み下した菱垣廻船問屋仕立の廻船のことです。特徴は三つあります。第一は垣立です。下部が菱組の格子になっており、菱垣廻船の名称はここに由来します。第二は艫矢倉です。胴の間に荷物を高く積み上げるため艫矢倉が高く、元禄元年（一六八八）の『荷船法秘書』によれば、一般の廻船の五尺七寸～六尺六寸（一・七～二m）に対して菱垣廻船は七尺五寸～七尺七寸（二・三m）でした。第三は中棚の開きです。開きとは棚板の傾きのことで、水平線となす角度を一尺に対する長さ（何寸何分）で表します。これは角度の余弦（COS）の真数と同じです。船体ほぼ中央の腰当船梁での中棚の開きは、一般の廻船の九寸六分～九寸七分（二五～二八度）に対して、菱垣廻船は九・二寸～九・三寸（三八～四〇度）です。このように開きの小さい中棚は菱垣廻船に限らず江戸通いの廻船の特徴であり、樽廻船も例外ではありません。寛政六年（一七九四）の一五〇〇石積樽廻船の寸法書『船方重宝記』は、中棚の開きは九寸二分五厘から九寸三分までで、それ以上大きくすると、荷積には好都合でも、復原力が大きくなるため、帆柱・帆桁・舵の傷みがはなはだしく、よくないと述べています。

次に北前船は日本海で生まれた弁才船の地方型で、大きく反り上がった船首尾、開きの大きな中棚、大きく張った胴の間、に特徴があります。とりわけ外観を左右したのが船首尾の反りで、一目で他の弁才船と区別がつきました。遅くとも一八世紀中期に船首の反りは顕著になり、一九世紀中期になるとますますひどく、ついには船首の反りが船尾よりも大きくなります。また一八世紀中期には一般の弁才船と変わりなかった中棚の開きが大きくなるのはやはり一九世紀中期で、九寸八分～九寸九分（一四度～二〇度）に達します。

普通、弁才船の幅は船体中央の腰当船梁付近が最大ですが、北前船では腰当船梁より前の胴の間に最大幅があります。もとより、大きく張った胴の間は積載量の増大に有効です。しかも、航の長さと肩幅と深さを掛けて一〇で除して積石数を算出する大工間尺では、肩幅は腰当船梁で測るため、当然、北前船の実積石数は大工間尺を上回り、明治維新前後では大工間尺の七割増しくらいが普通で、なかには九割増しといった極端な例もあります。もっとも、胴の間を張らせるだけではこれほどまでの増石は無理で、腰当船梁下面よりも深く入れた喫水《きっすい》との相乗効果があったればこそです。北前船の大きく反り上げた船首尾と高い舠付は、乾舷の不足を補う安全対策にほかなりません。

北前船には、北国の商船の総称、面木造りの北国船、日本海で生まれた弁才船の地方型、江戸中期以降に北海道交易に従事した日本海沿岸の買積船、の四つの意味があります。買積船とは、船主が荷主を兼ね、自分の船に荷物を積んで商売する船のことで、今日、北前船という場合には海運史の用語に由来する第四の意味で使うのが普通です。ちなみに、北前と北国は同義なので、北前船と北国船は同義ですが、北国船には買積船の意味はありません。

総称としての北前船はともかくとして、地方型あるいは買積船としての北前船は面木造りの北前船の衰退後に出現するので、時期に注意しさえすれば、混同の恐れはまずありません。ここで銘記すべきは、地方型の北前船が北海道交易に従事する日本海沿岸の買積船として活躍したことはまぎれもない事実ですが、買積船に限らず運賃積船にも使われましたし、建造地も日本海沿岸に限らないことです。戦後、海運史で北前船の研究が盛んになり、北前船が有名になった結果、今日では弁才船を北前船と呼ぶことが珍しくありません。けれども、記録に登場する一六世紀初頭から姿を消す二〇世紀前期まで四世紀にわたって国内海運の商船として使われた弁才船を一地方型の一買積船で代表させるのには無理があります。

「異様の船」の導入

それなりに完結した統治・流通体系をつくりあげていた鎖国日本は、ペリー艦隊の来航で西洋に直面することになります。そのとき、巨大な黒船に驚いた幕府はあわてて大船建造禁止令を解いたわけですが、これは、前に出た寛永一二年（一六三五）の禁止令とは何が異なり、歴史的にはどういう意味を持つのでしょうか？

鎖国意識と異様の船

すでにお話ししましたように、泰平の世が長く続くなかで大船建造禁止令は死文と化していました。ところが、一八世紀末以降、西欧諸国の開国の要求に接して鎖国を祖法とする観念が定着し、海防論が流行して軍船問題が再燃する対外的危機の時代が到来すると、禁令は装いも新たに鎖国体制維持のため洋式船を禁じる法として復活します。本来、大名の水軍力抑止のため安宅船を禁じる法として制定されたはずなのに、なぜ別の解釈が可能だったのでしょうか。

原因は条文にあります。条文には立法趣旨が明記されていないうえ、享保令以降襲用される天和令で禁止の対象が「五百石以上之船」から「大船」に書き換えられたからです。「大船」は、相対的に大きな船を指すほか、当代の代表的な大型船の代名詞としても用いられます。したがって、本来の立法趣旨があいまいになれば、国内の政治状況や国際環境、それに時代の推移による「大船」の意味の変化に応じて、そのときに問題となる「大船」を読み込んで、新たに立法趣旨を定めることができます。さらに、禁令の制定と相前後していわゆる鎖国令が相次いで発令され、島原の乱が起こったことも、禁令を鎖国と関連づけるのに大いにあずかっていたに違いありません。

　では、近世初期に安宅船を意味した大船は、当時、どの船の代名詞として通用していたかというと、西欧船もしくは航洋船なかんずく洋式船です。西欧船が「長大如鯨之巨艦」とか「一大海城」と形容されたことに明らかなように、この語義は西欧の航洋船が和船に比して巨大であったことに由来します。とすれば、祖法たる鎖国体制の維持が問題となるとともに、対外的な軍事力増強のために洋式軍艦の導入が盛んに議論されていたことを背景として、大船建造禁止令が鎖国体制維持の法として復活を遂げたのもうなずけます。

　もし洋式軍艦導入の障害が大船建造禁止令だけなら、あるいは例外措置として認めることも可能だったかもしれません。しかし、一九世紀前期にロシア船による蝦夷地襲撃事件やフェートン号事件、イギリス捕鯨船の日本近海出没といった対外関係を緊張させる事件が立て続けに起こったため、神国思想に基づく国体の尊厳が強調され、華夷思想[※25]が昂揚しました。その結果、華夷の弁から夷狄《いてき》である西欧の文物は、異様の船や異様の服のように、往々にして異様の語を冠して呼ばれ、海防強化のための西欧の軍事技術の導入には「西洋ノ賊ヲ防ガントテ、只管《ひたすら》西

25 華夷思想
自民族の政治・文化を誇り、自民族こそ世界（天下）の中心で優れているとし、周囲の民族は未開で野蛮であると軽視する考え方。中国では、漢民族が、西周時代から周囲の異民族を東夷・南蛮・西戎・北狄と呼んでいた。

洋ノマネヲスルハ、人タル者、犬ト闘ント欲シテ、我モ亦《また》噛ムコトヲ学ブ類ナラン」といった非難が浴びせかけられました。

ペリー艦隊来航までの幕府の海防政策の主導権を握ったのは、新たな西欧の軍事技術の導入が文化侵略の端緒となることを恐れる有司《ゆうし》[※26]でした。浦賀奉行の上申した洋式軍艦建造案に対して彼らは、祖法たる鎖国を楯にとって、禁教のみならず蛮夷にならうことを禁じるため国を鎖《とざ》したとか、禁教のために国を鎖した以上、蛮夷にならうのは厳禁の筋と主張して反対しました。こうした洋式軍艦の導入を阻む有司の固い壁を一撃で打ち破ったのが、嘉永六年（一八五三）六月のペリー艦隊の来航、より正確にいえば江戸内海侵入です。異国船が洲の多い江戸内海に侵入するのは不可能と信じ込んでいたため、彼らは二度にわたる侵入に衝撃を受け、態度を一変させます。そうでなくては、ペリー艦隊が浦賀を退去してわずか一週間後に幕府がオランダからの艦船の輸入を決めることなどありえません。九月、幕府は大船建造禁止令を解除し、一一月には本邦の制度に触れない限り、有用の西欧の技術を積極的に摂取すると宣言して、近代化の扉を開きます。

造船技術の折衷化

一九世紀の西欧が帆船から蒸気船への転換期を迎えていたことを反映して、嘉永六年（一八五三）九月に大船建造禁止令が解かれると日本には洋式帆船と蒸気船が並行して導入されることになります。禁令の解除と相前後して浦賀・鹿児島・石川島で建造されたバーク[※27]やシップ[※28]は、古い造船蘭書・翻訳造船書や来航した西欧船の実地見分で得られた知識によっていました。し

26 有司
役人。官吏。

27 バーク
前檣と主檣に横帆、後檣に縦帆を張った帆船のこと。

28 シップ
三本の帆柱に横帆を揚げた帆船のこと。

かし、安政元年（一八五四）の津波で乗艦を失ったロシア使節一行が伊豆の戸田《へだ》で代船としてスクーナーを建造し、また翌年から長崎の海軍伝習で造船学の授業やコットルの建造が行われた結果、実地に洋式技術を習得した船大工が増え、洋式造船術の知識も広まって、各地で洋式帆船が造られるようになります。なかでも、ロシア使節の代船にならった幕府の君沢形などスクーナーが多数を占めたのは、外航商船として活躍したバークやシップのような横帆船に対して、スクーナーのような縦帆船は逆風帆走性能に優れ、乗組員も少なくてすむ国内海運向きの船だったからです。スクーナーが在来形商船に大きな影響を与えたのも当然です。

一般に新しく導入された技術が実用性、性能、経済性のすべてに優れていれば、在来の技術は駆逐されますが、そうでなければ、折衷化の方向に進むのが技術の常です。では、洋式帆船は在来形船を駆逐したかというとそうではありません。早くも文久元年（一八六一）に和洋の技術を折衷した豊治丸が造られています。建造の理由は、洋式帆船は優れた性能を有しながら、建造費と運航費が高いために、その長所を在来形船に導入して欠点を補い、性能と実用性を向上させることにありました。運航費の高さは操帆の不慣れによるところが大きかったらしく、明治にはとくに問題となりませんが、高い建造費は船体構造に由来するので解消されることはないうえ、西洋形船舶検査規則・西洋形商船船長運転手免状規則・西洋形商船海員雇入雇止規則といった西洋形商船にのみに適用される法律の制定が相次いだ結果、西洋形商船は煩雑な法律の制約下におかれました。そのため、明治三年（一八七〇）に公布した商船規則で脆弱な在来形船から堅牢な西洋形商船への転換、いわゆる船舶の近代化を管船政策の中心に据えることを明言した政府の期待に反して、経済性と実用性に優れ、法制上も有利な和洋を折衷した船が盛行します。（資料7「スクーナー式の縦帆を張った弁才船」）

折衷の様態は実に多種多様で、肋材を入れ、舵を洋式にするなど船体の一部を洋式化したり、洋式の補助帆を船首尾に張るいわば在来形の改良船から一部洋式化した和式の船体にスクーナー式の帆を装備した船やスクーナーもどきの船のような合の子船まであり、明治二〇年代初めには出現していました。管船政策上、政府は帆船を西洋形帆船と日本形船に区分しましたが、合の子船は完全な洋式構造でないため、明治二九年（一八九六）までは一時的（明治一七～二二年）な税制上の措置を除いて日本形船として取り扱われました。

西洋形帆船の伸び悩みに焦った政府は、明治一八年（一八八五）に「日本形五百石以上ノ船舶ハ明治二十年一月ヨリ製造ヲ禁止ス」と布告して、大型帆船の西欧化の促進を図りました。しかし、罰則の欠如、新造と修繕の区別のあいまいさ、正確な積量測度の難しさが相まって布告は一片の告諭たる効用に留まったばかりか、明治二四年（一八九一）には西洋形帆船の増加をはかるために上程された帆船検査廃止法案は議会に否

資料7

スクーナー式の縦帆を張った弁才船

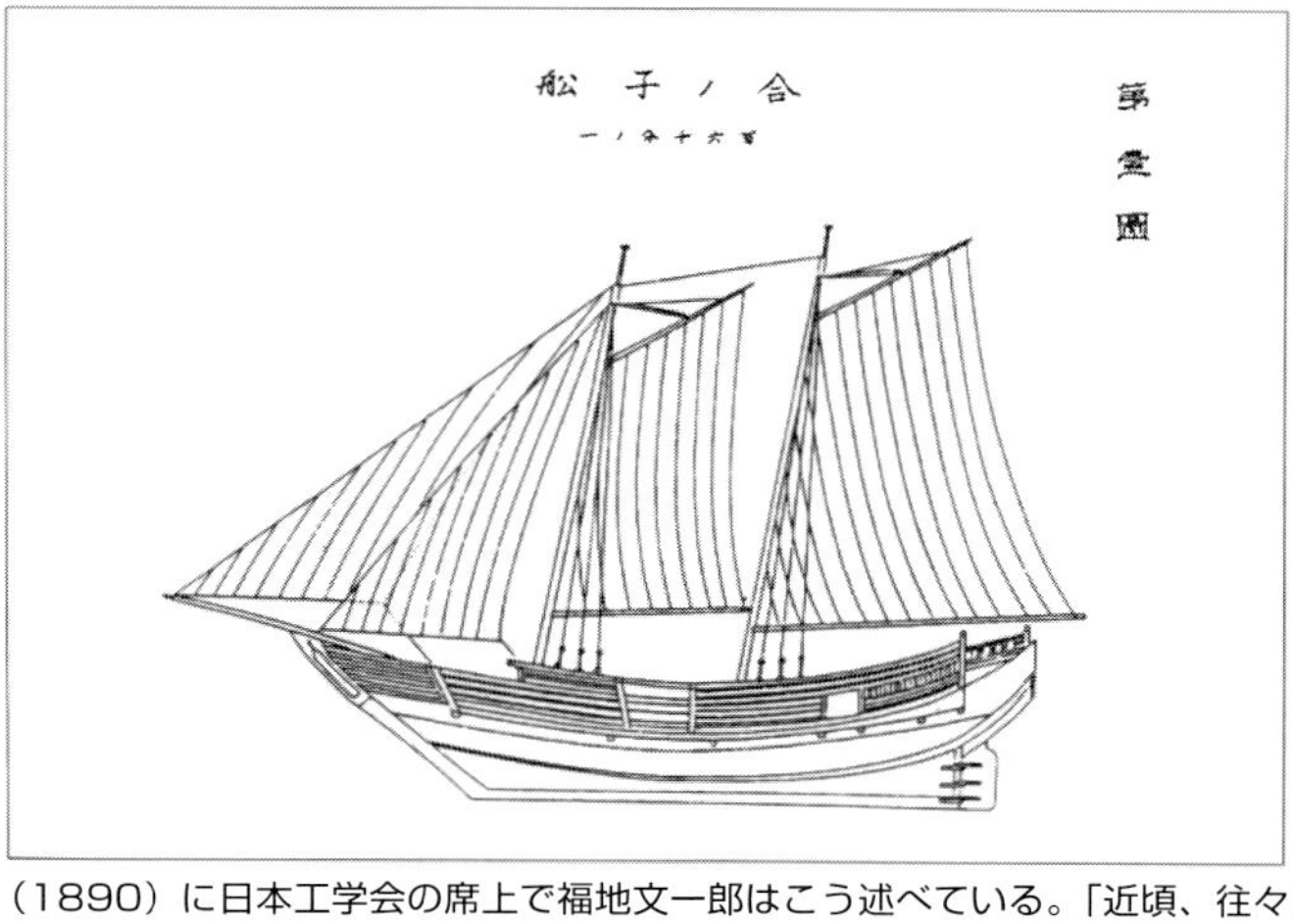

明治23年（1890）に日本工学会の席上で福地文一郎はこう述べている。「近頃、往々にして古い日本形船は、新たに船尾材を打ち立て、ごく少数の粗造の船梁や肋材の類を取り付け、帆装をスクーナー式に換えている……」（『工学会誌』第105巻「合ノ子船」1890年より）

決されてしまいます。法制上の不均衡は明治二九年（一八九六）から四年間に全船舶を対象とした船舶検査法・船舶職員法・船員法・船舶法が相次いで制定されて一応是正されますが、和洋折衷船は昭和初めに機帆船に取って代わられるまで国内海運の主役として活躍しました。新検査法施行の明治三〇年以降に西洋形帆船が急増するのは、二本帆柱の合の子船を西洋形帆船に編入した結果にほかなりません。折衷というと、技術に対して高い評価をあたえる独創とは正反対のイメージがつきまとうせいか、合の子船の評価は芳しくありません。しかし、在来技術の折衷化は、船舶に限らず建築など他の多くの分野でも認められる現象であり、近代西欧技術の移植と並ぶ明治時代の技術の一大特徴です。

古代から近世にいたる和船の発達について、ひととおり概観していただきました。最後に、和船がもたらした文化的影響という観点から付け加えていただくことがあれば、お話しいただけますでしょうか？

実用だけではなかった日本の商船

日本は島国ですから、船なくして異文化の導入はありえません。弥生時代以来、日本列島と中国大陸・朝鮮半島のあいだを彼我の船が往来し、近世初期にはスペイン・ポルトガル・オランダ・イギリスの船が来航し、朱印船が東南アジアに渡航しました。鎖国下においても長崎で中国船・オランダ船が貿易を行ったほか、幕府が国交を持つ朝鮮には対馬藩の船が渡り、薩摩藩の支配下にあった琉球は明・清と冊封関係を結んで、進貢船を派遣していました。こうして導入された異文化が日本文化に大きな影響をおよぼしたことは改めて指摘するまでもありませんが、異文化の導入に比べて、国内のある地域の文化の伝播あるいは情報の伝達に和船の果たした役割はきわめて限られていました。国内における人の往来と情報の伝達は主に陸上によって行われたからです。けれども、異文化の導入を別にすれば、日本の文化と和船は無縁かというと、そうではありません。江戸の文化に即していえば、一八世紀前期に早くも一〇〇万の人口を擁した江戸の経済を支えたのは水運であり、物流を担った和船の上に江戸の文化が花開いたといっても過言ではないからです。

最後に商船が実用一辺倒ではなかったことをお話しして、締めくくりとさせていただきます。弁才船の舳と艫の化粧板や寄掛には欅《けやき》や楠のように木目の美しい木を使い、また水押を数材で造る場合には欅や楠の薄板で包むのが普通です。かくまでに船主が船を華麗に飾り立てるのは商船が威勢の指標であったからにほかならず、将軍・大名の軍船についても同じことがあてはまります。天保五年（一八三四）に高田屋嘉兵衛の神力丸を買い入れた銭屋五兵衛が、「到テ吟味之船玉也」つまり極上の船と手放しでほめたのも、案に相違して相当の手入れが必要だったため評判ほどではないと不満を漏らしたのも、ひとえに高田屋が高名な大海商だったからです。有力な船主ほど船材を厳選して船を造り、「日本一ノ船玉」などと持船を誇ったものでした。

垣立もまた商船が実用だけの存在でなかったことを教えてくれます。前述のように、一八世紀に入ると弁才船は上棚の上縁に矧付《はぎつけ》と称する舷側材を垣立の高さまで接ぎ合わせて、耐航性を向上させました。矧付が出現すると、垣立の波除けとしての実用上の機能は失われたも同然であり、今日なら装飾としての機能しかない垣立をやめて、上廻りを簡素に造るところでしょう。そうすれば、建造費を軽減し、建造期間も短縮できます。けれども、垣立は廃れるどころか、様式を変えながら弁才船が姿を消す日まで受け継がれてゆきます。弁才船の外観を特徴づけるだけに、垣立のない弁才船など誰にも想像できなかったに違いありません。しかも、弁才船が全国に普及した結果、垣立は弁才船に限らず和船に固有な形式と見なされるにいたります。だからこそ、天明六年（一七八六）建造の和洋中折衷の三国丸は垣立を備え、嘉永六年（一八五三）に幕府に提出した洋式軍艦の建造案のなかで、薩摩藩主島津斉彬《なりあきら》は、白木の垣立を両舷に取り付けて国産洋式船と西欧船を識別する標識としたいと上申したのです。幕府が識別標識として日本惣船印《そうふなじるし》を制定したため、斉彬の案は陽の目を見ずに終わりますが、明治一六年（一八八三）に高給ゆえに有資格の船長を乗り組ませなかったかどで水上警察署に捕まり、改造を命じられた西洋形帆船の事件は、結局、舷側に垣立を取り付け、外観を日本形船に装うことで落着したといいます。

厳寒のロシアに加速的変革

●杉田房子

「ロシアの冬祭り」を取材しませんか、と観光局からお招きを受けたとき、こんな機会でもないとマローズ（厳寒）のシベリアに行く気になるまいと旅したことがある。

　新潟からアエロフロート機に乗れば二時間でハバロフスクに到着。遠い地のイメージのシベリアがあまりに近いのに驚いた。

　その昔、ヨーロッパを目指した旅人は、横浜からナホトカまで三日間の船旅、そこからシベリア横断鉄道に乗り、九三〇〇kmを一週間かけてモスクワへ、そしてヨーロッパへ向かった。もちろん今でも列車の旅を世界各地で楽しんでいる人が少なくないが、シベリア横断鉄道の冬は、景色も食事も単調で評判はあまり良くない。

　ハバロフスクの気温は零下二〇度から時に四〇度まで下がる。出迎えの車の運転手さんは、毛皮の帽子、コート、手袋と完全装備で運転。これでも車の暖房は最高と

すべてを凍りつくすシベリアの冬。アムール川も白一色に静まりかえる。

いうが、まったく暖かくない。ホテルでも部屋が寒いので暖房をもっと強くして、とフロントにいったら「これで最高。外の気温が下がり過ぎているのです」と。日本製の使い捨てカイロが役に立った。

ナポレオンがモスクワ大遠征の時、ロシアに負けたのは「寒さのせい」といわれている。兵士の服装の不備、食糧に乏しく、しかも寝るに兵舎はなく、雪の上で眠ってしまうと凍死するので、交代で起こし合って寝たというのでは、マローズ育ちのロシア兵の方が戦わずして強いに決まっている。

ハバロフスクを流れるアムール川沿いの道は、夏ならそぞろ歩きに最適な道だが、冬は川は全部が凍って真っ白、道路も雪をかぶっ

厳寒の地で生活するには赤ちゃんのときから環境に慣れることが大切。写真は雪道を散歩する親子。

鈴の音に惹かれトロイカに乗っても、寒風のなかでは、乗るより見ているほうがまし。

てコチコチ。夏ならいつまでも明るい白夜だが、冬は日照時間が短く、午後二時頃夕方のような日差しになる。その道を若いお母さんが乳母車を押し、ほかのお母さんは小さい子どもをソリに乗せて散歩をしている姿を毎日見かけた。なぜこの寒さのなかをと思ったが、子どものときから寒さに耐える体をつくる母の努力なので、親と子どもにとって単なる散歩や運動以上の意味があると聞いた。これを見れば、ナポレオンが「寒さに負けた」という意味がさらに理解できた、と同行者は深くうなずいていた。

約二〇〇年前の話だが、大黒屋光太夫の北前船が暴風に流されて、シベリアに流れ着いた。当時は、日本と国交のないロシアから日本に帰国できるようエカテリーナ女王に嘆願書を出そうと大黒屋はロシア語を学び、直接女王に嘆願するため謁見を申し込んだ。遠く、雪深いシベリアから馬車でサンク

ロシアの近代化につくした偉大なるエカテリーナ女王の像。

トペテルブルグまで行ったという。今、飛行機で飛んでもだいぶ時間がかかるが、雪の道を馬車で旅するのは大変なもので、大黒屋の気力は賞賛の的になった。その気力と学んだロシア語がエカテリーナ女王を動かして、一〇年ぶりに日本に帰国することができたのは史実として記録されている。

さて、お招きにあずかった主題の〝ロシアの冬祭り〟は各地で開催されるが、最も賑わうのはモスクワから北東へ車で約四時間のスズダリ。一二世紀以降の貴重な歴史的建築物や文化遺産を残す古都で、ロシア正教の寺院巡りも多くの人を集めるが、一八世紀に商工業がさかんになり、豊かな財力で建てられた寺院などが白一色に覆われて美しい。寒さのなかで見物人は、ウオッカを小グラスに注ぎ一気飲み。そして、祭りといえば、登場する馬車トロイカは人気の的で、乗りたい人が長い列をつくる。

いよいよ番が来て乗ってみれば、

年末から年始にかけてスズダリで催される「ロシアの冬祭り」。

車の多い都会の道路は、雪が解けてドロドロの汚い泥濘に。

目深にかぶった毛皮帽子さえ貫き刺す風。全身に粉雪をかぶりソリを引くトロイカの馬は、湯気をあげるほど大汗をかいていたが、乗り物としては民謡ほどロマンチックなものではない。しかも寒風にさらされた耳の一部がシモヤケになるというハプニングもあった。

シベリアの道路も良くなり、車の需要が増え、日本製の中古車の輸入が増加している。新潟東港では、月に三回ナホトカやウラジオストクに向けて中古自動車を輸出するパターンが定型化を進めている。二〇〇五年一〇月に定期航路開設を祝い、この時三四〇台の車輌を積載してナホトカに向かったという。今は従来のクレーンを使った搭載を止め、フェリーのように「ローロー船」による積載輸出に変えるようになり、作業時間短縮や輸入車の流通など、変革は加速しているようだ。

知り合った女性から「次は花の咲く美しい季節に来て下さい」といわれたが、寒い国の白い世界も悪くはない。実に多くのものを教えられた。

歴史的建築物や文化遺産を残す美しい古都スズダリ。

第四章

車の文化史

齊藤　俊彦

交通史研究家　文学博士

熊本大学法文学部卒業。NHK勤務を経て、近代道路交通史研究、藤沢市教育史編纂に従事。交通史研究会、日本地理学会、日本ペンクラブ会員。主な著書は『人力車』『轍の文化史』『くるまたちの社会史』など。

齊藤氏は、長年にわたり独自に日本の交通史研究を続けてこられ、とくに近代から現代にいたる道路交通史に深い知識と見識をお持ちである。ここでは駕籠《かご》や馬の時代から、近代以降の乗合馬車と人力車の時代を経て、空前の自動車社会を形成するにいたった我が国の道路交通史を俯瞰していただくとともに、黎明期の車時代の交通がどのような文化を生み出したのか、また、それがどのように現代に受け継がれ、どのような課題に遭遇しているのかを検証していただいた。

車時代の幕開け

齊藤先生はご著書のなかで、「歩け歩け」の交通手段しか持たなかった日本人に車時代の到来を告げたのは、幕末の頃に導入された乗合馬車や人力車であったと論じておられます。まずは日本人と車との出合いがどのようなものであったのか、お話しいただけますか?

車文化との出合い

幕末までは、日本人の移動はもっぱら徒歩が中心でした。駕籠《かご》や馬の背もありましたが、これは運賃がかかりますから、誰もが気軽に使えたわけではありません。人が乗る車といえば、平安以降に使われた「牛車《ぎっしゃ》」や「輦車《れんしゃ》」などがありますが、これらは皇族や貴族など、上流階級にだけ許された特権的な乗り物でした。要するに庶民の移動については、明治以前はひたすら「歩け歩け」の時代が続いたわけです。

荷物の運搬では、荷車や牛が引く「牛車《うしぐるま》」が使われました。しかし、いろいろと制限があって全国いたるところで利用できたわけではありません。牛車も、京都、静岡、江戸、仙台、函

駕籠

渓斎英泉作『岐阻道中・熊谷宿八丁堤ノ景』東京国立博物館蔵

牛車

国宝『平治物語絵詞 六波羅行幸巻』東京国立博物館蔵

館など、地域がある程度限定されていました。「大八車《だいはちぐるま》」も江戸や各藩の城下町で使われたぐらいで、街道筋ではほとんど使われていません。大阪の「べか車」（荷車）についても同様のことがいえます。こうした背景には、車が道路や橋を傷めるということがありましたし、既存業者の利権保護という事情もあります。そして、日本には急坂や急流が多く、車が通れるような道の整備や、架橋が難しいといった地理的問題もあったと思います。

このように「歩け歩け」の道路交通であった我が国に、初めて車時代の到来を告げたのは幕末の頃でした。嘉永六年（一八五三）にペリーが来航。それまでの鎖国体制が崩壊し、安政六年（一八五九）の横浜開港を機に次々と西洋の文物が入り込んできました。日本人はこの大きなうねりのなかで、西洋の車文化と出合うことになったわけです。当然のことながら、初めて見る馬車や自転車の形状やスピード、音などに、最初は誰もが驚き、大きなカルチャーショックを受けたたと思います。その状況を伝える当時のイラストや漫画が残っており、そうした資料から人々が受けた衝撃やとまどいを、うかがい知ることができます。

たとえば慶応二年（一八六六）には、幕府の外交を担っていた時の老中、松平伯耆《ほうき》守宗秀《むねひで》が横浜の外交公使団を訪問した帰り、イギリス公使館員ジョン・マクドナルド所有の自家用馬車に試乗させてもらっています。その様子を描いたペン画が、当時の『イラストレイテッド・ロンドン・ニュース』に掲載され、記事には「人々は驚きの余り、言葉も出さずに眺めていた」と紹介されています。初めて見る馬車は当時の政府高官にとっても、庶民にとっても、なんとも好奇心をそそられる乗り物であったようです。（資料1「老中、試乗」）

一方、明治二年（一八六九）の『ジャパン・パンチ』一月号には、三輪の自転車に乗った外

輦車

『石山寺縁起』石山寺蔵

大八車

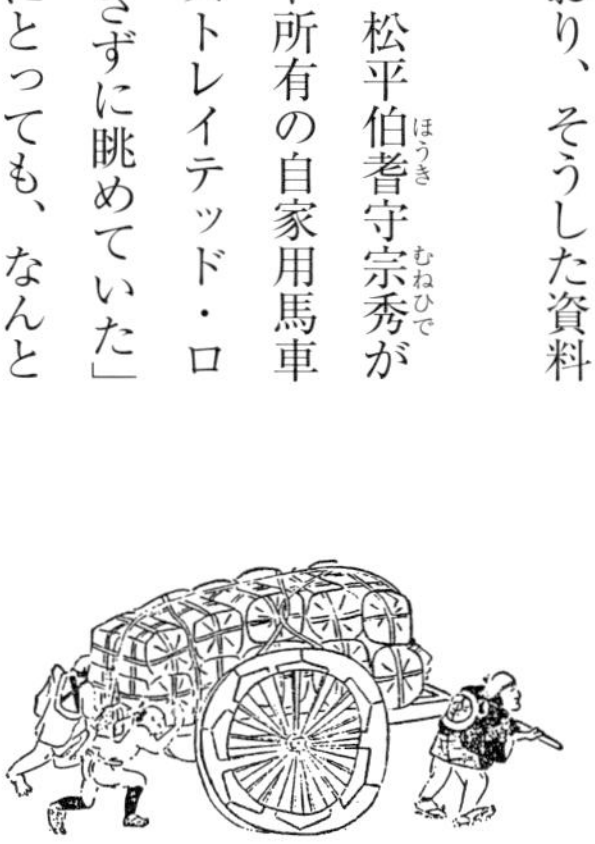

名著刊行会『類聚近世風俗志』より

資料1

老中、試乗

横浜から川崎までイギリス公使館員の馬車に乗る老中、松平伯耆守宗秀。『イラストレイテッド・ロンドン・ニュース』（横浜開港資料館蔵）

資料2

ジャパン・パンチの自転車

ワーグマンが明治2年（1869）に描いた自転車。『ジャパン・パンチ』（横浜開港資料館蔵）

国人のまわりを、興奮気味の群集が取り囲んでいる様子を描いたペン画が掲載されています。ここでも西欧の乗り物に興味津々の日本人たちの様子が描かれています。三輪の自転車に乗っている外国人はハンドルレバーを手に、踏み板を足で駆動させていることから、恐らく一八六三年にイギリスで、一八六四年にはフランスで特許を得た三輪車「ザ・ラントン」ではないかと思われます。もしそうであれば、特許を得てから遅くとも五年後には日本に渡っていたことになり、こうしたスピードにも驚かされます。（資料2「ジャパン・パンチの自転車」）

ちなみに、日本で初めて「自転車」という呼び名を使ったのは、竹内寅次郎という人物です。寅次郎は明治三年（一八七〇）、この乗り物の製造・販売に関わる願書を東京府に提出し、さっそく許可を得ています。彼はその願書のなかで、「＜自転車＞と称する車を工夫して…」と書いているのです。つまり商品名なのです。

しかし、面白いことに、これまで錦絵では「壱人車」とか「一人車」と書かれていた三輪車が、翌四年になると「自転車」という名前になっていますし、三年に出された大阪府令の「西洋車」も、五年の取締令では「自転車」となっています。最初は商品名だった「自転車」が、翌年になると普通名詞として使われるようになったのではないかと考えられるわけです。

人力車は日本人が考案

この時期に誕生した車で、特筆大書すべきは人力車です。自動車と交代するまで、乗合馬車とともに明治・大正期の交通に大きな役割を果たした乗り物です。

幕末、東海道や伊勢街道に荷車を改造した乗り物が出現していますが、人力車は馬車をヒン

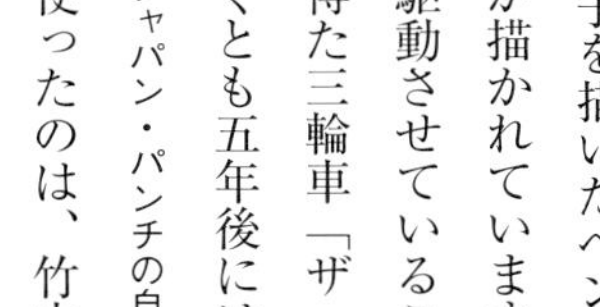

べか車

名著刊行会『類聚近世風俗志』より

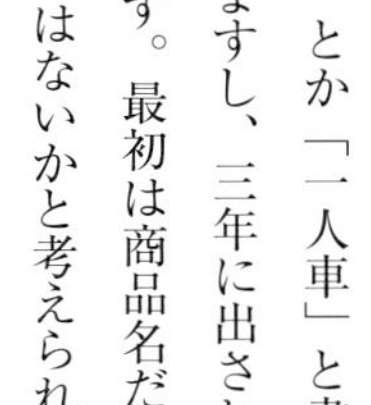

自転車

芳虎作『東京日本橋風景』国文学研究資料館蔵

トにしてつくった乗り物と思います。考案者については諸説ありますが、そのなかで私が重視しているのは、明治三年（一八七〇）に人力車製造・営業を東京府に出願し、許可を得た和泉要助、鈴木徳次郎、高山幸助の三人です。やはり、最初に許可を得たという事実を重んじたいと思うのです。

この新しい乗り物を人々に周知させるために、要助等出願者の三人は相当に苦労したようです。日本橋のたもとに人力車を二台並べ、さっそくＰＲに励んだものの、最初はまったく客がつかず、親類や家族をサクラに仕立てて車を引いて走りまわったと、徳次郎が『人力車発明日記』のなかで回顧しています。また、少しずつ客がついて商売が成り立つと思われた矢先に、駕籠屋の連中に喧嘩をふっかけられて往生したという記述もあり、しばらくは苦労の連続だったことがわかります。しかし、五街道の起点であり、全国に発信できる日本橋を宣伝の場に選んだのは正解でした。日がたつにつれて要助たちの人力車は評判を呼びました。一度火がつくと人通りが多いだけに、客がたちまち殺到し、また、自分も営業を始めたいと手を挙げる希望者も続出し、市内を走る人力車が日に日に多くなってゆきました。

東京府は翌四年うなぎ登りに増加する人力車の車税取り集めと車数調査のため、要助たち三人を人力車総行事に任命しています。彼らはこれを契機に、人力車の製造や営業に関して大きな実権を与えられたのですが、その幸いも長くは続きませんでした。二年後に総行事が廃止となったのです。その日から、彼らの運命は急速に転落して、社会から忘れられた存在になってしまいました。

ちなみに、まったく別の系統ではありますが、一七～一八世紀のフランスでも、日本の人力車によく似た乗り物が利用されていたことがわかっています。その車は、人力車によく似たボックス型の客室を二輪の上に載せて、一人の人間が引くものでした。その形が酢売りの車によく似ていたことから、「ビネグレット」と呼ばれたのだそうです。明治期に日本を訪れたヨーロッパ人が、過酷な労働を強いられる日本の人力車夫に同情して、「馬ではなく同じ人間に引かれた車に乗ることは、人間としてまことに忍びがたい」といった論を主張していますが、あるいは自分たちの祖先が使っていた人力車については、知らなかったのかもしれません。

幕末期に車文化と遭遇した日本人は、明治以降、驚くべき速度でそれらを受容していったと思います。まず、乗合馬車が当時の日本にどのように定着し、発展していったのか、ご紹介いただけますか?

時間・距離の壁に風穴を開けた乗合馬車

日本で最初に乗用馬車を走らせたのは、当時日本にやってきた外国人たちでした。彼らの馬車は、当初は横浜居留地内や江戸の公使館との往復に用いられていました。これらは異人馬車などと呼ばれ、ものめずらしさから当時の錦絵にも描かれたりしています。一般の日本人が公然と馬車を利用できるようになったのは、明治元年(一八六八)の頃からです。この年の一一月一九日(一八六九年一月一日)には、いよいよ東京開市となり、築地に外国人居留地が設けられました。これを機に、外国人専用の築地ホテル館と、横浜を結ぶ乗合馬車が開業したわけ

乗合馬車

三代広重作『東京築地ホテル館』
横浜開港資料館蔵

です。明治二年（一八六九）、ジョージ・ホワンベック会社など外国人経営の乗合馬車路線が次々と登場。これに刺激されて、同年には日本人経営の乗合馬車「成駒屋」も、横浜―東京間を走るようになります。

歩けば一日かかった横浜―東京間が、乗合馬車の登場によってわずか四時間で結ばれたのですから、当時の人たちはみな目をむいたことでしょう。東海道新幹線の開業当時、それまで一泊二日だった大阪出張が、あるいは日帰りとなるのではと、サラリーマンの話題になりましたが、乗合馬車の登場にはそれと同様のインパクトがあったと思います。こうした時間距離の短縮こそ、馬車交通が日本にもたらした最大の効用ではないでしょうか。

乗合馬車はその後、東京を中心に発達しますが、そこで浮上したのは道路改修の問題です。明治二年（一八六九）当時、乗合馬車営業が許可されている区間は、横浜から築地居留地間でした。二年後の四年（一八七一）四月に、東京府は道路改善の費用に充てるため諸車の稼ぎ高から三%を車税として徴収し、それを大通りの道路修理と人車道を区別する道路工事費に充てたわけです。これはなかなか実効性のあるプランでした。これによって高輪から新橋、京橋、日本橋を経て筋違に達する大通りの改修が進み、さらに日本橋、万世橋、京橋、浅草橋なども新しく架橋。その後は馬車や人力車がひととおり通行できるようになっていったのです。

長距離路線の乗合馬車が登場

こうしたインフラ整備の後押しもあり、東京市内ではその後、乗合馬車は増加の一途を辿ります。明治一〇年（一八七七）で二一〇台、明治一一年（一八七八）には二七九台、明治一二年（一八七九）には四〇〇台を数えるまでになっています。なかでも、新橋、品川から浅草方面行きはドル箱路線で、この路線を中心に増え続ける馬車業者が激しい競争を繰り広げました。もっとも、実際には馬車を一、二台しか所有しない零細業者が多く、馬車はオンボロ、御者《ぎょしゃ》も粗暴な連中が多かったようです。そのため通行人を引っかけるような事故も多く、また馬の虐待話なども絶えませんでした。営業出願時、事故防止条項を付して許可していた警察当局も、その後の状況に対応しながら取締規則を改正するなどの対策を講じています。

明治七年（一八七四）には、千里軒という事業者が、「二階造りのオムンボス（オムニバス）」なるキャッチフレーズを派手に打ち出し、新橋駅 – 浅草雷門間で、イギリスから輸入した三〇人乗り大馬車を開業しています。これを思いついたのは、王室馬車の研究のためにヨーロッパ留学を経験し、帰国後は皇室馬車係を務めた由良守応《ゆらもりまさ》という人物です。しかし、残念ながらこの乗合馬車は、開業直後から人身事故を続発、ついに死亡事故まで起こし、東京府から道路改良まで二階建馬車の運行禁止を命ぜられています。由良とすれば、最新の舶来文化の担い手になるつもりだったと思いますが、馬車交通に未熟な我が国でいきなり大馬車を走らせるなど、どだい無理な話で、そこに彼の誤算があったといえます。

明治一〇年代に入ると、東京からの長距離馬車路線も盛んになります。その起点となったのは、中山道方面は万世橋、甲州街道方面は四谷と神田河岸、房総方面は両国広小路。主に郵便物を運ぶのが目的で、併せて旅客・貨物を輸送するかたちで発展していきました。

なかでも圧巻なのは、東京 – 仙台間の三八〇kmを約三八時間で結んだという、奥州方面への輸送路線です。道中を三つの区間に分け、三事業者がそれぞれ受け持ちました。全部で四八の

三〇人乗り大馬車

三代広重作『東京開化名勝京橋石造銀座通り 両側煉化石商家盛栄之図』東京都江戸東京博物館蔵

郵便局を集配しながら、また約三里ごとに馬を替えながら、平均時速一〇kmで一気に走り抜けたといいます。東京－仙台間は徒歩だと八～九日かかりますが、この郵便馬車は一日半で到着したといいますから、そのスピードには驚かされます。ただし御者と馬は交代するのに、乗客は揺られどおしですから、恐らく半死半生のつらい旅だったでしょう。また、夜を徹して走る便は山賊に襲われる危険もあり、御者にピストルを携帯させる例もあったといいます。（資料3「万里軒の広告」）

ちなみに、この頃の乗合馬車の利用客は、急用客や金持ち、役人などが中心で、横浜の生糸貿易で買い付けに走る仲買人などが利用したという記録もあります。

道路に敷いたレールの上を大型馬車が走る「馬車鉄道」が登場したのは、明治一五年（一八八二）のことです。これは路面電車の前身となる乗り物で、最初に開通した新橋－日本橋間、二・五kmの道のりを時速八km、一四分で快走。六両の馬車はすべてイギリス製の二頭引きで、一両の定員は二四～二八名。その前評判に江戸っ子の期待は大きく、開通の日は朝から雨だったのに、沿線は見物人で埋まったといいます。

この馬車鉄道の登場で、まっ先に打撃を受けたのは同じ道筋を走る乗合馬車（市内）です。事業者たちは運賃を下げたり、共同会社を設立するなど、必死に生き残りをはかりましたが、廃業に追い込まれてしまったのです。しかしこの馬車鉄道も、間もなく路面電車にとって代わられました。馬車鉄道が営業していたのは、わずか二十数年に過ぎず、馬車から電車へと入れ替わる過度的な乗り物であったといえます。

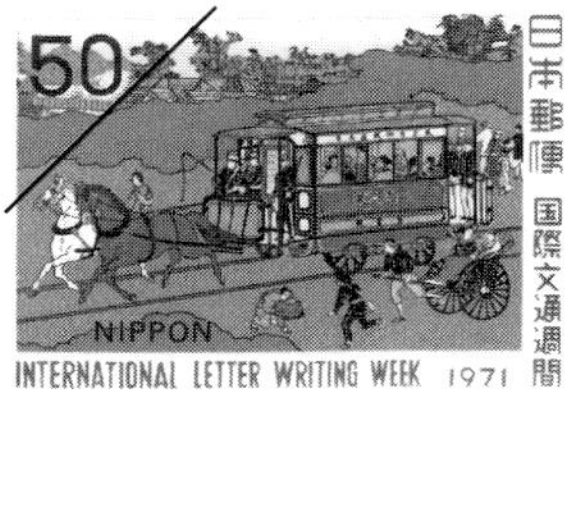

馬車鉄道

乗合馬車が長距離移動を支えていたとすれば、より近距離の移動を担ったのが人力車だったと思います。人力車のほうは、どのように普及していったのでしょうか？

爆発的に増加した人力車

明治三年（一八七〇）にお目見えした人力車は、驚くべきスピードでその数を増やしました。とりわけ導入期の増加は驚異的で、製造開始からわずか一年半後の明治四年（一八七一）には、東京府内の保有台数がすでに一万八二〇台に達しています。（府下地坪人力車数調）全国の保有台数（日本帝国統計年鑑）を見ても、明治八年（一八七五）には一一万台。その後は年一万台ペースで伸び続け、日清戦争が終結した翌年の明治二九年（一八九六）には、なんと二一万台にまで達しています。また、各地に残された記録を総合して考えると、人力車は遅くとも明治六年（一八七三）頃には、国内の主要都市にあまねく広がっていたと推測されます。（資料４「人力車全国保有台数の推移」）

資料3

万里軒の広告

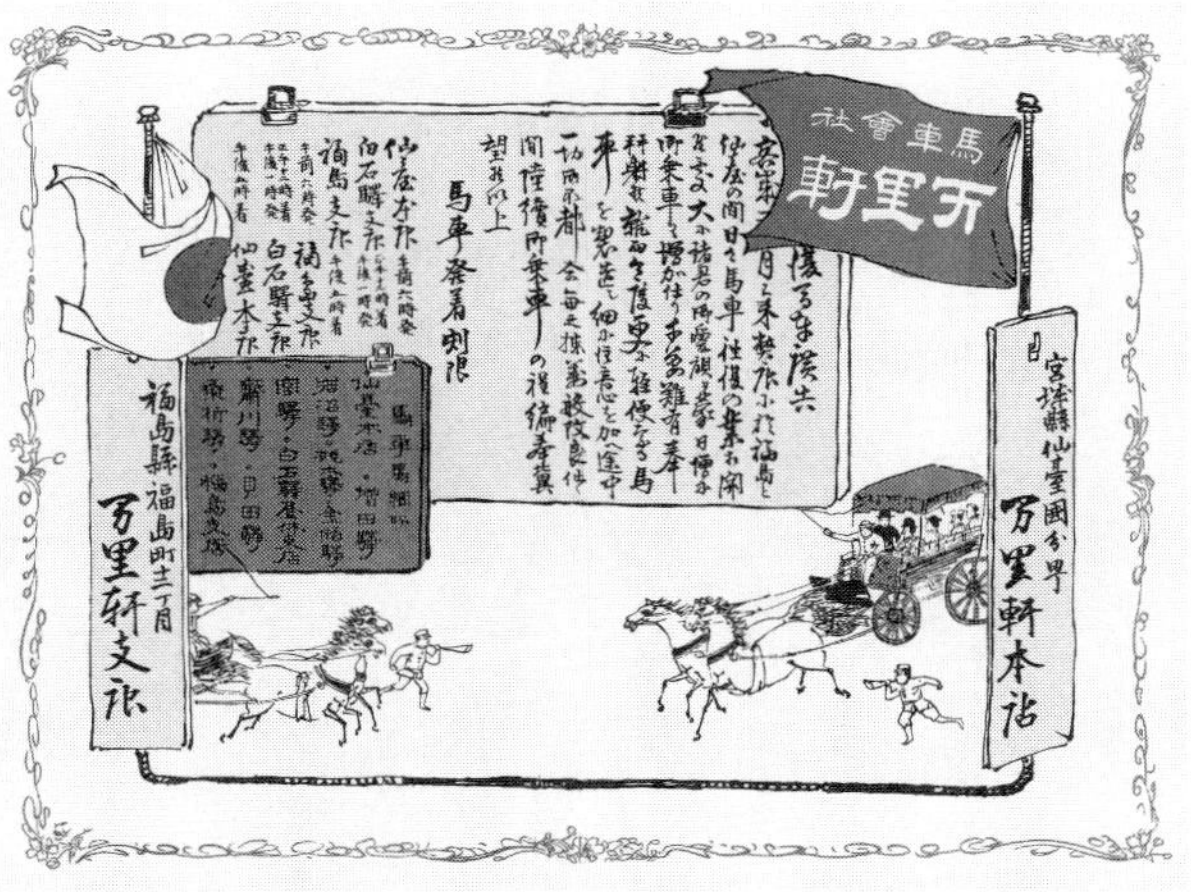

仙台－福島間90㎞の長距離乗合馬車会社「万里軒」の引き札。（株式会社橋本店『橋本店90年の歩み』より）

では、人力車はどうしてこれほど爆発的に増加したのでしょうか。それは人力車という乗り物が、当時の日本社会の要請に応えるものであったからだと思います。時速四㎞の徒歩に比べて、人力車の時速は六～七㎞。馬が引く馬車ほどではないにしろ、まずこのスピードの魅力があります。また、人力車なら腰を下ろしたままで訪問先の玄関先に横付けし、今のタクシーと同じ「ドア・ツー・ドア」の感覚で利用できます。しかも運賃が安いとなれば、これだけ人気が出るのもうなずけます。明治に入って世の中が活気にあふれ、人・モノ・情報の迅速さが要求された時代において、人力車は不可欠な乗り物として認められたわけです。

二つ目に、人力車を引く「車夫」という職業が、当時の底辺の人たちの暮らしを支える役割を果たしたということも挙げられます。この時期には、維新の荒波をもろに受けた下級武士や、暇を出された武家の奉公人、鎧師《よろいし》・弓師などの職人、駕籠屋、地方の小作人など、職を奪われた大量の失業者であふれていました。車夫という職業は、そうしたどん底の失業者たちを吸収する役割を果たしたのです。車夫は足腰さえ達者であれば、誰にでもできます。人力車を一台借りるだけですから、元手もそんなにかかりません。なにより日銭が稼げるのが魅力で、食えなくなると車夫になり、別の仕事が見つかればやめるというように、車夫はまさに、労働社会の安全弁として機能したわけです。そのため車夫の人口は非常に流動的でしたが、その日暮らしの失業者や低所得者層にとっては、なんともありがたい職業であったわけです。

三つ目にいえることは、人力車の製造能力の高さです。戦前、荷車をつくっていた老車職人さんから聞いたのですが、非常に熟練した車大工でも、大八車を一台つくるのに最低一週間はかかったそうです。それがどうして人力車製造の場合、生産能力が急に向上したのか。その秘

人力車

密は、組立生産（アセンブリー生産）方式の導入にあります。（資料5「秋葉商店の人力車製造工程図」）人力車の大手製造業者たちは、複数の下請け業者（職人）を傘下に置いて部分品をつくらせ、それをあわせて組み立てる方式で集約的に人力車を製造したのです。改良が進むにつれて、人力車の構造はますます複雑化し、使用される部分品も多様化したといいますが、それだけ下請け業者のほうも組織化され、大規模化したと思われます。こうした発展の原動力となったのは、やはり増え続ける人力車への社会需要であったといえます。

資料4

人力車全国保有台数の推移

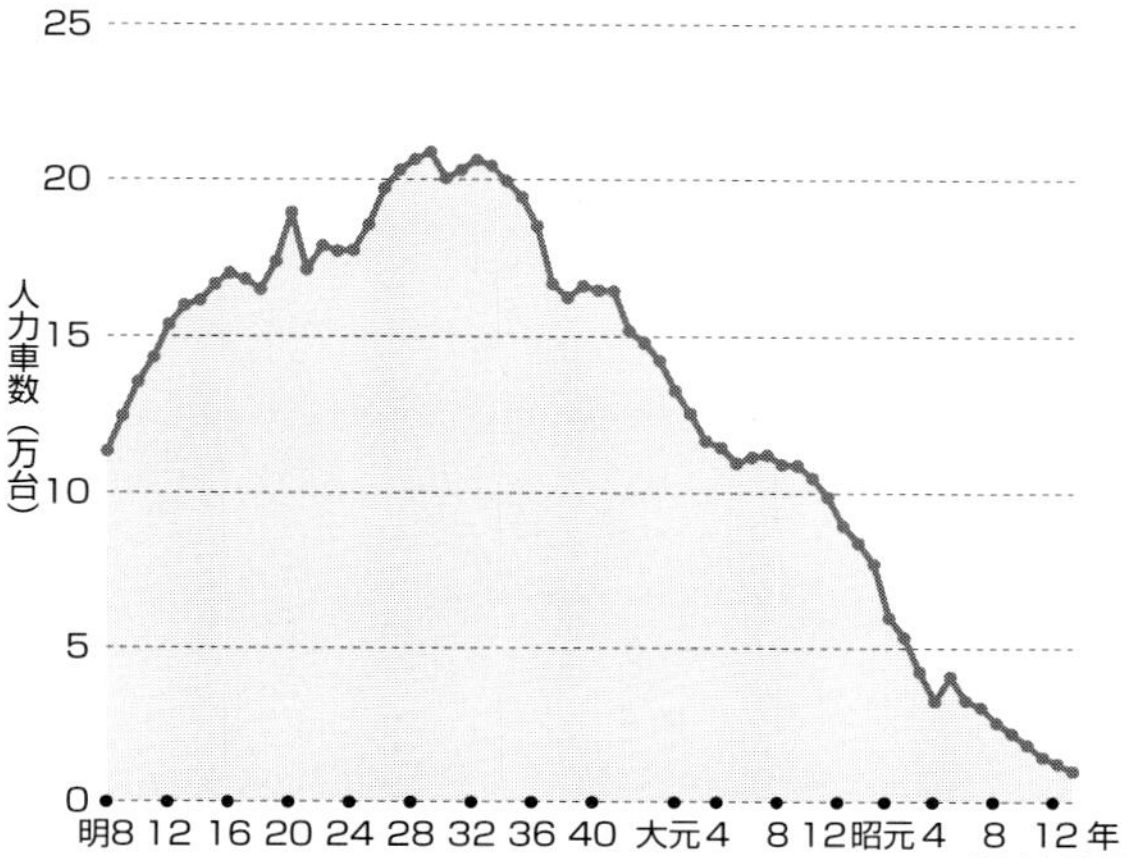

『日本帝国統計年鑑』より

資料5

秋葉商店の人力車製造工程図

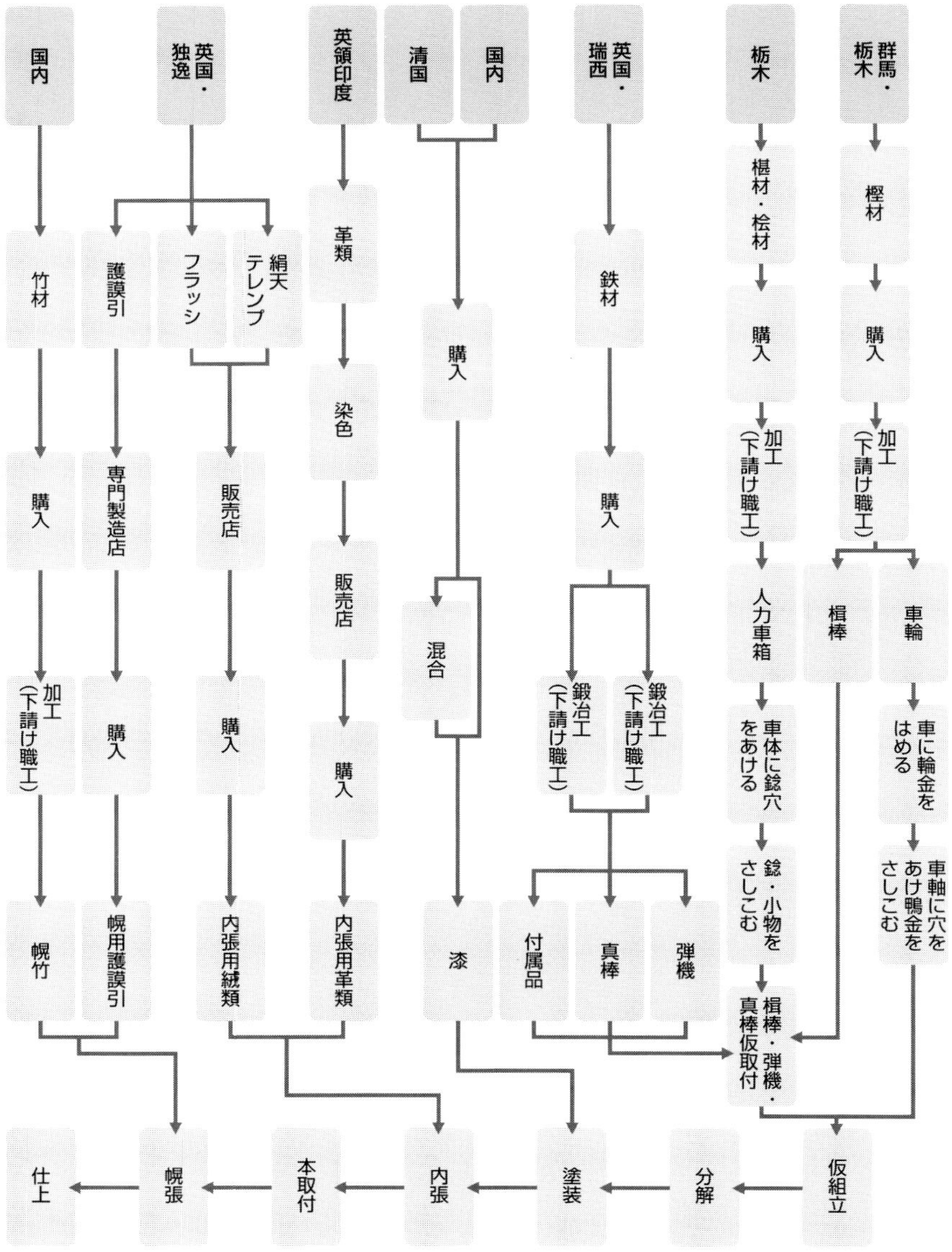

注）明治36年・第5回内国勧業博覧会に出品した秋葉大助の解説をもとに作成

黎明期の車たちが果たした役割

ここまでのお話で、明治以降、馬車や人力車などの交通がどのように発達してきたかを、ひととおり概観できたと思います。では、こうした黎明期の車文化が交通史上で果たした役割とは、結局、何だったといえるのでしょうか？

移動時間の短縮で、行動圏が広がる

最初に申し上げたように、江戸時代まで、陸上における日本人一般の移動手段は、徒歩が主で、わずかに駕籠と馬の背しかありませんでした。そこに人力車や乗合馬車が現れたのですから、これは徒歩から車への、道路交通史における大きな革命だったといえましょう。とりわけ移動時間の短縮によって、人々の行動圏が大幅に拡大したことが重要だと思います。（資料６「徒歩・人力車・乗合馬車による一日到達距離」）

では、一日の移動距離が実際にはどのくらい延びたのか、徒歩、人力車、乗合馬車で比較してみましょう。健康な大人の歩行速度は、一般に時速四㎞程度といわれています。一日の移動

資料6

徒歩・人力車・乗合馬車による一日到達距離

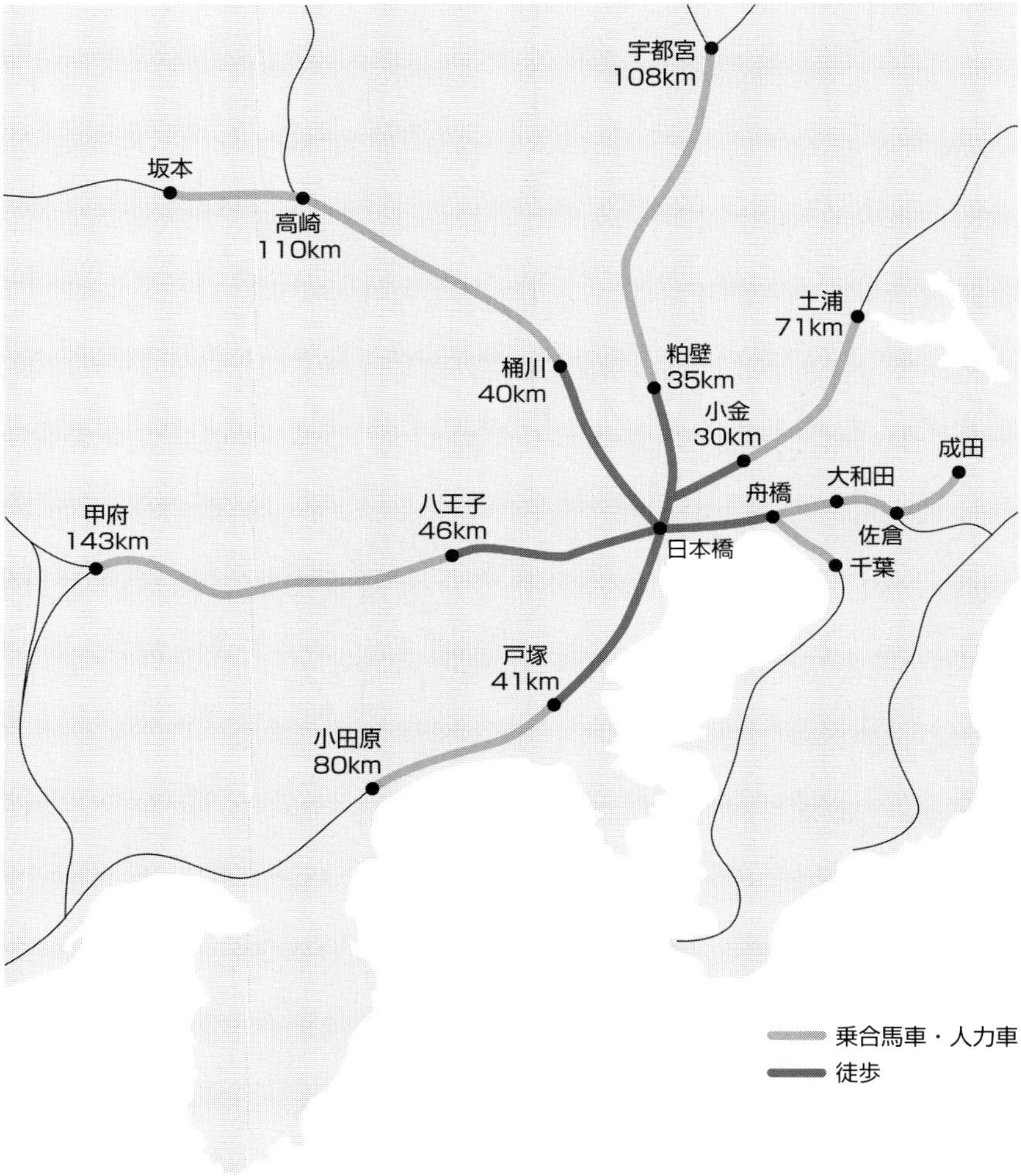

距離はだいたい一〇里（四〇㎞）。東海道の旅なら、江戸から八里半（三四㎞）の程ヶ谷（横浜市保土ヶ谷区保土ヶ谷町）で一泊し、二〇里二〇丁（八二㎞）離れた小田原で二泊目というのが、当時の一般的な旅程でした。これが時速六〜七㎞の人力車や、時速八〜一〇㎞の乗合馬車を使うと、倍かそれ以上の移動が可能になります。事実、馬車や人力車で東海道を旅して、一泊目が小田原という記録がありますから、一日の移動距離が倍に延びていることがわかります。

これは当時の人たちにとって、大きな変化だったと思います。コミュニケーションがトランスポーテーション（運搬）の上に成立していた時代に、こうした新しい交通手段は、迅速さという点で大いに社会の要請に応えたのではないでしょうか。

また、人力車や馬車の時代は、陸上交通のためのインフラ整備や、人々の交通意識の醸成を加速させ、次の自動車時代へとつなぐ橋渡しの役割を果たしたといえます。わずか数十年という短い歳月ではありましたが、日本にはこの時代の経験があったからこそ、新しい自動車交通の時代に進むことが出来たといえるのではないでしょうか。

歩く道から、車両交通の道へ

そのことをご理解いただくために、まず道路整備の問題を取り上げてみたいと思います。

人力車や乗合馬車の通れる道が、明治初期にどれほど整備されたかについては、当時の『府県統計書』にある「車ノ通スル道」（車が通れる道）のデータが参考になります。この統計にある「車の通スル道」の最下限を、「荷車は通れないが、横幅の狭い人力車は通れる道」と解釈して、明治二〇年（一八八七）のデータを見ると、当時の国道と府県道で車が「通行可能」だった道は、全体の七三・二％。「通行不可能」だった道は二六・八％であったと考えられます。

「通行可能」な道が四分の三あったというのは、一見低い数字に思えますが、車が走り始めて間もない当時の社会状況を考えれば、相当努力した結果であると解釈していいと思います。江戸時代の街道、とくに東海道については、当時から手入れが行き届いていると外国人に賞賛されたものです。しかし、これは人や牛馬が歩く道であり、車が通るためのものではありませんでした。人馬の行き交いに必要な二間（三・六ｍ）の道幅があればよしとされ、それ以上のさしたる基準はなかったのです。（資料7「国道・道府県道における『車が通れる道』の比率」）

そのため、明治に入って車両交通が盛んになると、道路の拡幅工事の必要性はもちろん、既存道路や橋の傷みも激しく、道路管理者や沿道の住民は改修工事の必要に迫られました。その負担の重さから、当初は「人力車通ルベカラズ」といった閉鎖的な対応がとられた所もあったようです。しかし、次第に人や物資の往来が盛んになるにつれ、道路インフラの重要性が多くの人に理解されるようになり、整備推進への積極的な機運が高まります。政府も殖産興業の立場から、道路や橋梁の改修・造成を奨励しますが、なにしろ、新政府樹立早々なので、逼迫した国や地方財政ではなかなか予算を捻出できません。そこで、現在の有料道路のはしりともいえる有償道路の制度をとり入れ、民間経営の道路や橋の建設を進めたのです。

また、明治六年（一八七三）には、道路行政の第一歩となる日本初の道路制度が制定されました。これは大正八年（一九一九）の「道路法」公布までの基本法となったもので、国道、県道、里道のそれぞれを一等から三等に区分し、さらに幅員の標準についても定めています。その後、制度の改廃がしばしば行われましたが、大きな動きとしては明治一八年（一八八五）、国

資料7

国道・道府県道における「車が通れる道」の比率

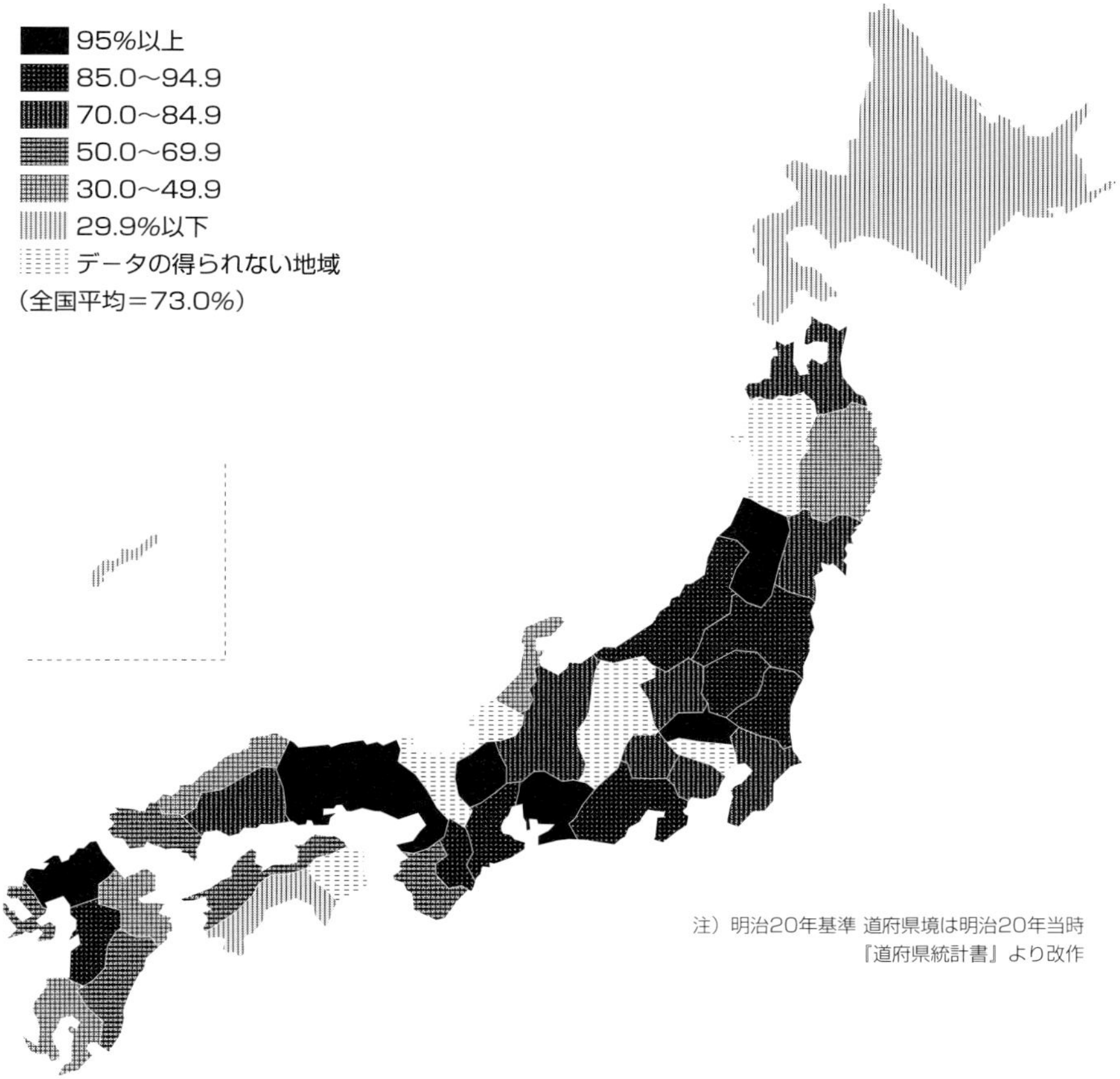

注）明治20年基準 道府県境は明治20年当時
『道府県統計書』より改作

「車が通れる道」距離比率推移

距離:km

県名		岩手県		奈良県		熊本県	
年	内訳	全里程	車通行可	全里程	車通行可	全里程	車通行可
明20	距離	1,327.8	202.1	290.1	266.7	427.4	317.6
	比率	100.0	15.2	100.0	91.9	100.0	74.3
大元	距離	1,013.0	998.3	434.8	421.4	1,050.0	956.3
	比率	100.0	98.5	100.0	96.9	100.0	91.0

注）「明20」のうち岩手県は明治22年末統計を使用
『各県統計書』より

道の等級を廃止し、幅員がすべて七間（一二・七ｍ）以上に統一されました。また、同年、「国道表」が制定され、国道四四路線が定められました。

翌明治一九年（一八八六）には、「道路築造標準」が制定され、砕石道路の採用が始まります。これは、割り栗石を厚さ一五cmほど敷き詰め、その上に砕石を六cm敷いて大型ローラーで転圧する工法で、馬車交通に好適だったことから、すぐに各地に普及しています。ところが、府県予算の関係でこの築造標準も空文化し、次第に「人馬踏み固め」方式による砂利道に逆戻りしてしまいました。国が鉄道重視政策をとったこともあり、道路政策には消極的になりがちだったのでしょうが、それにもかかわらず、道路の総延長距離、とくに府県道の延長距離は明治・大正期を通じて延び続けています。予算的に苦しいなか、少しずつでも道路整備が進められた背景には、やはり車両交通の増大があり、これを無視できなかったということだと思います。

このように、「車を通す」ことを念頭に道路整備が営々と続けられ、その結果が先ほどの七三・二％だと考えると、これは評価すべき数字ではないかと思います。ただし、明治末期に自動車が入ってくると話は別です。従来の砕石道路は自動車のスピードと重量に耐えられず、次々に破壊されてしまいました。その結果、その後はより耐久性があり、塵埃の立たないアスファルトやコンクリート舗装が主流となっていったわけです。

車両交通に対する習熟

もう一つ重要なことは、車両交通への習熟の問題です。今日では、誰もが当たり前のように交通ルールを理解し、信号機の見方がわからないという人は恐らくいないでしょう。こうした交通ルールやマナーの発端を探ると、おのずから明治初期の時代に辿り着くのです。日本人は、この時代に初めて車両交通というものと出合いました。それはとても大きなカルチャーショックとの出合いでもあったのです。

では、当時の人たちの交通意識はどの程度だったのでしょうか。なにしろ「歩け歩け」の時代が長かったために、いくら「車に気をつけろ」といわれても、長年の歩行習慣が急に改まるはずもありません。ガラガラと音を響かせて自分のほうに突進してくる馬車や人力車の前に右往左往するだけで、よけるすべも知らない歩行者が多かったことは容易に想像できます。

実際、人力車・馬車・荷車による交通事故による死傷者数は年々増加の一途を辿り、東京府だけでも、明治一一年（一八七八）で五四人、明治一四年（一八八一）で三三人、明治一七年（一八八四）で八七人、明治二〇年（一八八七）で一二七人を記録しています。頭を抱えた行政側は、馬車業者に通達を出すなどして事故防止に取り組みますが、なかなか成果は上がらなかったようです。

しかし、早い時点から、車だけでなく歩行者側の交通意識についても問題視されていたようで、たとえば明治七年（一八七四）の朝野新聞には、次のような投書が掲載されています。

「馬車・人力車によって死傷者が出るようになったが、これは車だけに責めを負わすべきものではなく、歩行者の側に大いに問題がある」

これに対し、すかさず次のような反論も出ます。

「市内の道路はまん中が高く、左右が低いカマボコ道路なので、道の端っこは傾斜があって歩きにくい。車道歩道の区別のない道路にこそ問題がある」

こうしたやりとりから、車両交通とどのように向き合っていくべきか、当時の日本人が真剣に議論を交わしていたことが伝わってきます。また、こうした試行錯誤を繰り返しながら、日常の利用、交通事故防止、営業活動、施設の利用・管理などを通じて車両交通に関する制度や慣習をつくり上げ、無形の技術や知識を蓄積してきたのだということを、改めて実感するわけです。

人力車や乗合馬車が走っていた主な期間は、わずか五〇～六〇年の短い間でしたが、この間の経験によって醸し出された車両交通に対する国民的習熟が、次の自動車時代を受け入れる社会基盤を用意したといえるのではないでしょうか。貴重な助走期間だったといえましょう。

明治時代にはもう一つ、鉄道の発達が大きな動きとしてあります。鉄道網の整備は、国家政策として強力に推進されましたが、こうした動きは人力車や馬車などの道路交通に、どのような影響をおよぼしたのでしょうか?

長距離路線から、中・近距離路線へ

ご指摘のとおり、明治期は鉄道の整備が国家的プロジェクトとして進められ、全国に鉄道路線が延びていった時代でもあります。明治新政府が鉄道建設に着手したのは明治三年（一八七〇）。明治五年（一八七二）には新橋－横浜間に官設鉄道が開通し、明治二二年（一八八九）には新橋－神戸間に東海道線が全線開通。その二年後には日本鉄道の上野－青森間も全通してい

鉄道

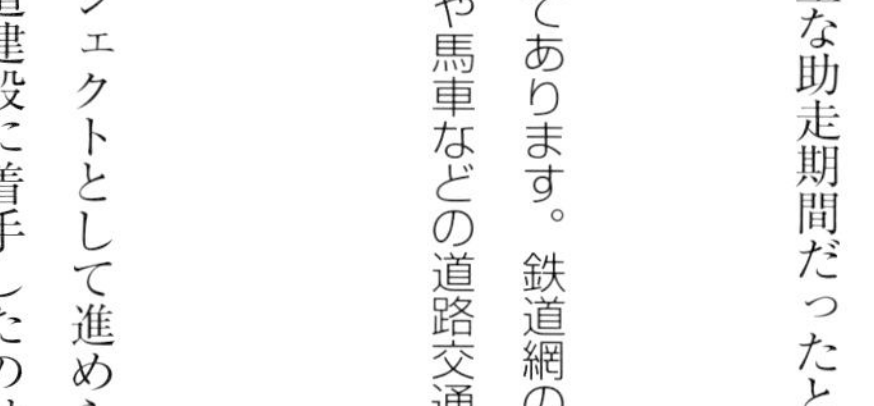

三代広重作『東京高輪真景蒸気車鉄道之図』国文学研究資料館蔵

ます。また、私鉄のほうも着実に建設が進み、明治三〇年（一八九七）には官民合わせて総延長四八〇〇㎞を達成。その後の日本鉄道、甲武鉄道、関西鉄道、九州鉄道など私鉄一七社の国有化を経て、明治四〇年（一九〇七）には国鉄の総延長距離は七〇〇〇㎞にもおよんでいます。

このように発展を続けた鉄道によって、道路交通の主役であった乗合馬車や人力車も、大きな影響を受けました。まず、それまで乗合馬車と人力車が担ってきた長距離交通が、鉄道に完全に取って代わられたことが挙げられます。とくに東京から熊谷・高崎、八王子、宇都宮、福島、仙台、小田原などを結ぶ往復便は、鉄道の出現によってあっという間に消えてしまいました。巨大な輸送力、快速、低運賃、快適な乗り心地と、どれをとっても鉄道のほうが上まわったため、馬車などの長距離便はお手上げの状態になってしまったのです。

一方、地方の乗合馬車や人力車の拠点が、それまでの街道筋から、鉄道駅周辺へと移っていきました。かつては宿場から宿場への長距離輸送を担ってきた乗合馬車は、鉄道駅とその後背地を結ぶ近距離交通に、また、街道筋に常駐して旅行者を運んでいた人力車は、鉄道駅周辺を中心とした市内交通へと、その役割を変えていったわけです。

しかし、短い歳月ではありましたが、この長距離路線の馬車と人力車が果たした役割は、それなりに評価してやりたいと思います。鉄道以前の長距離移動は、すべてこうした車たちが担っていたということは、やはり記憶にとどめておくべきだろうと思います。

動物力から、機械力へ

いよいよ最後に自動車が入ってくるわけですが、齊藤先生は、自動車の日本への初渡来はいつ頃だったとお考えですか？　また、自動車の登場は、それまでの交通社会にどのような影響をおよぼしたといえるのでしょうか？

自動車元年は明治三一年（一八九八）

今や、道路からあふれんばかりに走る七七〇〇万台超の自動車も、そのルーツを辿れば、たった一台の自動車に辿り着きます。自動車の渡来には諸説ありますが、私は明治三一年（一八九八）が初渡来の年と考えています。その第一号車は、明治期に日本で活躍したフランス人画家、ビゴーが描いた「自動車に驚く東京の市民たち」と題した漫画に描かれています。ここにも初めて自動車を見た人々の驚きが、実に生き生きとしたタッチで描かれていますが、維新前後に初めて「車」を見た日本人の驚きと、この当時の驚きとは若干違うのではないかと、私は思っています。というのも、このときにはすでに自動車という乗り物に関する知識が、日本人

自動車

『報知新聞』明治三一年（一八九八）三月五日付

にある程度入っていたからです。もっとも、車を引っ張る馬も人もいないのに、車がひとりでに動く様子は、なんとも不思議に思えたでしょうが。（資料８「自動車に驚く東京の市民たち」）

ちなみに、日本人にも自動車を考案した人物がいます。明治一二年（一八七九）、東京府に「諸街道において蒸気機関を搭載した車で貨客運送をしたい」と、大木安欽、富田知実、谷口周衛の三人が出願したという記録が残っているのです。蒸気自動車は、フランスで一七六九年に考案され、欧米ではすでに実用段階に入っていました。しかし東京府は、「レールによらず、道路上を走る車は危険」と判断して、許可を与えていません。彼らの事績がはかなく消えたのは、たいへん残念なことです。

さて、ビゴーの漫画に描かれた自動車は、フランスのパナール社が製造した石油自動車です。これを日本に持ってきたのは、テブネというフランス人技術者でした。彼が、東京の築地から上野まで、自動車の試運転をしたことは、明治三一年（一八九八）の『東京朝日新聞』『時事新報』『報知新聞』『読売新聞』『ジャパンタイムズ』など複数の新聞記事で報道されているので、確かな事実だと思います。各紙の記事を総合すると、それは「四人乗りの石油エンジン自動車」「車輪は四輪、空気入りゴム輪」「時速一三㎞、二四㎞、三二㎞に変速可能」「六ℓの石油で、一二時間走行可能」というものであったようです。

テブネは、日清戦争に勝利をおさめ、政治的にも安定していた日本に機械製造の拠点工場を設け、極東市場への足掛かりをつくる任務を背負って来日したと考えられます。その折、パナール社から日本にサンプル出荷して彼に販売を依頼されたのが、日本初の自動車なのです。築地から上野までの試運転は、デモンストレーションだったのですね。しかし、なかなか売り込みも見込みが立たなかったのでしょうか、競売にかけましたが、「六〇〇〇円以上」という希望価格に見合う値がつかずに、そのまま、同社に送り返されています。

それ以降の数年間は、自動車に関して大きな動きはありません。しかし、テブネの第一号車をきっかけに、自動車は一台、二台と輸入されるようになります。こうした黎明期においては、自動車は皇族や華族、富裕な財界人のステータスシンボルであり、その普及も限られた範囲にとどまりました。明治四二年（一九〇九）当時、警視庁へ登録されていた自動車台数は六一台。うち五八台は自家用乗用車で、トラックはわずか四台。オーナーはいずれも上流階級のそうそうたる人物です。彼らは外国人オーナーらとともに、ドライブなど活発な社交活動を展開しました。「世界一高級な玩具」を楽しむといわれながらも、自動車利用のきっかけをつくり、普及の一翼を担った功績は認められると思います。

「機械力」時代の幕開け

明治も残すところ一〇年という頃になると、実業家

資料8

自動車に驚く東京の市民たち

明治15年（1882）から18年間、日本で活躍したフランス人画家ビゴーによって描かれた『自動車に驚く東京の市民たち』。（横浜開港資料館蔵）

のあいだで自動車を交通機関として事業化しようという動きが現れます。とりわけ彼らを刺激したのは、明治三六年（一九〇三）に大阪で開催された第五回内国勧業博覧会でした。会場には、さまざまな自動車が華やかに展示され、押しかけた観覧者五三〇万人の見聞は全国に広まりました。この博覧会の閉幕からわずか半年のあいだに、全国の事業家たちが続々と乗合自動車の許可を求めて名乗りをあげたのです。

その中で、真っ先に営業にこぎつけたのは、京都の二井商会でした。自動車の将来性を確信した福井九兵衛という若い織物商が、友人を誘って乗合自動車会社を設立。すぐに開通式を行うものの、「まだ取締規則がない」と京都府警から待ったをかけられ、しばらくは試運転という名目で営業を開始しています。間もなく自動車営業取締規則が公布され、正式に営業許可がおりますが、実はそこからが気の毒でした。当初の熱狂的歓迎もどこへやら、人気はすぐに失せてしまい、わずか五カ月で廃業という予想外の終焉を迎えているのです。それもそのはずで、二人乗りを六人乗りに改造して乗りまわしたため、タイヤが傷んでパンク。ところがスペアはないし、部品が壊れても修理部品の入手に半年もかかるというありさま。運転手もにわか仕込みで事故が続出。おまけに吹きさらしの車体は冬場に不向きと、まさに泣き面に蜂。日本初の営業に花を飾れなかったのはまことに残念でした。

しかし、この失敗にもかかわらず、明治三七年（一九〇四）から明治四二年（一九〇九）のあいだに、乗合自動車路線の出願件数は四七件（三府二〇県）を超えていますし、出願の許可待ち、あるいは計画中のものは恐らくその三倍はあったのではないかと言われているほどでした。一方、こうした動きは法整備の必要性を社会に喚起し、明治三九年（一九〇六）までに二〇府県、明治四五年（一九一二）には三八府県で自動車取締規則が公布されています。

乗合自動車に続いて、明治四〇年代にはハイヤーの初歩スタイルである貸自動車も登場しました。しかし、やはり自動車の性能の悪さや、運転手や整備技術者の経験不足、修理部品の入手の困難さ、石油スタンドの未整備などが足かせとなり、本格的な普及には至っていません。また、日露戦争後の不況も逆風となるなど、当時はまだ、貸自動車会社を簡単に設立できるような事業環境ではありませんでした。したがって、自動車の本格的普及は大正期に入ってからとなるのです。

私は、京都で初の乗合自動車が走ったこの「明治三六年（一九〇三）」という年を、「動物力」から「機械力」への移行を象徴する日本乗り物史上の重要な年だと考えています。

この年には、人力車や馬車など人力、畜力を使った乗り物から、蒸気機関、ガソリン機関、電力など機械動力で動く自動車や電車に切り替わるいろいろな出来事がありました。東京では馬車鉄道から路面電車に替わり、京都では乗合自動車が走り出し、愛知・長野・京都・富山・鹿児島・宮城・石川・福井・岡山の各府県で自動車の営業取締規則ができました。大阪では第五回内国勧業博覧会が開催され、大阪市営電気軌道線も開通。また、大阪市内の巡航船開業に抵抗した人力車夫の大ストライキも起きて世間を騒がせました。そして、日本の自動車の発達に大きな影響をおよぼしたアメリカのフォード・モーター社が設立されたのもこの年なのです。

こうした象徴的な出来事をバネにして、車両交通の主役交代が進んでいったのです。

戦争成金と関東大震災

私が小学校に入る前のことですが、当時山村に暮らしていて、乗合馬車に乗った記憶があります。御者の背中、そして大きな馬の尻がむくむく動くのを今でも覚えています。それがある日、乗合バスに替わりました。バスの排気ガスのにおいが素晴らしくて、みんなで追いかけたことを思い出します。排気ガスは今となっては悪者ですが、当時は文明の香りだったのです。

大正期に入ると、自動車は本格的な普及の時代に入ります。第一次大戦時の好況によって成金が登場し、彼らがステータスシンボルとして自動車を購入し始めました。成金の道楽だったとはいえ、それまでは公共交通の担い手だった自動車が、私有の方向に動き出したという意味で、彼らは車の大衆化の先駆けだったといえます。もっとも、戦争が終って戦後不況に陥った大正九年（一九二〇）頃になると、好況時にアメリカやヨーロッパに注文した車が船便で到着したものの、注文主はとっくに倒産。車は梱包されたまま港に留め置かれる、といったような話も多かったようです。

乗合バスの普及には、大正一二年（一九二三）に起こった関東大震災が、一つの契機になりました。この大災害は、ご存知のとおり東京・横浜に壊滅的な被害を与え、多くの犠牲者を出しました。鉄道や電車も止まり、市内交通は完全に麻痺しましたが、以前は補助的役割にすぎなかった乗合バスが、このときに大活躍したのです。

まず、「青バス」と呼ばれた東京乗合自動車(株)が、焼け残ったバスを新宿－四谷間に集め、避難民のために無賃の奉仕運転を開始しました。また、海外から港に届いた大量の救援物資を市内各所に運ぶため、民間輸送委嘱団が組織され、トラックや荷馬車などもフル回転したとい

関東大震災

います。こうした経験を通じて、人々は自動車の機動力、スピード、運搬能力の高さなどに「開眼」し、自動車利用の促進を強く求めるようになっていったのです。

やがて復興の段階になると、東京市はさっそく、アメリカのフォード社にバスを八〇〇台注文しています。これはＴＴフォードの一t半トラックシャシーを一一人乗りとし、車両は家畜輸送用格子ボディを改装した車でした。震災から四カ月後には、巣鴨－東京駅間、中渋谷－東京駅間を皮切りにバス事業をスタート。その後も次々に新路線が開業し、運転系統数二〇、総営業距離一四八km、使用車両八〇〇台の体制を確立。一日平均五万四〇〇〇人もの乗客を運び、復興の足として大いに活躍しました。これが現在の都バスの始まりなのです。

乗合バスはその後地方にも広がり、新たにバス事業に乗り出す事業者が急増しました。大正一三年（一九二四）には三一五一事業者だったのが、昭和六年（一九三一）には五六二二事業者にまで増えています。勃興期のバス事業は、主に鉄道駅とその後背地を結ぶ路線、地方の中心都市から近隣の町村への交通、市街地の交通機関という三つの役割を担って走ったといえます。これらの路線にはすでに乗合馬車が運行しており、両者のあいだでは紛争や、熾烈な賃下げ競争が繰り広げられましたが、機動力やスピードで劣る乗合馬車はしだいに衰退し、バス事業に切り替わってゆきました。バス業界のほうは、その後、昭和八年（一九三三）の自動車交通事業法施行を機に、整理統合の時代に入ります。ただし、バス自体は庶民の足として、確実に全国に定着していきました。（資料９「全国乗合馬車・バス営業者数の推移」）

ＴＴフォード

佐々木烈氏提供

円タク花盛り

一方、大正期にはハイヤーやタクシー事業も始まります。第一次大戦の好況を反映して、当初は花柳界などを顧客とした貸自動車業が人気を呼びましたが、戦争景気に陰りが見えると、料金が安く実用的なタクシーへと需要が移りました。

明治四五年（一九一二）七月、東京・有楽町に日本初のタクシー会社「タクシー自働車株式会社」が創立、大正に改元された同年八月、フォードT型六台で開業しました。大正一三年（一九二四）には、大阪市内を一円均一で走る「均一タクシー株式会社」が開業。これが市民に大好評で、この運賃方式を真似る業者が続出、東京へも飛び火したのです。当時の東京は、タクシー料金が七〇種類あるといわれるほど混乱していましたが、一部の事業者がいち早く「東京均一タクシー株式会社」を設立。これで東京も、いわゆる「円タク時代」に突入します。営業用自動車の台数（私営バス含む）は、昭和元年（一九二六）の二五四七台を皮きりに、二年後には二倍、五年後には三倍に増加。その

資料9

全国乗合馬車・バス営業者数の推移

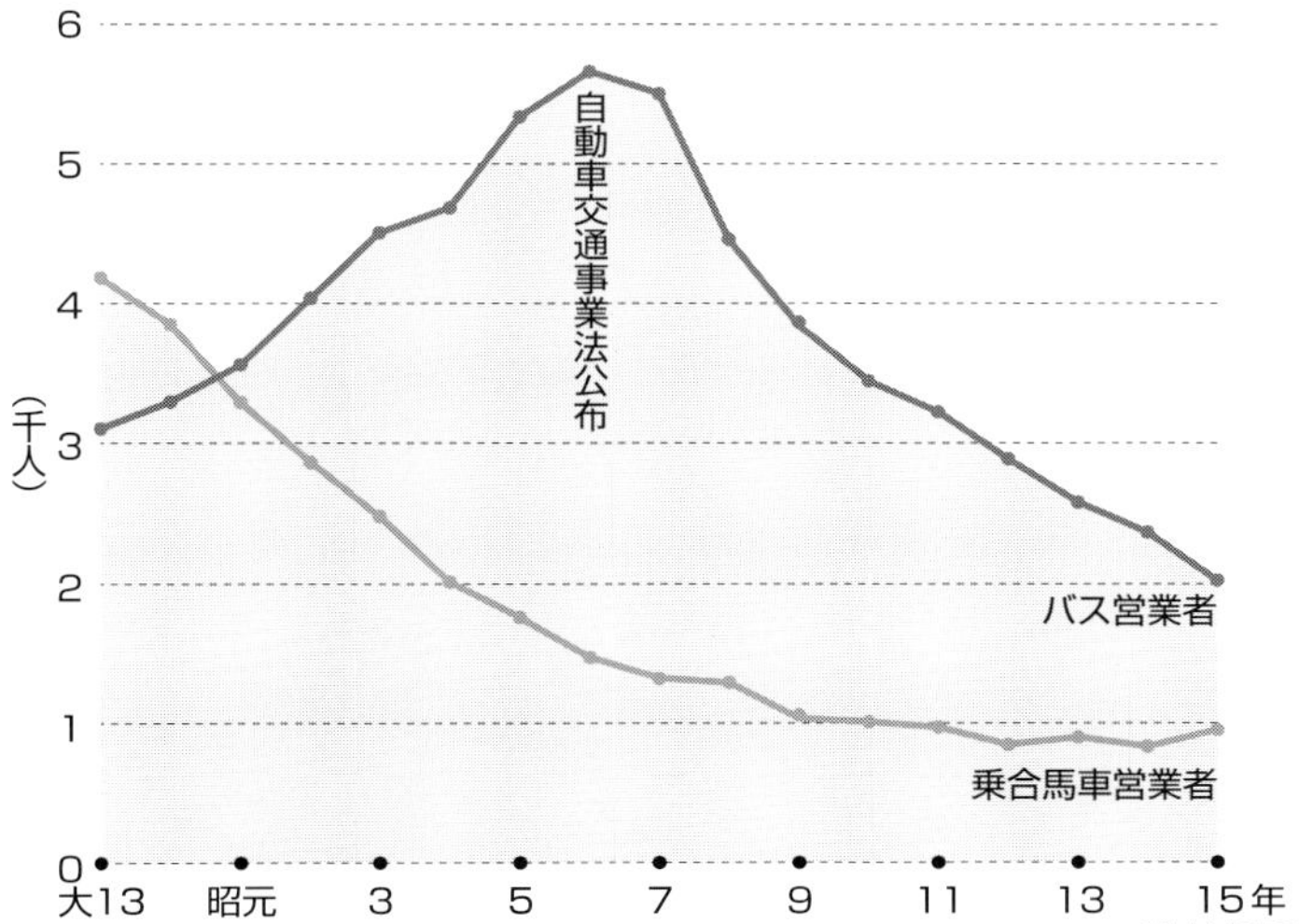

『警察統計報告』より

ため需給バランスを崩し、厳しい運賃値下げ競争に陥っていきました。

しかし、この現象はタクシーの大衆化をもたらし、自動車利用の日常化を促す契機になったと思います。ハイヤー・タクシーが運んだ客数は、昭和元年（一九二六）で一九〇〇万人、五年（一九三〇）で九五〇〇万人、一〇年（一九三五）で二億九〇〇〇万人と、私鉄に迫る勢いで増え続け、都市交通に欠かせない役割を担うようになります。このようなタクシーの洪水の背景には、自動車の実用性が広く認識されたこと、都市への人口集中で交通需要が増したことなどがありますが、もう一つ、アメリカの自動車会社が量産化を始め、価格が低下したことも大きく影響しています。

大正一四年（一九二五）には、まずフォードが日本に進出。昭和二年（一九二七）にはゼネラルモーターズが、昭和五年（一九三〇）にはクライスラーが日本企業との共同出資で工場を立ち上げています。それぞれが部品をひとまとめにして日本に持ち込み、国内で組み立てるノックダウン方式で自動車生産を開始。これで自動車の値段が大幅に安くなったわけです。また、フォードが各府県に販売拠点を設け、いち早く月賦販売を始めたのもこの頃です。

この時代になると、自動車学校なども充実し、運転手の数が加速度的に増えていきます。東京府の運転免許受験者数を見ると、昭和元年（一九二六）で一万五一六四人、四年（一九二九）で五万九九人、九年（一九三四）には六万二三七一人まで増加しています。関東大震災に昭和恐慌という、どん底の時代、免許が取れて月賦で自動車が買えるとなれば、タクシードライバー志望者が増えても不思議ではありません。ただし、タクシーの出現で仕事を奪われた人力車夫たちが、「梶棒」から「ハンドル」に切り替えるのは容易ではなかったようです。若い車夫な

ハイヤー・タクシー

佐々木烈氏提供

ら自動車会社に就職する道もありましたが、年老いた車夫の転廃業には気の毒な問題が多かったと思われます。

道路整備、法律整備、事故対策

このように、自動車は大正期から昭和の前期にかけて急速に普及し、日本人の生活に欠かせない乗り物として定着していきました。しかし一方では、自動車のあまりにも早い普及速度に、道路などの環境整備はまったく追いつかない状況が続いていました。大正期の東京の道路状況を皮肉った言葉に、こんなものがあります。

「晴天なれば砂漠、雨なれば泥沼、ハネは天に冲し、砂塵は地を蓋う。玄界灘は東京の中央にあり」。自動車の泥ハネや砂塵の被害は、通行人や沿道の店先や住宅に迷惑をかけることが甚だしいものでした。新聞の投書でも被害者の怒りがよく感じられます。

この状況を打開するために、東京で本格的な道路整備が始まったのは大正九年（一九二〇）のことです。東京市の道路改修を奨励するため、皇室から三〇〇〇万円が下賜されたのを機に、市は道路局を設置して、大規模な路面舗装に乗り出しました。同年には「道路取締令」も公布され、左側通行、歩・車道の通行区分など、通行方式の全国統一を推進しています。そして大正一二年（一九二三）の関東大震災以後、自動車利用の急速な高まりに呼応して道路改修がさらに加速したことは、先ほど述べたとおりです。当時、昭和四年（一九二九）の世界恐慌に始まった大不況によって、一四万人以上といわれる失業者が生じました。その救済策を兼ねて、全国的な道路改修事業がスタートしたのは昭和六年（一九三一）のことです。こうした一連の動きは、自動車新時代に突入したことを如実に物語っていると思います。

しかし、自動車の普及にともない、一方では交通事故も激増しました。事故統計を見ると、大正一五年（一九二六）の自動車一万台あたりの死者数は五二九・九人。戦後もっとも死者数が多かった昭和四五年（一九七〇）でさえ、同様の死者数は九・〇人ですから、この数字がいかに恐ろしい数字かわかると思います。大震災のあと、当時の警視庁交通課長が次のような談話を発表しています。

「震災復旧のために全国から自動車が集まったが、なかにはドサクサ紛れに入り込んだ無免許運転手や、制限外のスピードで飛ばす不心得者がいる。それにライトの不整備車を加えた三点が、事故を引き起こす主な原因になっている。今後は厳しく取り締まる」。（『時事新報』大正一二年一一月三日）

当時の交通マナーがどのようなものであったか、これでだいたい察しがつくと思いますが、もちろん自動車側だけの問題ではありません。車の直前直後の横断など、歩行者側にも問題があったことを指摘する声も多かったのです。昭和六年（一九三一）、当時の警視庁・荒井退蔵交通係長がまとめた「交通事故とその防止に就いて」というレポートに、次のような指摘があります。

①事故原因の大部分は当事者の過失、不注意。事故防止の第一は注意力の喚起につきる。
②道路交通取締法令や道路施設への理解、普及が必要。
③歩行者に対する交通安全教育、とくに小学生への教育が効果的。

七〇年以上前に出されたレポートにもかかわらず、彼が指摘した交通安全意識の問題については、昔も今も、なんら変わりがないといえそうです。

戦争の時代と自動車産業

昭和一二年（一九三七）の盧溝橋事件に端を発した日中全面戦争、昭和一四年（一九三九）に勃発した第二次世界大戦により、日本の交通社会は、いわゆる「石油の一滴は、血の一滴」の時代に入ります。国の燃料政策により、バス、タクシー・ハイヤー、トラック、自家用自動車はみな厳しい石油消費規制を受け、代替燃料（アルコール、薪、コーライト等）への転換なども進められました。また、軍事資材輸送の需要が急増し、自動車輸送力の効率化が急務となったため、業界の統合・再編が国の主導で強力に進められたのもこの時期です。

そして昭和二〇年（一九四五）の敗戦。我が国は焦土と化し、交通機能もずたずたに寸断されてしまったことはご存知のとおりです。しかし、連合国軍の進駐開始、マッカーサー元帥の厚木飛行場到着と続くなか、当時の新聞には早くも、輸送業者、土木建設業者、石油業者などが運転手、整備工を求める広告や、自動車メーカーが各種技術者を求める広告などが掲載されています。敗戦直後から、このように我が国の自動車産業再生を予感させる息吹が見え始めていたという事実には、ただ驚かされるばかりです。

その後、日本は目覚しい復興を遂げて世界有数の自動車王国を築き、マイカーブームで自動車の大衆化が加速、空前のモータリゼーション時代を迎えるわけですが、このへんの事情は皆さんよくご存知だと思いますので、私の話は、ここらあたりまでにしておきます。（資料10「近代陸上交通機関の年表」）

昭和三九年（一九六四）マイカーや観光バスで賑わう片瀬江ノ島

毎日新聞社提供

資料10

近代陸上交通機関の年表

西暦	年号・年
1860	万延元
1865	慶応元
1870	明治3
1875	明治8
1880	明治13
1885	明治18
1890	明治23
1895	明治28
1898	明治31
1900	明治33
1903	明治36
1905	明治38
1910	明治43
1915	大正4
1920	大正9
1925	大正14
1930	昭和5
1935	昭和10
1940	昭和15
1945	昭和20

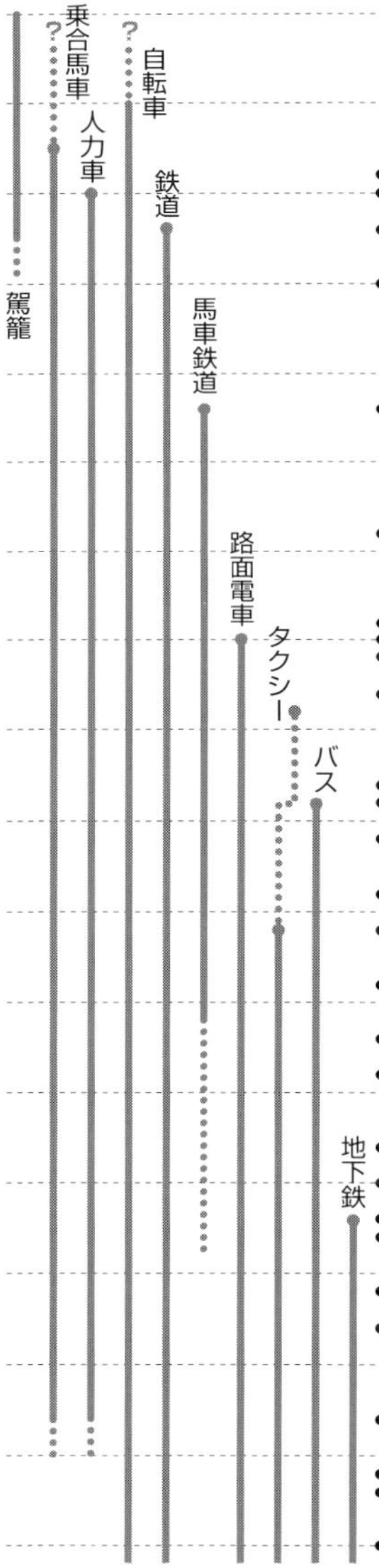

参考事項

この頃、乗用馬車渡来する
幕末、自転車渡来
横浜－東京間、日本人経営乗合馬車（明2）
人力車製造・営業が許可される（明3）
新橋－横浜間鉄道開業（明5）
人力車保有台数が11万台に達する（明8）
東京馬車鉄道開業（明15）
鉄道1000マイル祝賀会（明22）
日清戦争（明27～28）
京都市に路面電車開業（明28）
全国人力車保有台数が過去最高の21万台（明29）
フランス人により自動車が渡来する（明31）
桑港日本人会、皇太子ご成婚に自動車献上
東京市に路面電車開業（馬鉄転換、明36）
京都市に乗合自動車開業（明36）
日露戦争（明37～38）
鉄道国有化、鉄道5000マイル祝賀会（明39）
山手線電車運転開始（明42）
全国の乗用馬車台数が最高の9000台（明44）
東京市にタクシー開業（大元）
第一次世界大戦勃発（大3）
国産自転車生産活況（大6）
東京市街自動車会社運行開始（大8）
自動車取締令、道路法公布（大8）
関東大震災（大12）・自動車の活躍（大13～）
大阪に市内1円均一タクシー出現（大14）
東京地下鉄開業（昭2）
自転車保有台数、500万台を超す（昭3）
乗用自動車保有台数6万台突破（昭6）
自動車交通事業法施行（昭8）
東京駅構内人力車廃業（昭13）
ガソリン・重油配給切符制実施（昭13）
乗用自動車にガソリン配給停止（昭16）
対米英宣戦布告 帝都高速度交通営団設立（昭16）
バス・トラック業者最終的統合（昭17）
敗戦、第二次世界大戦終わる（昭20）

齋藤俊彦『轍の文化史』より

どうもありがとうございました。最後に、戦後のモータリゼーションの印象についてお話をうかがって、終わりにしたいと思います。齊藤先生は、今日のモータリゼーション社会をご覧になって、よい面、悪い面、それぞれどのようにお感じになっていますか?

選択できる移動コース

古くから交通発展のキーワードは、「早い」「安い」「安全」だと思います。ことに生活実感のともなう「早い」「安い」は数字がつかめるだけに、その達成度には驚くほかありません。

たとえば江戸時代、私の故郷・肥後熊本から江戸まで一カ月はかかりました。旅費も道中の宿泊費、食費だけ考えても大変な出費です。それが、今はどうでしょう。車で二日、特急・新幹線で七時間二〇分、空港バス・飛行機と乗り継げば二時間一〇分の移動ですみます。経費も大節減です。

このことは、もちろん、当時のお侍《さむらい》に考えられるはずもありませんが、昭和ヒトケタ前期の私たちでも、働き盛りの頃はまだ現実の話ではありませんでした。

私が初めて空を飛んだのは昭和四六年（一九七一）、羽田－福岡間でした。もちろん社用です。空の便で帰省するなど、まだサラリーマンには贅沢なことで、もっぱら寝台特急か、新幹線・特急乗り継ぎでした。以来三五年、選択できるコースが空、陸と増えたのにはまったく感謝のほかありません。

航空も、鉄道も、電車も、バスも、定められた路線で「乗る」・「降りる」の二点を結びます。この線上の二点をいかに早く、安く、安全に結ぶかに、すべての努力が注がれるのです。

近年、遠距離介護という言葉が生まれました。遠く離れて郷里に住む親を、出掛けて行って介護することで、私にも経験があります。運賃割引の介護帰省パスを発行している航空会社もあり、社会的に認知されているのです。それ以前は、親を呼び寄せて一緒に住むか、あるいは郷里にUターンするかの二とおりでした。現在、いろいろと苦労しながらも、多くの人たちがこの遠距離介護に取り組むことが出来るのは、先ほどの選択コースの増加、換言すれば時間距離、経済距離、意識距離の短縮への努力が蓄積されたからだと思います。

自動車を運転できない人はたいへんに多い

私は車の運転はできませんので、住んでいる藤沢市ではもっぱら自転車に頼っています。時折、バスやタクシーで市内のあちこちに出掛けることがありますが、初めてのところが多く、新鮮な気持ちで帰宅します。日頃、自転車を乗り回すといっても、せいぜい二～三km四方なのです。市民といっても、市の区域のほんのわずかしか知らないことを、つくづく痛感します。それにくらべて、マイカー族はどうでしょう。かつての通勤仲間と時折、会うことがありますが、マイカー族の市内地理の詳しさには、まったくもって脱帽です。自転車は、自分の好きなときに、好きな場所へ、気軽に出掛けることができます。マイカーも同様ですが、その行動半径の大きさは比較になりません。地域に対する知識の差はまずここから生じます。

ところで、車の運転ができない人はどれほどいるのでしょうか。

平成一六年（二〇〇四）の我が国の運転免許保有者数は七八二五万人。一六歳以上の人口に対する比率は七二%です。（同二〇年後半から減少に転ずる見込み）一般にこの七二%が注目され、今年はどれほど伸びてきたかが論議されるのです。しかし、ときにはその七二%を差し引いた残りの二八%、四人に一人という数字に関心を寄せていただきたいのです。つまり、三五三三万人のたくさんの人たちが、車を運転するすべを知らないということです。そして、この数字に一五歳以下の高校生、小中学生の数が加わるのです。

昨年、友人が、七〇歳を超えた時点で車を処分しました。あれこれ悩んだそうですが、結局「他人様に迷惑をかけないうちに」で思い切れたそうです。これから、運転をやめる高齢者が増えるのではないでしょうか。車を運転できない人々は、思った以上に多いのです。

進めてほしいこと

問題は、これらの人々にとって不便な世の中になっていることです。

最近、知り合いの老婦人が、近所の八百屋さんが店を閉じたので、町まで出掛けねばならなくなったとこぼしていました。似たようなことを新聞の投書欄でも時折見かけます。郊外型巨大施設に歯止めの動きがありますが、閉めた店がまた再開するなどとは、とても考えられません。また、言い古されたことですが、バス路線の廃止または本数減少傾向は、農山村だけでなく住宅地においても同様です。この問題打開のために、行政側がいろいろと配慮していますが、依然として留まることを知りません。

このような問題がいろいろとありますが、とりわけ、自転車が走る道の対策を強力に進めてほしいと願っている者の一人です。我が物顔に自動車が行き交う車道の危険を避けて、自転車は歩道を走ります。今度は歩行者が大迷惑です。それに、ベルもなく脇をすり抜けるチャリンコ族や、前後に幼児を乗せた母親にヒヤリとするのも日常のことです。

今、自転車の保有台数は八六七〇万台。多くの運転免許保有者も愛用しているはずです。平成一七年（二〇〇五）には、自転車乗用中の死者数八四六名、負傷者数一八万四六八六人に達しました。一〇年前から四万四〇〇〇人近くも増加しています。平成一六年四月、警察庁では、歩行中・自転車乗用中の死者を、平成二二年までに約二割以上減少させる目標に取り組むことになりました。悪質な自転車乗用者、そして自転車道についても配慮されています。

私たちが「自転車が安心して走れる道」をと言っても、一口にいえるほど簡単なことではありません。しかし、人のいのちが関わることでもあります。一kmでも多くの成果が実るように、強く望んでいる次第です。

最近期待すること

新聞紙上やインターネットで知る程度の知識しかありませんが、国土交通省が推進している政策「モビリティ・マネジメントの推進」に関心を持っています。この政策では「車の利用を少し減らして、自転車や公共の交通機関を活用しましょう。公害防止や交通渋滞解消に、一歩近づくことができます。少し面倒かもしれませんが、みんなで考えてみませんか？」と、マイカーから自転車や公共交通機関への転換を呼びかけているのです。

「マイカーの快適性を捨てて…」と、難しい点がありましょうが、北海道や関西をはじめ全国的に次第に広がり、実ってきているようです。時間がかかるとは思いますが、大きく発展することを期待しています。

千葉県・鎌ヶ谷市の生活道路に設けられている自転車道

Column

観光地で活躍する人力車

浅草・時代屋提供

4月9日、久しぶりに桜祭りで賑わう浅草へ出掛けた。雷門に出た途端、はっぴ姿のいなせな若者から、人力車いかがですかと声をかけられた。道端には数台の二人乗り人力車。一台は、弾んだ笑い声の若い女性二人連れをまさに引き出さんとしているところ。通りすがりの人たちが盛んにカメラを向けていた。

人力車が、自動車以前の道路交通の主座を占めていたことは周知の事実。戦後、駅や花柳街を拠点として、ほそぼそとながら続けてきた営業も昭和40年代に入り終焉を迎えた。それと交代するかのように、観光産業の一環として登場した観光人力車は、現在、32都道府県の観光地を走っている。この車が現代に迎えられる魅力は、果たして何なのか。旅の観光地という解放感と、古いものへの郷愁、そして好奇心とを結びつける演出ではあるが、次のような体験も、土産話としてあちこちで語られているためではないだろうか。

1. 歩くスピードで車が進み、
   時には小径伝いに史跡や街の風情を疲れることなく、たっぷりと楽しめる
2. 二人のためだけの親切なガイド、そして温かみ
3. 人を見下ろす高さからの視点は、実に新鮮
4. 小走りで引いてもらうとき、風を切る感じの心地よさ

これらは観光バスの盲点でもある。それにしても、この新たな人力車の活動もやがて半世紀。その歴史を留めおく準備も考えねばなるまい。

（齊藤俊彦）

「道はつづく」――④　日本編

渋滞とゴミに嘆く世界遺産

●杉田房子

岐阜県奥飛騨の白川郷は、地勢上交通に恵まれず、昔ながらの生活が比較的おそくまで保持されていたので、山奥深い〝秘境〟といわれていた。

それが一九九五年世界文化遺産に登録されて大きく変わった。それ以前には村を訪れる観光客は年間約六〇万人程度だったのが、二〇〇二年東海北陸自動車道白川郷インターチェンジの開通効果も手伝って、二〇〇三年には一五五万人に。小さな村は人と車で大混乱。「たしかに村は潤ったが、車の渋滞とゴミの増大、いいことばかりではない」と村人は嘆く。

白川郷は山岳地帯の谷間に庄川に沿うように一・八km延びる細長い村で、合掌造り民家集落があるのは荻町。国道一五六号はこのあたりを白川街道と呼んでいる。荻町の北寄りにこんもり盛り上がる城山城跡の展望台から見る合掌造り民家の集落は、緑の田畑と取り

合掌造りの民家集落がある荻町のバス停。国道は雪かきされ、車の通行にほとんど支障はない。

巻く山々とのコントラストとあわせてまことに美しい。屋根の勾配が急な三角形に近い切妻造りが特徴で、正三角形は上下左右からの力の作用に最も強いのだそうだ。屋根は東西に面し、妻側が南北に向いているのは、庄川の峡谷を南北に吹き抜ける強風を避ける造りで、ご先祖様の長年にわたる生活の知恵が生んだものという。江戸時代中期の建築法というから歴史の深い民家である。

しかし、休日にはマイカーが押し寄せ、渋滞が発生して村人の車まで巻き込まれる。「観光渋滞」を解消しようと、村はヨーロッパの観光地が実施している車の乗り入れ禁止地域や国内の数カ所の視察を行い、二〇〇一年一〇月に荻町

真冬の夜に行われるライトアップで、闇をバックに浮き上がる集落は幻想的。

屋根の葺き替えが無事終了。祝い酒がふるまわれ、村に伝わる民謡や踊りが披露される。

のマイカー乗り入れを規制する社会実験を行った。シャトルバスの運行、自転車の無料貸し出しを行い、実験はほぼ順調に終了。「走行者天国のようでいい」と観光客、「すぐマイカーに乗せられれば土産をたくさん買うが、規制されるとそうはいかない」と土産物屋や飲食店。平成一八年度の荻町地区交通規制は四月の第一日曜日から一一月の第三日曜日まで荻町中央幹線全線への進入禁止。

観光客一人あたりの滞在時間は約一時間半と短い。いろりを囲んで語り合う合掌造り民家への民宿は、一五年前の年間一一万人から六万人程度にまで落ちている。短時間に駆けずりまわっても、実は片鱗に触れたとさえいえるかどうか。それよりは、村の暮らしと合掌造りをじっくり味わえる民宿泊

早朝から葺き替え作業は始まる。屋根一面に人があがって作業しても、びくともしない。

秋に、合掌造りの民家に設置されている放水銃の一斉放水が実施される。

まりがはるかに勝る。歴史を物語る黒ずんだ天井や太い柱、パチパチ音をたてる薪の燃えているいろりを囲んでの食事。食後、宿の主人がきかせてくれる民謡。合掌造りの魅力は、あのどっしりした家々だけでなく、そこに住む村人や、家々と人々を囲む自然のたたずまいすべてにある。

村の代表的な大きな行事は二つあり、一つは四、五月頃行われる屋根の葺き替えと一〇月のどぶろく祭り。屋根の葺き替えはだいたい五〇年ごとに行われているが、大型民家となると半面の屋根だけで、茅の量は二七〇t、四tトラック二五台分、作業費は一二〇〇万円かかるが、お互いに手を貸し合う〝結《ゆい》〟で手慣れた村人たちが屋根にあがり、ボランティアの人たちや実習の小・中学生たちは茅運びを手伝う。村の女性たちはエプロン姿でおやつや食事の面倒をみる。夕方作業が終わると、村人も茅運びのボランティアの人たちも思わず万歳！　そして、祝い酒がふるまわれ、村に伝わる民謡や踊りを披露し、祝う。

どぶろく祭りは一〇月に行われるが、村人の誰もが一年の行事のなかで最も好きなのが、どぶろく祭りという。小学生や中学生までもこの祭りで民謡に参加し、白川の文化の一つを踊り継いで、次の世代に伝えることができれば素晴らしいと語る。村の指定無形文化財。豪雪との闘い、秘境で外部との交流もままならない村で、激し

長い冬が重い腰をあげて
野も山も緑で覆われると、
合掌造り民家と自然との
調和が素晴らしい。

い労働に耐えながら自給自足を営んでいた昔の村人にとって心を癒すのは酒を飲んで語ること。豊かな民謡や民話は、このような生活のなかから生まれてきた。七〇〇年も前から村で造られたどぶろくは祭礼に用いられていたという。どぶろく祭りには種々な行事が行われるが、どぶろくがふるまわれるときには、かっぽう着姿の女性たちがサービスしてまわる。遠方から訪れるファンも多くなり祭りはますます賑わいを深めている。

二〇〇七年には東海北陸自動車道全線開通の予定。遠い、不便といっていた白川郷が交通の便が良くなると、白川郷が目的地でなく途中下車で見るという人が増え、滞在時間も短く、表面だけかすっていく人の増加は悲しい。〝秘境〟を〝銀座通り〟にしてほしくないし、これ以上人工的なものを増やさず静かな〝田舎〟であってほしい。

城山城跡からの展望は、田植の緑のときが最高に白川郷を美しく見せる。

第五章

自動車文明がもたらしたもの

北村　隆一

京都大学大学院工学研究科教授　IATSS会員

京都大学工学部卒業。カリフォルニア大学ディヴィス校土木工学科教授を経て1996年より現職。専門分野は交通行動分析、交通需要予測。主な著書は『交通行動の分析とモデリング』『ポスト・モータリゼーション』など。

北村氏は、交通は派生需要であるとの視点のもと、人々の生活行動・交通行動の定量的分析および、そのモデル推定に必要とされる調査法・統計手法など、交通行動分析、需要予測の分野で先駆的な研究を重ねてこられた。また、国土交通省社会資本整備審議会特別委員、京都市基本構想等審議会委員を歴任され、交通問題全般に幅広い提言をされている。交通が人々の暮らしに与える影響についての幅広い知見と、深い洞察をもとに、自動車文明の意義と諸問題、今後のあるべき姿について論じていただいた。

自動車文明は何を変えたか

自動車交通の発展は、私たちに移動の自由をもたらし、近代化や経済発展の原動力となってきましたが、一方では地球環境問題をはじめとするさまざまな負の側面が顕在化し、今はまさに転換期にあるといえます。そもそも自動車文明とは何であったのか、その本質的な課題はどこにあるのか、幅広い観点から論じていただければと思います。

自動車文明以前の都市のありよう

交通とは何かを考えるときに、我々の学問分野では「派生需要」という言葉をよく使います。これに買い物をする、仕事に行くといったように、人間が望む行動をまず前提とし、それに付随して交通が派生してくることを表した言葉です。最近はこれに対して、交通そのものが目的化したり、価値を持つ場合もあるという見方も出てきていますが、交通といえば、まずは「派生需要」としての交通を考えることになります。そもそもなぜ都市が存在するかといえば、一箇所に集まったほうが移動の効率がいいからであり、空間の移動を克服するために都市という構造、装置が生まれたといえます。これは裏を返せば、人間は何をするにしても交通がついてまわるということです。

こうした派生需要としての交通は、常に我々の生活や社会構造、都市構造に大きなインパクトをもたらしてきました。まず、一九世紀に鉄道が導入されたことで都市の様相が大きく変わり、「通勤」が出現しました。それ以前のヨーロッパでは、いわゆる城壁都市の時代が長く続き、市民は基本的に都市を囲む城壁のなかで暮らしていました。そのため今日のように、都市の周辺部から時間をかけて市内の職場に通うという、いわゆる「通勤」という移動はなかったわけです。これは明治以前の日本も同様です。日本の城下町には城壁こそありませんが、たとえば第二次産業の職人（生産者）や、第三次産業の流通、サービスの商人などはみな、自宅を作業場にして商いを行っていました。もちろん、第三次産業の侍などは、自宅から城まで通いましたし、第一次産業の農民も田畑まで働きに出ましたから、通勤に該当する行為がまったくなかったわけではありませんが、庶民の多くは、基本的には「職」「住」を分けずに生活を成り立たせていたわけです。

都市におけるこうした「職」「住」のあり方が大きく変化したのは、産業革命の時代からです。これによって都市の生産性が高まり、労働者が都市に集中し、過密化しました。当時の労働者の劣悪な住環境については、エンゲルスが『イギリスにおける労働者階級の状態』に書いているとおりですが、こうした状況に対し、イギリスでは馬車を所有・維持できるような富裕層が、子どもを育てる環境を求めて過密な都市から郊外へと移り、都心へは馬車で通勤するという生活スタイルが生まれました。一方、フランスなどヨーロッパ大陸の国では、逆に労働者が郊外

ヨーロッパ最大の城壁都市
フランス・カルカソンヌ
毎日新聞社提供

に住むようになります。たとえばパリでは、オスマンの都市計画によって都心部の整備が進み、富裕層、中産階級が都心部に居住するようになった代わりに、貧困層が郊外へと追いやられていったわけです。

この流れを一気に加速させたのが鉄道の出現です。イギリスでは、鉄道路線ができて郊外居住の大衆化が進み、中産階級が続々と鉄道沿線に移り住んでいきました。これは日本も同様で、たとえば大阪では船場、心斎橋で商いをしていた富裕な商人が、鉄道ができて六甲や芦屋などに移住し、阪急電鉄が走り出すと宝塚、池田などに移り始めます。東京でも、東急の田園調布などが象徴するように、私鉄沿線を中心に郊外住宅の開発が進んだことは、皆さんよくご存知のとおりです。

このように、近代国家では鉄道の出現によって「職」「住」の分離が進み、郊外住宅というものが形成されていきました。都心から郊外に向かって鉄道路線が放射状に延び、その沿線にビーズのような形で都市が発展し、鉄道駅を中心に徒歩圏内のコミュニティが形成されていったわけです。

自動車の普及で変化した生活様式

そして、二〇世紀に入ると自動車の時代が到来し、都市構造はまた大きく変わり始めました。大恐慌から第二次世界大戦にかけては、自動車の普及ペースが世界的に鈍りましたが、日本では一九六〇年代以降に、モータリゼーションの波が全国に波及。（資料１「日本の登録自動車数の推移」）これによって、鉄道の時代には「線」に沿ってしか発展できなかった都市が、今度は鉄道駅を

一九七一年、入居が始まったマンモス団地
東京・多摩ニュータウン

共同通信社提供

起点に、「面」的に拡大するようになり、住宅や商業施設などが郊外へと一気に広がり始めたのです。

その結果、生活圏が広域化し、私たちの生活スタイルも驚くほど変わりました。昔は歩いて登校していた子どもが親の車で登校するとか、買い物には近所の店に歩いて出かけていたのが、車で郊外の大型店に出かけるといったことが当たり前になりました。しかも昔は毎日出かけて、買い物かごに入るぐらいの量しか買わなかったのが、自動車だとたくさんのモノを積めるので、まとめ買いをするようになる。冷蔵庫が大型化して貯蔵能力が増えたこともあり、今では郊外の大型ストアに週一回、あるいは月二〜三回、自動車で買い出しに行く生活が当たり前になったわけです。

また、自動車の普及は「道」の性質も変えてしまいました。日本では伝統的に、街中にヨーロッパのような広場をつくってこなかったこともあり、「道」が貴重な公共空間として機能してきた面がありました。市《いち》も立ちましたし、子どもの遊び場でもあったし、近隣の人たちの交流の場でもあったわけです。それが自動車

資料1

日本の登録自動車数の推移

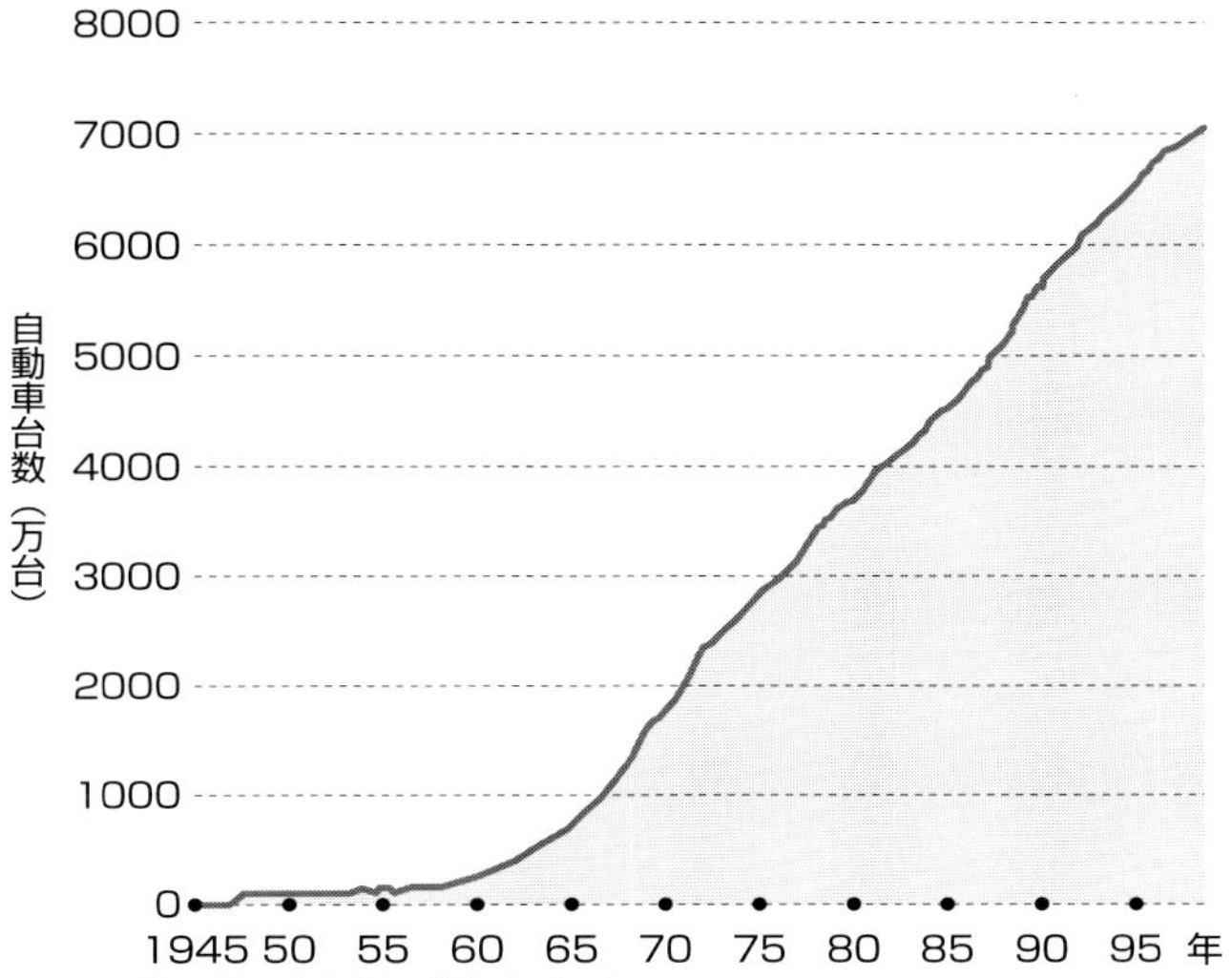

社団法人日本自動車工業会データより

の時代になると、「道」は自動車をなるべく多く効率的に走らせることだけを目的に運営されるようになりました。そのため子どもが遊んだり、人々が集う公共空間の役割を果たさなくなったわけです。

同様に住まいの景観もずいぶん変わりました。アメリカの住宅を見ると、だいたい家の真ん中に大きなガレージドアがあって、それが家の顔のようになっていますが、最近は日本でも同じような状況が生まれています。私が住んでいる京都などは、間口の狭い家がけっこう多いのですが、どの家の前にも車がデンと止まっている。今やどこの家庭でも、車の駐車スペースが居住空間のなかで相当に幅をきかせているというのが実態だと思います。

車で成り立つ現代消費社会

そうした生活上の変化もさることながら、自動車が私たちの社会に与えたインパクトとしてさらに大きいのは、生産、流通、消費、廃棄という消費社会を成り立たせているサイクルのすべてが、今や完全に自動車依存型に変わってしまったことです。その象徴ともいえるのが、日本で開発された「ジャスト・イン・タイム」[※1]と呼ばれる生産方式です。この方式を導入すると、ご承知のとおり非常に生産効率が上がるわけですが、これは在庫費用の削減を、道路交通への負荷を高めることによって成り立たせている。つまり在庫を道路に肩代わりさせることで、生産効率を上げているわけです。同じようなことが流通業界にも見られます。コンビニなどでも在庫を持たない仕組みになっていますが、これは昔の小売店では考えられなかったことです。靴屋さんがその典型ですが、昔の小売店にはたいてい裏に倉庫があって、靴の種類を選ぶと店

1 **ジャスト・イン・タイム（Just In Time=JIT）**
「必要なものを、必要なときに、必要な量だけつくる」トヨタ自動車の（考案した）生産方式。「カンバン」という生産指示票を用いて生産工程全体を管理し、工程間在庫を最小限に抑える生産方式で、その究極の形は完全受注生産である。

員が倉庫から合いそうなサイズの靴を数足持ってきて足に合わせ、売っていました。ところが、コンビニでは、基本的に商品はすべて店頭に並べてある。これは受発注と配達車の運行を情報システムで集中管理して、在庫を最小限にコントロールしているわけです。このように、今ではあらゆる産業分野がモータリゼーションの進展に合わせた業態を志向するようになり、それにともなって生産、流通、消費、廃棄のすべてが自動車依存型に変わってしまったのです。

共有された都市空間の消滅

　その結果どうなったかというと、住宅街が都心部からどんどん出ていき、それを追いかけるように小売業も出ていき、郊外の様相が一変しました。幹線道路沿いではいわゆる「ロードサイド・ショップ」[※2]が展開され、大きな駐車場を備えた大型店が乱立するようになった。そして、これらの大型店が駅前の旧商店街などと競合した結果、昔賑わっていた中心市街地が徐々に衰退し、都市の空洞化が深刻な社会問題となりました。ちなみにアメリカでは、同じように郊外に人が出ていったことで、労働力の供給マーケットも郊外にシフトし、ホワイトカラーの仕事が郊外化するといった状況が生まれています。この傾向は日本ではまだほとんど確認されず、北海道でひょっとしたら起こり始めたかなという程度ですが、小売業などの進出にともない、郊外での雇用機会がかなり増えたことは確かだと思います。

　都市部の社会変化と交通の関係でいうと、この数十年で女性の雇用が増えたこともあり、通勤人口がさらに高まったことはきわめて大きな変化だと思います。そのため昼間は、郊外がゴーストタウン化しました。これは通勤が出現した時点で予測されたことですが、女性の社会進

2
ロードサイド・ショップ
(Roadside Shop)
郊外の幹線道路沿いに立地する小売業。自家用車での来客を前提としているため、大型駐車場の完備が必須条件となる。

出によって、職住の分離がいっそう加速されたわけです。その結果、これまで機能していた居住地ベースのコミュニティの存立基盤がなくなり、徐々に姿を消していくことになりました。おのおのが仕事を通じて社会的役割を持ったわけですから、その意味においては、これは悪いことではありません。おのおのの生活も決して貧しくなったわけではなく、むしろ非常に豊かになってきています。しかし、居住地ベースのコミュニティが機能しなくなったがゆえに、コミュニティの維持に必要とされた公共空間もまた、姿を消すことになったわけです。（資料2「京阪神都市圏市区町村の一九五〇年を一〇〇とした人口の変化」）

これは結局、我々の実生活上の「公」と「私」のバランスが、この何十年の間に「私」のほうに大きく傾いたということだと思います。一人ひとりが豊かになってくると、今までは大勢で共有せざるをえなかったものを私有できるようになる。お風呂などはその典型です。余談になりますが、私は西陣の町家に住んでいまして、この家はもともと織屋さんの屋敷でした。昭和初期に建てられた、なかなか立派なお座敷も付いているような家なのですが、入居したときはお風呂がなかった。前の住人は、それなりに豊かな人たちだったと思いますが、当時の人たちは皆さん銭湯に通っていたわけです。それが今では、学生でもユニットバスが付いたワンルームマンションに住むようになった。同様に、昔は夕方暑いと散歩をしたり、表に水をまいたり、床几《しょうぎ》に座って将棋を指すといったイメージがありますが、今では誰もが部屋に閉じこもって、エアコンをかけて暮らしています。近隣の人たちと触れ合えるような、身近な公共空間がどんどん姿を消して、誰もが私的空間に閉じこもって暮らすスタイルが定着したわけです。

町家が連なるしっとりとした旧市街地（京都）

資料2

京阪神都市圏市区町村の1950年を100とした人口の変化

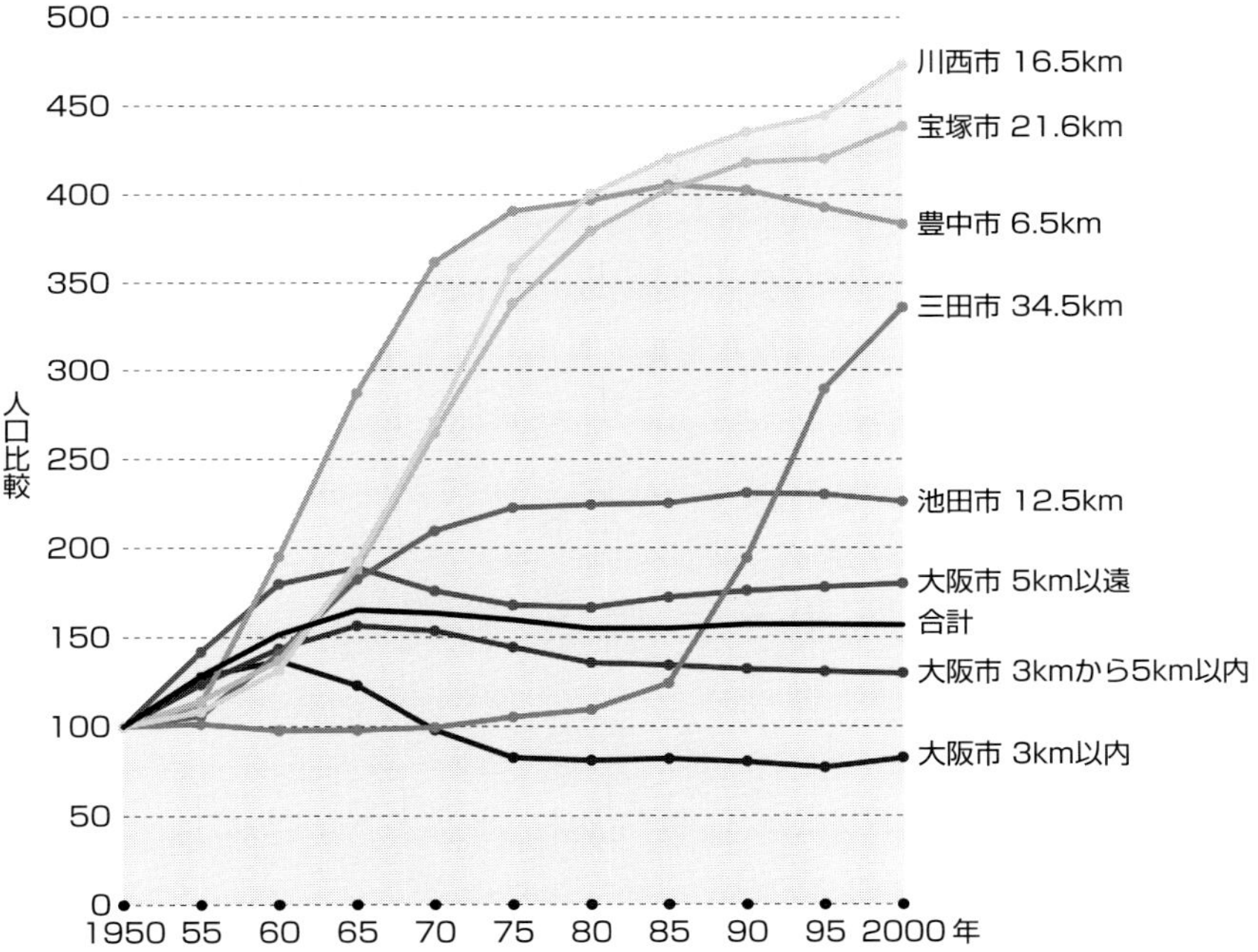

京阪神都市圏の外延化は上の図に見て取れる。1950年の人口を100とすると，大阪市の区の人口は（図では都心から3km以内、3kmから5km以内、5km以遠に分類されている）60年代まで増加したものの、その後減少に転じている。
都心に比較的近い豊中市や池田市の古い郊外ではより大きな増加率が見られるが、やはり75年あたりで頭打ちとなっている。一方、より郊外にある川西市や宝塚市では2000年にいたるまで増加が続いている。最遠部の三田市では80年代から急激な人口増加が見られる。

Kitamura, R. and Y.O. Susilo (2005) Is travel demand insatiable? A study of changes in structural relationships underlying travel. Transportmetrica, 1(1), 23-45より

自動車の普及がその流れをつくる要因だったとすると、今のお話は自動車文明の本質を考える上で重要なご指摘ではないかと思います。その点についてもう少しご意見をいただけますか?

自動車が個人の自由、自立を体現

私自身は、こうした「公」から「私」への流れと、自動車の爆発的な普及とはやはり無関係ではないと考えています。そのことを考える前提として、そもそも自動車がどのような特質を持った乗り物であるかということを、もう少し整理してみたいと思います。

まず、自動車が我々の生活を非常に便利に、豊かにしてきたことは疑いのないことです。鉄道や船、航空機などとの違いでいえば、自動車は移動する本人が車両を買って、保有し、運行するための労働力も、時間も、自らが提供して成り立つ乗り物です。その点で公共にあまり負担をかけない、非常に「私」的な交通手段であるといえます。また、自動車を使えば誰もが行きたいときに、行きたい所へ、自由に移動できる。そうした「随時性」といいますか、人間の自由、自立を体現した交通手段が自動車であり、これがいちばん重要なことだろうと思います。アメリカなどを見ても、自動車と人間の自由、自立を結び付けて考える傾向が強く、人は誰でも好きなときに、好きなように移動できるべきである、それを実現するために自動車がある、というとらえ方をしています。アメリカで混雑料金などに対する抵抗があれだけ根強いのも、背景にそうした思想があるからだといえます。

もう一つ、高価な「財」は普通、家の中に置かれているものなのに、自動車だけは家の外に出して使い、衆目を集める「財」だということです。どんな高価な絵画や住まいであっても、

東京モーターショーでニューモデルに魅入る人々

それを持って歩いて見せびらかしたりはできませんが、自動車なら格好よく走れば、みんなが振り返ってくれるわけです。こうしたほかとは異なる次元の魅力を持つ「財」であることが、人間のイマジネーションを刺激し、乗る人に夢を与えてきました。これも自動車ならではの特徴であって、自動車なら自分の価値観を投影できるが、鉄道などの公共交通ではそれができないということです。もちろん、鉄道なども登場したばかりの頃は、普通の人々の移動、とくに女性の長距離移動を容易にした点など、大きなインパクトがあったと思いますが、自動車には「自動車文明」という言葉が使われるのに対し、「鉄道文明」という言い方はしません。この違いが出てくる最大の理由は、自動車は私有されるものであり、個を表現する手だてにもなる、というところにあるのではないか。それが自動車という乗り物の本質的な魅力、価値であり、一方で先ほど指摘したような「公」から「私」への流れをつくった要因でもあると思います。

「私」に流れる「公」を取り戻すために

評論家の日高六郎[※3]さんは、この問題について、戦争中は「滅私奉公」であったのが、今は「滅公奉私」の時代になっているという言い方をされています。最近の言葉でいえば、自己チューということでしょうが、だんだん世の中が自分中心主義に変わってきて、世相にそういうことが非常に強く反映されているように思います。そこに市場主義が追い打ちをかけたことで、私的な領域の比重がどんどん膨らみ、一方で公共的な空間、あるいは公共的な社会習慣がどんどん姿を消してしまったのです。

私自身は、人間の幸福ということを考えますと、この状況はあまり望ましいことではないよ

3 日高六郎
社会学者。国際文化会議の代表を務め、部落解放運動などの市民運動に参加。主な著書は『戦後思想を考える』『私の平和論―戦前から戦後へ』など。

うな気がしています。というのは、人間にはまず眠る、食べる、再生産するといった欲求があって、それが満たされると、今度は生活をさらに豊かにするために付加価値を持ったモノが欲しくなる。そしてその欲求も満たされてくると、最後に「自己実現」という欲求が出てきます。眠る、食べるというのは個人の生存にかかわる身体的ニーズですが、「自己実現」というものは、一人で何かやっても意味をなさないわけで、非常に社会的な欲求であるといえます。人間の欲望が最後にそこに向かうということは、人は私的な領域にとどまっていては、幸せになれないということではないか。その意味で今の「公」から「私」への傾斜は、必ずしも望ましいものではないと思うのです。

しかし、そこのところは、私は楽観的に考えています。というのは最近になって、別の兆候も表れてきていると感じるからです。阪神・淡路大震災[※4]では、多くの若者がボランティアとして救援活動に参加しました。また、最近はＮＰＯなどの活動にも若い人の参加が増えています。ブランド品を持つことだけでは飽き足りないといいますか、もっと別の価値観でもって生きていきたいと考える若者が、今、確実に増えていると感じるのです。もしそうであれば、ボランティアという「自己実現」が公的領域の活動に結び付いていくような、そういう活動を増やしていくことが、「私」に流れる「公」を取り戻す一つの方向ではないか。その意味で、少しずついい兆候が表れているということです。たとえば、京都でパーク&ライド[※5]の実験をすると、趣旨に共感し、参加してくれるのはやはり若い人が多い。カップルや大学生たちがやって来て、車を止めて、歩いて市内観光に出て行きます。若い人たちの間では、そうした公的なものに対する意識が変わりつつあると思います。今後はこうした気運を盛り上げ、もう一度「私」から

4 阪神・淡路大震災
一九九五年一月一七日午前五時四六分に発生した淡路島北部を震源とする直下型地震。マグニチュード七・三で、最高震度は七を観測した。死者六四三四名、家屋の全半壊約二五万棟、被害総額約一〇兆円。国内では戦後最大の震災となった。

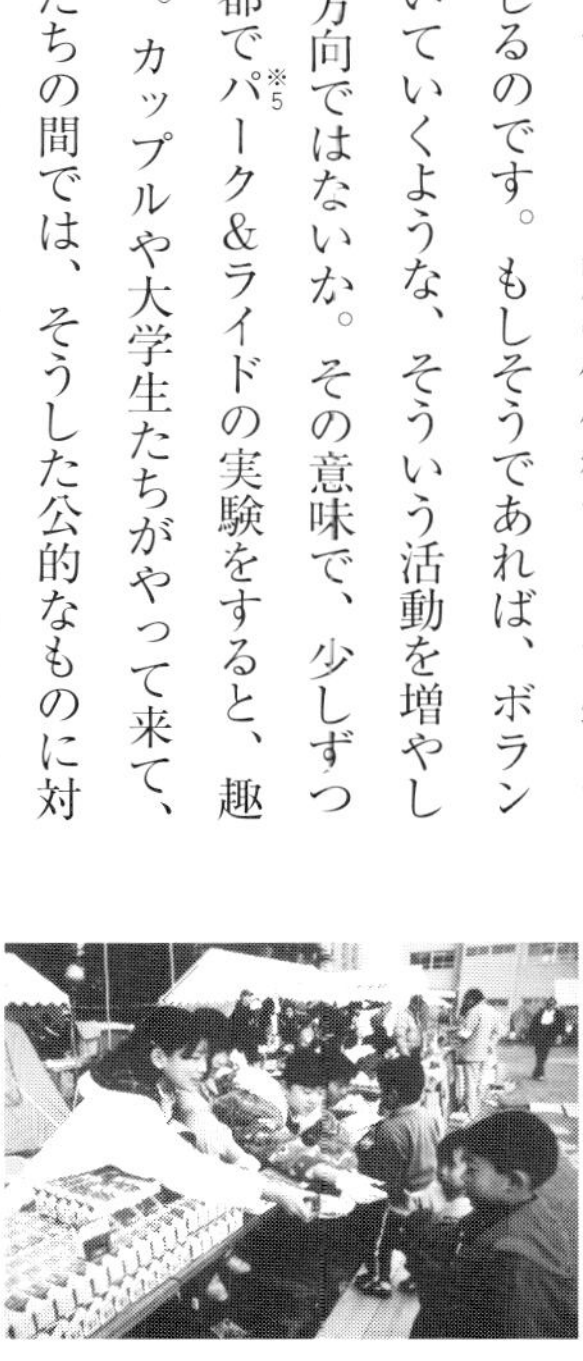
毎日新聞社提供

「公」へと世の中を逆転させていくことが、大切になってくるのではないでしょうか。

モータリゼーションのジレンマ

自動車依存型となった現代社会において、環境問題や交通混雑の問題など、とくにその課題が集中しているのが都市交通の問題だと思います。そもそも都市交通の課題の本質とは何か、今後それを乗り越えていくために、何を変える必要があるのか、ご意見をお聞かせください。

自動車交通は都市向きではない

自動車という交通手段が、なぜ我々の生活にこれだけ大きなインパクトをもたらしたかというと、それは自動車が非常に有益な文明の利器だからです。便利だからこそ、誰もが手放すことができず、その結果生じるジレンマを誰も解消することができないまま、現在もなお続いているわけです。しかし、ここへ来て中国、インドの自動車保有台数が急激な伸びを示し、中国の石油消費量がすでに日本を抜き去りました。（資料３「日本・中国・インドの自動車保有台数の推移」）これらの国は、広大な国土と巨大な人口を抱えていますので、これから自動車依存の割合がさら

5
パーク＆ライド（Park & Ride）
最寄駅まで自動車で行き、駅周辺の駐車場に止めて（＝park）、バスや電車など公共交通機関に乗り換える（＝ride）ことで、都心部での自動車交通の渋滞緩和、環境負荷の低減を図る交通政策。京都市、鎌倉市、広島市など、最近は多くの自治体で導入されている。

に高まれば、国際的に非常に大きな問題になることは目に見えています。が、そこで自動車を使うなとは、我々がいえた義理ではないわけですから、地球温暖化や化石資源の枯渇などの問題を考えると、これから非常に深刻な、先鋭化した問題が生じることは避けがたいと思います。

（資料４「国別二酸化炭素排出量の推移」）

この問題を解決するためには、従来の自動車文明とは異なるオルタナティブな自動車社会のあり方を、今から本気で検討する必要があります。それは従来の自動車の利用法とは異なる発想による、もう一つの自動車社会ということになります。そうした社会を考える上でまず指摘したいのは、自動車は本来、都市、とくに高密度な大都市にふさわしい交通手段ではないということです。そこをボタンのかけちがえといいますか、勘違いしてしまって、近代都市においては自動車が主要な交通手段でなくてはならないという固定観念にとらわれてしまった。そのため、都心部に高速道路を一所懸命つくり、道路混雑や交通事故の対策も一所懸命にやって、より多くの自動車が走れるようにしようと躍起になってきた。ところが、自動車には、高密度、大量輸送には適さないという致命的な欠陥があるため、結果として膨大な土地と資源を消費しながら、道路建設と交通量増加のいたちごっこの罠にはまるという状況になっているわけです。

自動車偏重のロサンゼルス

東京をはじめとする日本の大都市もみんなそうですが、都市と自動車の問題がいちばん露骨に顕在化している例はロサンゼルスです。ロサンゼルスの土地利用の実態を見ると、駐車場や道路など、自動車交通にかかわる土地が都市面積のほぼ半分を占めている。これに自動車ディ

都市では機能しない自動車

資料3

日本・中国・インドの自動車保有台数の推移

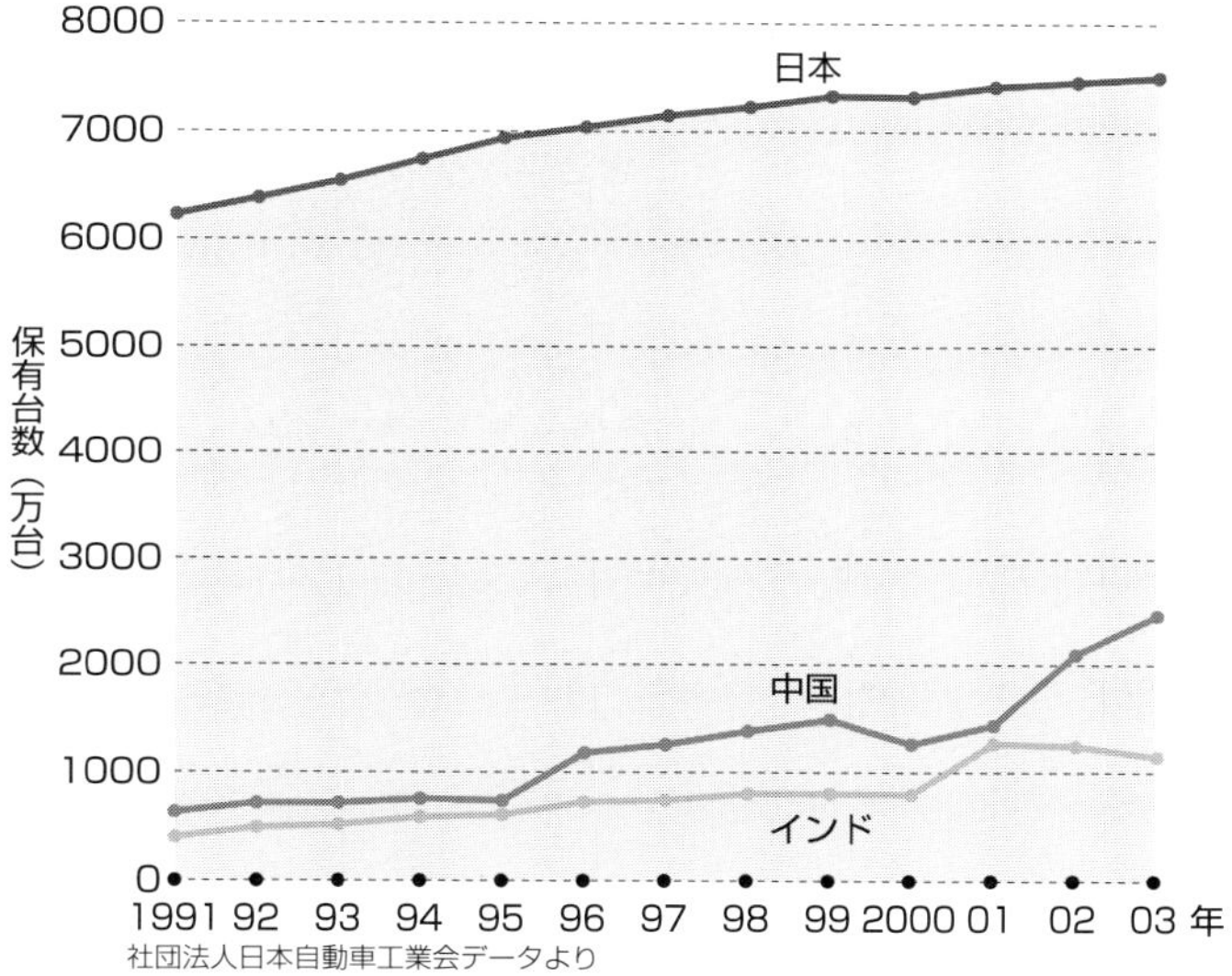

社団法人日本自動車工業会データより

資料4

国別二酸化炭素排出量の推移

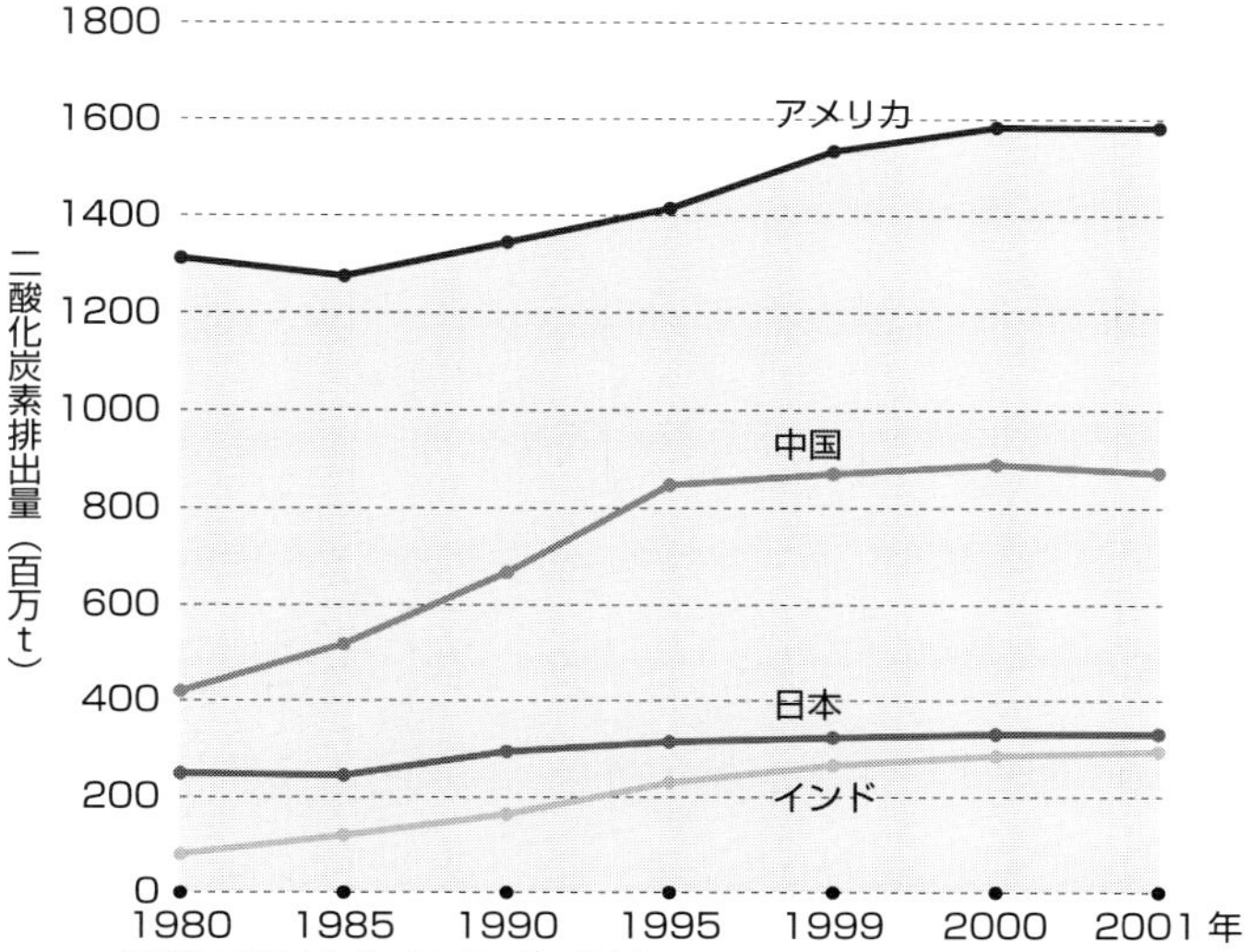

財団法人省エネルギーセンターデータより

ーラーや、修理工場の敷地面積などもすべて足すと、だいたいロサンゼルスの三分の二が自動車関係で占められているといわれています。都市面積の三分の二を自動車のために使って、混雑のない快適な交通社会が出来上がっているかというと、まったくそうなっていない。道路混雑を避けるために毎朝三時に起きて、四時には家を出て通勤するというような生活が恒常化しているのです。

以前、世界各国の都市圏の地図を同じ縮尺で縮めて、横に並べて比較してみたことがあります。そうしますと、ロサンゼルスの面積と、オランダの四つの主要都市ロッテルダム、アムステルダム、ハーグ、ユトレヒトを合わせた面積がだいたい同じですが、オランダは農地が六〇%近くあるのに対し、ロサンゼルスは、ほとんどが市街地一色でした。しかも自動車関連で半分以上の面積を占めているとなれば、ロサンゼルスの環境の悪さは推して知るべしです。オランダの農地は、牛が放牧されているような干拓地ばかりですが、国がほかの用途への転換に規制をかけており、都市化が相当抑制されている。両地域とも人口は一四〇〇万人程度でほぼ同じであり、モータリゼーションの洗礼は当然オランダも受けているのですが、このように都市のあり方が決定的に違うわけです。

ロサンゼルスの例は極端だとしても、日本の都市でも大なり小なり、こうした自動車偏重の傾向が見られます。その結果、もともと自由、快適を求めて自動車を使っていたはずなのに、みんな渋滞にはまって、自由度も快適性も最悪といった状況に陥っている。

しかし、こうした問題は、実は解決しなくて当たり前なのです。大都市の交通需要を自動車だけで満たそうとした発想にそもそも無理があって、それに気づくのに時間がかかり過ぎたと

慢性化して解決の糸口が見えないＬＡの道路渋滞

いうことです。最近ではTDM※6（Transportation Demand Management）といって、自動車交通の分散化を図るなど、利用者の交通行動の変更を促すことで混雑解消を目指す動きも出てきましたが、学識者がTDMの必要性を言い出したのは九〇年代に入ってからで、国の政策に反映され始めたのもその頃からです。戦後四〇年、ある意味では無駄な営為を重ねてきたともいえるのです。

自動車の輸送能力の限界

では、なぜ自動車は高密度の大都市に合っていないのか。理由は非常に簡単で、自動車は密度の高い大量輸送ができない乗り物だからです。四人が快適なシートに座って、トランクもあるという容積で移動すれば、高密度輸送などできるわけがないことは直観的に理解できると思います。たとえば、高速道路の一車線を最適な条件下（快晴、直線道路、通行車両はすべて乗用車、視界良好）で流れる車の台数は、だいたい一時間に二〇〇〇台強です。一台に乗っている平均人数は一、二人程度ですから、これだと三・五m幅の高速道路を使って、一時間あたり二五〇〇人前後が移動しているに過ぎないことになる。山手線の一編成が一一両で、一両に平均一三〇人乗れるとすると、一編成あたり一五〇〇人弱となり、これが一時間走ると相当な人数を、相当な距離運ぶことになる。一概にはいえませんが、自動車に比べると鉄道は六〇倍の人を運べるとするデータもあり、輸送能力に相当な違いがあることは確かです。（資料5「圧倒的な鉄道輸送力」）

なぜ、自動車の輸送能力は限られているのか。その例として、ベルトコンベアの片一方の端

6　TDM（Transportation Demand Management）
交通需要管理。道路利用者の時間変更や経路の変更など、自動車の利用方法を工夫することで交通需要を調整し、道路交通混雑の緩和を図る交通政策。

からポテトを並べて、もう一方の端で麻袋に受けるという作業を念頭において、どうしたらポテトをよりたくさん運べるかを考えてみます。二つ方法があって、一つはポテトをできるだけ密に並べること。もう一つは、ベルトをなるべく速く回すことです。どちらでもポテトの数は増えますから、両方できればより効率的になる。ポテトを密に並べ、ベルトをものすごく速く回すと、どんどん麻袋に落ちていきます。しかし、自動車の場合は、ポテトのようになるべく密に並べて、かつベルトを速く回すことができないのです。ポテトをたくさん並べるとは、車の間隔が非常に密になることであり、すなわち渋滞を意味します。ベルトを速く回すとは、自動車のスピードを上げることですが、車間が詰まってくると、どうしてもスピードを落とさざるをえなくなる。なぜかというと、人間は関西弁でいえば、いわゆるドンクサイ生き物だからです。ネズミが運転すれば違うと思いますが、人間は反応速度が遅く、認知してから判断、操作するまでに二〜二・五秒近くかかってしまう。イチロー選手のような反射神経の

資料5

圧倒的な鉄道輸送力

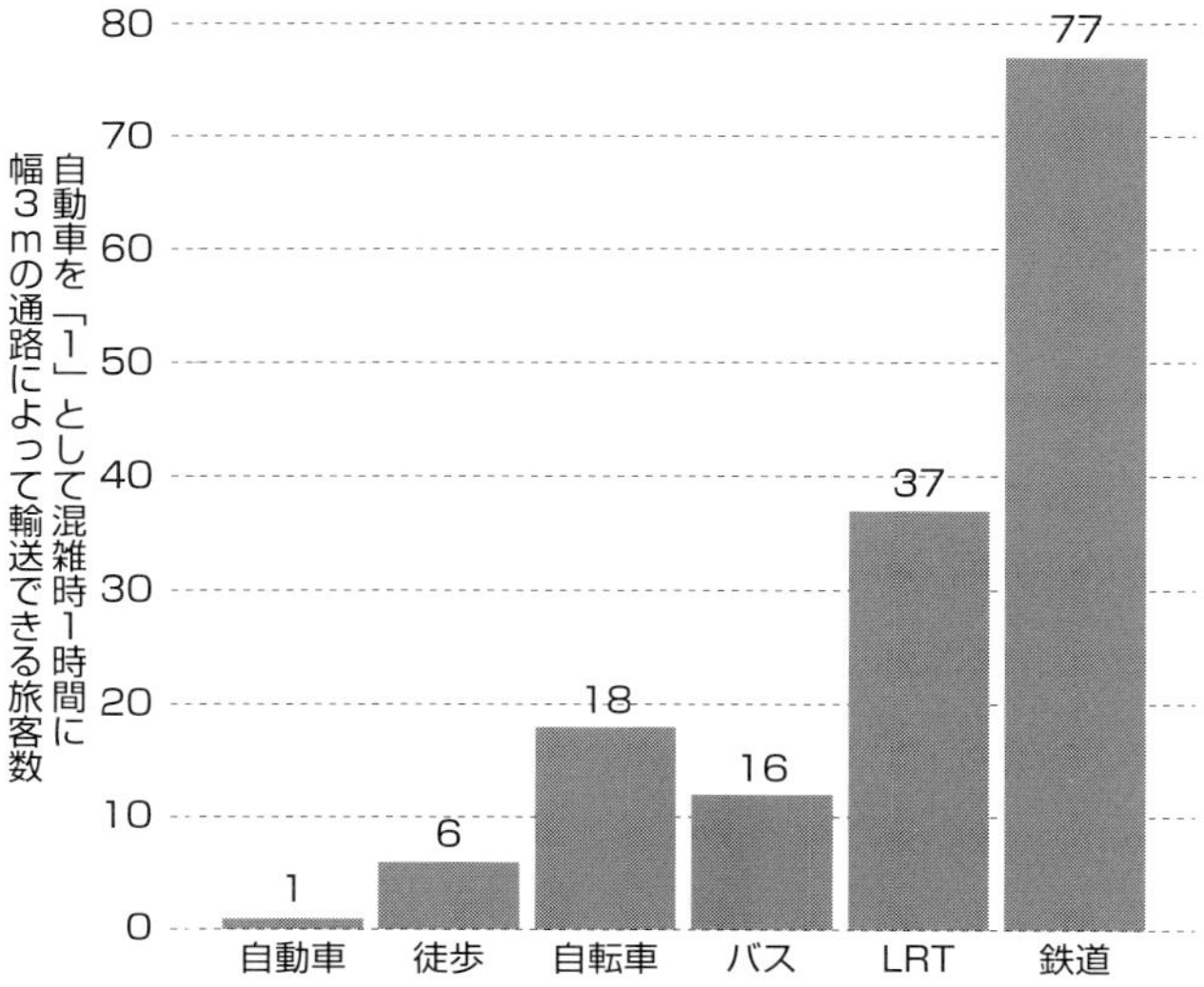

持ち主なら、反応速度がもっと縮まるかもしれませんが、普通の人間はそうはいかないわけです。結局、車の台数が増えてくると必然的に速度は下がる。その最悪の状態が高速道路の大渋滞だといえます。あれはベルトが止まった状態ですから、ポテトをいくら密に並べても、ぜんぜん流れていかないのです。高密度な大都市が自動車の混雑問題を解決しようと、いろいろと対策を練っているわけですが、本質的には解決不可能な問題だと思います。

交通混雑は社会的ジレンマ

もう一ついえることは、交通混雑自体が、典型的な社会的ジレンマの問題であるということです。社会的ジレンマとは、個々人にとってはいいことであっても、それをみんなが実行すると、悪いことに変わってしまうようなことです。よく引き合いに出されるのが、コモンズ、いわゆる入会《いりあい》のパラドックスですが、農家がみんなで入会地《いりあいち》を持って、そこで牛を育てているとします。おのおのの農家が牛の数を増やせば、その分一軒ごとの収入は増えます。しかし、そう思ってみんなが牛を増やし過ぎると、牛が牧草を食い尽くして入会地がつぶれ、全員の収入がなくなってしまうというわけです。この矛盾は、自動車が非常に便利だからといって、みんなが無闇に使い過ぎると必然的に道路混雑が起こり、結局利用者全員の利便性が損なわれてしまうことと似ています。根本的な解決策がないわけで、道路混雑は社会的ジレンマだといった理由はまさにそこにあります。

たとえば、東京で自動車通勤をしている人たちが、週一日だけ自動車通勤をやめるというルールをつくって実行したら、ひょっとしたらかなり交通状況が変わるかもしれません。週五日通勤として、一日だけやめると交通量も二〇％減ることになり、これだけでもかなりの混雑緩和が期待できます。しかし、悲しいことに、人間はどうしても利己的に走ってしまう生き物であり、そうしたルールができても抜け駆けをする人が次々に出てきて、実際にはなかなか難しいわけです。

実は、交通混雑の問題を抜本的に解決するいちばんの方法は、自動車運行をすべて自動化することです。人間の運転はいい加減ですから、ゆとりもないし、しょっちゅう判断ミスを犯しますが、自動化するとそうした心配がなくなり、高密度な走行が十分可能になります。自動走行専用レーンをつくれば、現在三・五ｍある車線の幅員が二ｍぐらいで収まるようになり、二車線道路を三車線で使えるようになると思います。加えて、たとえば二秒間隔で車を並べ、一〇〇km の速度で飛ばすことなど今まではできなかったのですが、それもできるようになる。そうすると先ほどのポテトを密に並べて、ベルトを速く回すことが可能になるわけで、これが交通混雑の決め手となる可能性は高いと思います。ただし、高速道路がそうなっても、一般街路をどうするか。また、二秒間隔で一〇〇km の速度で都市に流入する車を、いったいどこに駐車させるかといった問題があり、なかなか簡単にはいきません。しかし一つの方法として、大きな可能性を秘めていることは確かだと思います。

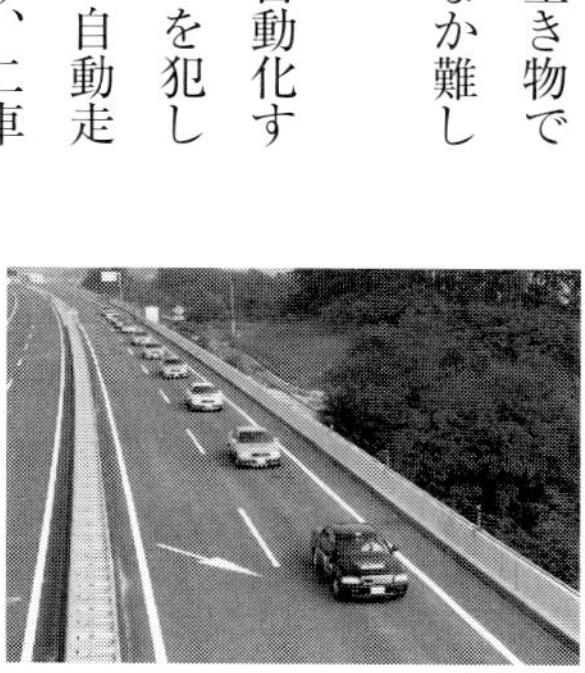
運転自動化の実験
（財）道路新産業開発機構提供

ポストモータリゼーションの時代へ

では、私たちが今日の自動車文明の課題を乗り越え、よりサステイナブルな交通社会を築いていくためには、何を、どのように変えていく必要があるのでしょうか？　二一世紀の「都市」が目指すべき方向性と、そのなかでの「交通」のあり方について、ご意見をお聞かせください。

都市と自動車を分離せよ

新しい自動車文化を考えるにあたり、まず、都市と自動車を分離するという発想が必要だと思います。環境負荷の小さい、二一世紀型のサステイナブルな自動車文明の構築は、そこから始まるのではないかと考えています。逆に、都市以外のところでは、農業などの第一次産業を重視した地域づくりをしていく。これからは第一次産業の重要度が増してくると思いますから、都市と非都市の役割分担をはっきりさせ、非都市部には可能なかぎり土地を残しておくという発想も大切だろうと思います。

日本では今、都市そのものが非常に中途半端なことになっていて、高密度に住み、非常にエネルギー効率のいい生活を志向する人々を十分満足させているわけでもなく、かといって、大きなスペースとエネルギーを消費する志向の人々も十分満足させていないという、宙ぶらりんな状態にあります。これからは中間ゾーンを含め、地域の性格付けをもっとはっきりさせていく必要があると思います。その上で、戦後のモータリゼーションがもたらしたような、都市が無制限に外に広がっていくようなあり方は、二〇世紀で終わりにする。都市と非都市、あるいは市街地と農地がきちんと峻別された、メリハリのきいた国土形態を目指していく必要があるということです。

また、都市と自動車を切り離すということは、都市内では自動車なしで生活が成り立つ仕組みをつくるということでもあります。やはり都市というものは、住む人にとって快適であり、魅力がないと誰も寄り付きません。そこで重要になってくるのが、都市内での移動手段の充実です。誰もが不便なく使える公共交通を投入する必要がありますし、歩行空間の質も、これまで以上に高めていかなければなりません。

公共交通については、最近よく「都市の装置」という言い方がされています。魅力ある都市では公共交通が不可欠の要素であるという意味において、これは実に的を射た表現だと思います。移動のための装置と聞いて、まず思い浮かべるのはデパートなどにあるエスカレーターやエレベーター、駅などにある動く歩道だと思いますが、これらに商業施設や駅のターミナルでは、まさに不可欠な移動装置として機能しています。しかも、これらはすべて無料で利用できるわけで、公共交通についても同様の発想が成り立つのではないかと思います。仮にデパートの売り場を、一本の道路に沿って並べたとしたら長大な商店街になると思いますが、そこで必要となるのはエスカレーターや動く歩道ではなく、シャトルバスなど、平面移動のための装置、

東京・恵比寿ガーデンプレイスへとつづく「動く歩道」

すなわち公共交通です。そう考えれば、これが無料であってもおかしくない。これらが都心部の公共空間としての質を高める装置として機能するならば、その運営を公的に補助するための合意形成も難しくないと思います。そういう発想で独立採算、受益者負担のルールにとらわれることなく、柔軟に公共交通の可能性を考えていくべきでしょう。

歩行空間についていえば、最近の駅前広場などはもう歩行空間と呼べる状況ではありません。たとえば大阪の梅田駅などを見ても、地表の道路はおおむね自動車が占領してしまい、歩行者はみんな地下へと追いやられています。しかもその地下空間は、通路と商業施設だけで成り立っていて、通路にはベンチや、人の溜まり場などの仕掛けはほとんどありません。これは地下街にかぎらず、最近の道路環境全般についていえることで、これでは人に立ち止まるなといっているようなものです。交通の結節点には広場や公園を、通路にはベンチや水のみ場を、そして道路自体にも、人が集えるような公共空間としての機能が必要なわけで、もっとみんなで知恵を出し合って、魅力ある歩行空間の可能性を探っていく必要があると思います。

では、このような都市空間のなかで、自動車はどうなるかというと、今後は移動困難者や緊急時の輸送、物流などの用途にかぎられていくと思います。自動車は基本的に、非常に密度の低いところでの、好きなときに好きなところへ行ける需要に対応した乗り物ですから、毎日決まった時間に、決まった方向へ移動するだけの「通勤」には不向きです。通勤はある意味で、非常に束ねやすい交通行動ですから、今後はなるべく公共交通に担わせるように仕向けていく。都心に向かっては自動車以外の公共交通で、外に向かっては自動車で、という使い分けを徹底させていくことが重要です。

自動車のもう一つの可能性は、共同利用です。最近、そうした実験がいろいろなされていますが、もともと自動車というのは私有財であり、自己実現の道具でもあることを思えば、「共有」という新しい考え方は、ある意味で革命的な概念だと思います。しかし、私有車と比べれば、やはり不便なことは否めませんし、何よりも私有財から共有財への転換は、利用者の側に根源的な発想転換を要請しますから、定着させるのはなかなか難しいかもしれません。ただ、実現すれば、自動車の総量の削減、資源の節約、CO_2排出量の削減につながるなどメリットが大きいですから、今後も実験を通じて可能性を探っていく意義はあると思います。

都市と非都市とのメリハリを

非都市部の交通については、アメリカなどに比べると、日本のモビリティはまだかなり低いと思います。いわゆる地形の問題があるにしても、国全体で密度が高い割には都市間の交通インフラがまだ不十分です。単なる産業道路ではなくて、もっと長距離モビリティを楽しめるような道路があってもいいと思いますし、そうした道路ができてくると、日本人の行動範囲はもっと広がっていくはずです。これからはそうした視点も考慮してインフラ整備を進めていくべきだと思います。

また、都市部と非都市部との境界領域をどうするか、中間ゾーンの中小都市圏をどうするかという問題もあります。こうしたゾーンについては、もっとそれぞれの役割をはっきりさせ、中途半端なところを減らしていくという考え方が必要です。これまでの都市計画、あるいは交通計画の弱点は、そのあたりのメリハリをきかしてこなかったことです。公共交通にしても、どこでも平等に走らせないといけないということで、密度の低い地域でも、高い地域でも同じようにバスを走らせる。その一方で非常に高密度な都市部でも自動車を走らせたいという、あれもこれもの政策をやってきたわけです。今後は、もう少し交通手段ごとの特性を考慮して、ターゲットを絞った政策を進めていく必要があると思います。

もう一つ付け加えたいのは、これから脱自動車の方向に向かったとしても、一定の負担を負う人については、自動車利用を認める仕組みをつくってもいいということです。なぜかといえば、今の都市のように、隣と三〇cmぐらいしか間隔がないようなところで住むのはいやだという人がいるだろうし、自動車が好きでたまらない人もいるわけです。そういう人にも選択肢を与えることは、やはり大事なことではないかと思うのです。その代わり、応分の費用負担をしてもらう。スペースをより多く使用して、資源もより多く消費するようなライフスタイルになるわけですから、公平性の観点から、それに対する課税なりを行ってしかるべきだと思います。それを承知の上でスペースを消費する、石油を消費するという人に対しては、「それをやってはいかん」というべきではないでしょう。ある程度の柔軟性も持たせながら、サステイナブルな自動車社会の構築を進めていくということです。

過疎地の交通インフラの確保

非都市部の話に関連して、過疎地の交通の問題についても少し触れておきます。現在、少子高齢化、人口減少にともなう過疎化の進行が懸念されていますが、交通の問題についていえば、過疎地のような人口密度の低い地域こそ、クルマの恩恵をもっとも受けやすい地域であるとい

両側が雪の壁に覆われた新潟県・津南町の道路

共同通信社提供

えます。つまり、自動車という低密度な地域に適した乗り物を最大限に活かせるのが過疎地であり、まずはこのことを念頭において交通政策を考えていくべきでしょう。では、その際に何が課題になるかというと、高齢のために運転できなくなる人など、今後増加が予測される交通弱者の移動手段をどう確保していくかです。

これは旧来の公共交通の考え方、すなわち、都市型バスのような固定的な運行経路による公共交通では、解決はまず不可能だと思います。もっと柔軟に運行できるバス、需要対応型のデマンドバスに切り替えていくことが重要で、運営形態についても、たとえばＮＰＯで運営する、地域通貨を使う、場合によっては物納による料金支払いも認めるといった柔軟性が必要になってきます。また、雇用形態もフルタイムの雇用だけでなく、パートタイムでも働けるような環境を整えていく。バスもミニバス化するとか、個人のワゴン車なども活用できるようにすべきでしょう。ただ、これには白タク禁止の壁がありますから、こうしたセルフヘルプの公共交通を実現するための法整備なども進める必要があります。

こうした環境整備によって、なるべく運賃を安く維持したまま、個別的、分散的な交通需要に柔軟に対応していくことが求められます。そのためにはまず、自分たちの地域の交通をどのように整備していくか、行政と市民の側がしっかりと議論してビジョンを共有しておくことが前提になります。

もう一つ問題になるのは、過疎地の道路インフラの整備をどう進めるかです。費用対効果からすれば、過疎地の道路整備の効率が悪いことは、これはもうはっきりしています。しかし、公共事業は無駄という声が大きいなかで、最近は公共事業そのものが否定される風潮さえあり

バス利用促進に向けて運行を開始した高知県・中村市のデマンドバス

ますが、果たしてそうでしょうか。過剰な道路建設は、もちろん抑制する必要がありますが、実際には全国を見渡してみても、まだまだ道路整備が不十分なところが多いのが実情です。近年の豪雪や洪水で孤立した集落の例を見ても、道路ネットワークの信頼性をどこまで高め、維持していくかは、経済効率だけでは計れない問題であることを如実に物語っています。過疎地域の道路などは、経済効率を超えたビジョンを持たないと整備などできませんから、これからはどんな道路が必要で、何が必要ないのかをもっとオープンに議論し、地域住民の合意形成を図っていく必要があると思います。

同様に、高齢世帯が多い過疎地では、今後は全村移転を進めたほうが経済的だといったような意見もありますが、これもそう簡単に結論づけられる問題ではないでしょう。高齢者が住みなれた村を捨てて、都市生活に適応できるのか。毎日土を耕してきた人たちが、本当にマンション暮らしに耐えられるのか。そこには経済問題だけでなく、ある種の人道的な問題も絡んでくるからです。こうした問題についても国や県、市町村などさまざまなレベルにおいて、それこそ国民全体を巻き込んだ徹底した議論が必要だと思います。

今のお話のように代替的な交通を考えていくとして、では都市という装置そのものは、二一世紀にはどのような方向を目指したらよいのでしょうか?

豊かな都市空間の創造を

私は、都市の本質とは、「多目的性」と「多様性」によって特徴付けられると考えています。そこは「意外性」の空間であり、「面白い」空間であってほしいと思うわけです。ジョージ・ルーカス監督の『アメリカン・グラフィティ』[※7]という映画には、暴走族的な連中がたくさん出てきますが、彼らは週末の夜には町に出て、メインストリートを何回も車で行ったり来たりしました。それが一つの若者の文化であるという時代があって、今のおそらく団塊の世代の人たちは、そういう文化のなかで育ったのではないかと思います。あれは街のなかでやっているから面白いのであって、まわりに見物人がいないと盛り上がらないわけですが、ああいうエンターテイメントの場、コミュニケーションの場としての魅力こそ、都市の本質ではないかと思います。あの映画では、それを車を乗り回すというスタイルでやったわけですが、これからの都市では、自動車とは切り離した何か新しいかたちで代替していく必要があるということです。

また、都市はこれまで、人をより多く集めたほうが仕事の効率が上がるということで、労働力の集積の場として存在した側面もありました。が、この状況も今は変わりつつあります。私自身、一昔前に学位論文を書いていた時代には、当時のいわゆる計算機センターまで出向いて、毎日そこで作業をしていました。当時はパソコンもモデムもない時代でしたし、そのほうが機材管理にも、勤務状態の管理にも都合がいいということで、人がどこか一カ所に集まって仕事

7
アメリカン・グラフィティ(American Graffiti)
一九七三年アメリカ作品。ジョージ・ルーカス監督、リチャード・ドレイファス主演。一九六二年のアメリカ・カリフォルニア北部の田舎町が舞台。ハイスクール卒業前夜のティーンエージャーの群像を描いた青春映画。

(財)川喜多記念映画文化財団 写真協力

をすることが不可欠だったわけです。それが今では、たとえば、保険の払戻請求書の入力やクレーム処理などは、ＩＴを使えば都市にいなくてもできるようになり、作業の場が分散化されました。そういうことが広範な分野で成立して、今では仕事のために人が都市に集まる必然性がどんどん希薄になっています。

それでは、何のために都市に行くのかというと、一つにはモノや情報のやり取りです。ｅコマースがどんどん普及し、本とかＣＤなどはすでに本屋に行かなくても買える時代にはなりました。それでも都市がなくなるとは思わないのは、友だちに会ったり、サッカーや野球、コンサートや芝居を直接見たりすることの楽しさがあるからです。阪神―巨人戦はテレビで見ているよりも、実際に甲子園に行って見たほうがずっと楽しい。これを私は「臨場情報」と呼んでいますが、感触とか、匂いとか、今のテレコミュニケーションでは運びきれない情報が確実にあり、それがあるかぎり現場に出向くことの付加価値はゆるがないということです。その場にいることの感動、一体感などは、ＩＴではなかなか味わえないわけで、これからの都市でももっとも重要な機能は、そうした部分に求められていくのではないかと思います。

また、これからＩＴ技術がさらに進化すれば、おそらく人々は「嫌なこと」のための移動はやめて、できるだけＩＴで代替していくようになると思います。たとえば、仕事はＩＴで済ませて、「楽しいこと」を求めて出かけていって、人に会ったり、体験する。「楽しいこと」へのアナログ交通は絶対に減らないし、逆にこれからはどんどん増えていくだろうと思っています。

その際、重要なのは、都市には自動車で行かず、公共交通で行ってもらうことです。自動車は、非都市的な目的地への移動手段に特化する。非都市的な場所へ行くのも遊びなわけですが、

阪神ファンで埋まった満員の甲子園球場

共同通信社提供

遊びの欲求は非常に強いですから、活動空間はどんどん広がっていかざるをえない。それをサポートするための道路網が、やがて東アジア圏全体にまで広がっていくのではないかと思います。もちろん、今のような政治・経済状況では、早期の実現は難しいでしょうが、将来的には、アジア・ハイウエー[※8]の一環に日本が位置付けられるという方向になるのではないか。そのためのインフラを東アジア圏という空間で整備していくことが、一つの未来への方向性ではないかと考えています。

空洞化した都市をどうするか

都市の問題でいえば、戦後何十年かの間で都市の外延化が進んだことにより、空洞化してしまった都心部をどう手当てするかというのも大きな課題です。閑散としてしまった中心街に、もう一度人を呼び込む必要があるわけですが、その担い手の一つは退職された方々だと思います。郊外の家を売って都心に戻ってくるというケースを、私のまわりでもこのところよく目にしますが、これはとても望ましい方向だと思います。最近重視されている都心居住の促進という観点からも、これからはバリアフリー対策などをきちんと行って、高齢者など交通弱者の居住空間を都心部に積極的に設けていくべきでしょう。

もう一つの傾向は、若い世代の都心志向です。私は遅かれ早かれ、自動車志向型の郊外文化というのは、みんなに飽きられるのではないかと思っていましたが、その兆しはすでにアメリカで出てきていて、ショッピングモールの売上げが伸び悩むといった状況になっています。最近の若い人たちの消費行動を見ても、普通の音楽ＣＤを買うのは郊外のショッピングセンター

8　アジア・ハイウエー（Asian Highway）
日本、韓国から中東トルコまで総延長約一四万kmを道路網で結ぶ国際幹線道路網構想。新たに道路網を整備するのではなく、既存の道路に共通標識を設置する。一号線から八七号線まであり、すでに約九万kmが整備された。ユーラシア大陸の既存道路をつなぎ、交通の規則や基準を標準化して自由に往来できる環境を整えることをめざす。グローバル化が進むなか、アジア地域の文化交流、経済発展の起爆剤として期待されるが、現実には政治的な理由や、治安上の問題、出入国の簡素化の問題など手続き上の課題も多く、今後のブレークスルーが望まれる。

でも、特殊なもの、個性的なものを買うときは都心部の小さな専門店に行ったりしています。都心は歴史的にいろいろな段階を経て、非常に家賃の安い店舗もあれば、一等地で非常に地価の高いところもありますから、必然的に小さな店と大規模店が混在するような状況が生まれ、「多様性」がある空間となっています。これからは、こうした都市の「多様性」が、逆に人を惹き付けることになるでしょう。

歩くまちを目指す京都

都市の「多様性」ということでいえば、私が住んでいる京都などは、いろいろと救いがあるような気がしています。京都が面白いのは、町家がまだなんとか残っていたり、つい最近まで路面電車が走っていたように、古い文化が今でもかなり存続していることです。自動車が入ってくる以前の日常文化や、交通インフラが残っている点は、京都の強みですから、今後はそうした文化を、もう一度エンパワーする方向に進めばいいのではないかと思います。

実際、京都市では今、「歩くまち京都」をコンセプトにした街づくりを進めています。自動車交通の負荷を軽減しようということで、まずは観光ピーク時の交通量削減の取り組みが進められています。たとえば嵐山では、渡月橋周辺の商店街など、混雑時には時速五㎞以下のノロノロ運転の渋滞になってしまいます。これをなんとかしようということで、各所で一方通行規制をやったり、ＪＲ、地下鉄、京福電鉄の駅前に駐車場を設けてパーク＆ライドを実施。これによって自動車の交通量を、一時間に数百台の規模で減らすことができました。これは一見低い数字に見えますが、実際には街中の道路が一時間、空になったのと同程度の混雑解消になりま

京都・四条通を一筋外れると工業地帯かと見まがう光景

すから、それなりに評価できる数字ではないかと思います。パーク&ライドは、今後は東山地域でも行います。これは清水坂から清水寺へのアクセスを、バスとタクシーのみに限定して、マイカーを排除しようという計画です。

実際、京都という都市は、観光ピーク時にマイカーで来ても混んでいるばかりで、何もいいことはありません。地元にとっても大気が汚染されるだけでなく、マイカーの観光客は立ち回り先が少なく、お金もあまり使わないので、地域経済にもプラスになりにくいのです。ですから京都の人たちは、京都はクルマ向きにできていないというメッセージを、もっと積極的に発信していいと思うし、現にそういう試みも始まっています。また、路面電車についても、京都では再導入の検討を始めています。市の北側にある今出川通りに市電を走らすという構想ですが、これは京都市をはじめ商工会議所や西陣の有志が関わるプロジェクトで、軌道は市が提供し、電車の運用は株式会社が行うという方向で検討されています。

このほか、「歩くまち」としての魅力を取り戻そうということで、河原町通りから烏丸通りへと抜ける三条通りを、趣のある御影石の舗装に変えるといったこともやっています。この界隈は、かつては金融オフィス街でしたが、せっかく趣のあった近代建築の店舗も、最近の銀行の統廃合で空きが出始めたため、こうしたビルを改装して保存し、ショッピングセンターとして再利用するといった取り組みが進められています。すでに三条烏丸では、昔の電電公社の電話交換所を改装したショッピングセンター「新風館」が、四条烏丸では旧銀行ビルを改装してショッピングセンターとシネコンが入る「COCON烏丸」がオープンしており、烏丸通りの人流を取り戻しつつあります。こうした動きをもっと盛り上げることで、京都を「歩くまち」へ

新風館
連結したアーチが美しい京都電鉄ビル西館を改装し、ショッピングセンターとして再利用。

と、徐々に変貌させていきたいわけです。

そのときに重要なことは、行政側の施策ももちろん大切ですが、ＮＰＯなどの民間団体や、市民の力が絶対に必要だということです。こうした運動の原動力になるのは、ただ観光に役立つというだけではなく、観光客が来て楽しい都市なら、住んでいる自分たちも楽しいという発想です。この発想が共有されれば、物事は動き始めます。京都にかぎらず、ほかにも似たような状況の都市はたくさんあると思いますから、今後はそうした視点から都市のあり方、交通のあり方を考えていってほしいと思います。

ポストモータリゼーションの方向性についてお話をうかがってきましたが、地球環境問題との関係でいうと、日本だけでなく、グローバルな視点が必要になってくると思います。最後に、その点についてのご意見をうかがえますか？

新しい自動車文明を、アジアの国々へ

おっしゃるとおり、ポストモータリゼーションの構想は日本だけでなく、世界的な視野で考えていく必要があります。中国、インドなどが日本並みの自動車保有率になったら、信じられないような量の資源が使われてしまいますから、これらの国で代替的な自動車文明を考えていくことは必急のテーマです。地球全体への環境影響を考えれば、むしろこうした国々での対策推進のほうが重要であるといえます。こうした国々とポストモータリゼーションのビジョンを

共有し、その上で積極的に対策の推進を働きかけたり、協力関係を築いていくことが、これからますます重要になってくると思います。

この点では、日本がリーダーシップをとることも可能です。中国、インドが旧来のガソリン車を飛び越して、ハイブリッド車[※9]や燃料電池車に一気に移行できるように支援するなど、日本として、あるいは自動車業界としてさまざまに働きかけていくことが、非常に重要になると思います。もちろん、自動車そのものを省エネ化したり、クリーン化するだけでなく、これまで述べてきたような自動車の代替的な利用法や、都市の新しいあり方なども一緒に模索し、同時並行的に対策を講じていく必要があります。

しかし、自動車交通というのはもともと、鉄道などと比べるとインフラ整備が安上がりで、パブリックセクターにあまり負担をかけない交通手段であるがゆえに、どの国でも自己増殖的に、勝手に発展してしまうという難点があります。とくに政府や自治体などの力が弱い国では、統制ができないままどんどん増殖してしまっている。モータリゼーションの進展で都市が急激に拡散し、後追い的に公共交通対策を行っているバンコクなどが典型ですが、日本で見られたような社会的ジレンマがどんどん先鋭化して、手がつけられない状態になっているのが実情です。こうした都市や地域には、日本はもっと自分たちの経験を伝え、参考にしてもらうように働きかけるべきでしょう。

日本の都市、とくに大都市は、アメリカやアジアの都市に比べると、モータリゼーションが進んでいる割には非常に持続可能的で、コンパクトにできています。今の東京や京阪神の都市が、非常にコンパクトにまとまって、公共交通が大きな役割を果たしているのは、決して自然

9
ハイブリッド車（Hybrid Vehicle=HV）
燃料電池車（Fuel Cell Electric Vehicle=FCEV）
ハイブリッド車とは、ガソリンで動くエンジンと電気で動くモーターを組み合わせた自動車のこと。燃料電池車とは、水素と酸素の化学反応により生じる発電力で走る電気自動車のこと。どちらも地球温暖化、大気汚染の原因となる自動車の排出ガス対策として開発が始まり、ハイブリッド車はすでに普及が進んでいる。燃料電池車も限定的ながら実用化の段階を迎えている。

バンコク市内の名物渋滞

共同通信社提供

発生的にそのようになったわけではなくて、国や自治体の公共交通への投資や、土地利用を集約するための投資を続けてきたからです。そうした経験によって、それなりにノウハウの蓄積をしてきたわけですが、その知恵が今、アジアの諸都市でも必要になっているということです。サステイナビリティの問題については、中国やインド、東南アジアの研究者の間でも非常に重要なテーマとして認識されていますので、そこで日本が培った経験やノウハウを、我々自身の反省も含めて伝えていくことが、これからますます大事になるのではないかと思います。

日本人の反省ということでいえば、京都や奈良もそうですが、日本の都市は戦後、自らの文化的価値を認識せずにそれを破壊する方向で都市改良を行ってきたという歴史があります。戦争中には、米軍は日本の都市の文化的価値を尊重して、京都、奈良などには空襲を行いませんでした。戦後のモータリゼーションのなかで自動車偏重の街づくりを進め、伝統的な街並みを破壊していったのは、我々日本人だったわけです。そして今、同じ過ちを東南アジアの国々や、中国などが犯しつつあります。こうした国々には、それぞれの都市が持つ文化的側面の大切さについて、我々の苦い経験を踏まえながら、きちんと伝えていくべきだと思います。

「道はつづく」――⑤ トルコ編

トルコの道は日本の〝義兄弟〟

●杉田房子

トルコほど〝道はつづく〟を実感させる国はない。第一の都市イスタンブールはアジアとヨーロッパを同時に味わえるので名高い。その東洋と西洋を結ぶのがボスポラス海峡。この間の交通はフェリーだけだったが、車社会になってくると橋をかける案が進み、ボスポラス大橋が完成したのが一九七三年。橋といえば、ボスポラス海峡からマルマラ海に出る寸前にゴールデンホーン（金角湾）がある。そこには賑やかさではトルコ一というガラタ橋があり、一日中、人と車でごったがえしている。

ボスポラス大橋は日本の技術援助もあり、工事ぶりを見ていたトルコの人々は、日本の技術の高さ、立派さを手放しで称賛していた。

水面よりかなり高所にある橋だけに見晴らしは良く、ここからのイスタンブールの眺めはいい。逆に町からこの橋への眺めも素晴らしい。

イスタンブールのボスポラス海峡に架かる大橋は、東洋と西洋を結ぶ重要な橋。

しかし、これも車の増加で、この〃欧亜道路〃はいつも渋滞中の状態になる。そこで第二のボスポラス大橋の建設が話し合われて、入札があり、イギリスもアメリカも手を挙げたが、トルコが選んだのは日本。つり橋は日本の技術がなんといっても一番というわけである。当時イギリスのサッチャー首相は「トルコは日本ばかりヒイキして!イギリスの技術もすごいのよ」と大憤慨したと伝えられている。

ところが第二の橋もまた渋滞騒ぎで、今や第三の大橋を建設中だが、これは海中世界最深五六mという海底に箱型構造物を埋めるトンネル型で、二〇〇九年完成予定。「我々が工事したら何年遅れるかわからないが、日本人がやれば勤勉だから予定より早くやり遂げる」という。第二の大橋の建設中にまれにみる大雪が降り、工事は遅れると思われていたのに期日よりも早く完成し、トルコ人を驚かせた。

ボスポラス海峡は、海上交通が盛んで各国の船で賑わうが、小さな遊覧船も活躍。

海底トンネル道路になるこの第三の大橋は、地下鉄も走るというから、イスタンブールの市民の足はぐっと便利になり、その時のトルコ人の自慢げな顔や口ぶりが目に見えるようだ。

ボスポラス大橋は昼夜のべつなく交通量が多い。

ビザンチン時代、オスマントルコ時代など勃興と没落を繰り返した長い歴史を持つトルコのボスポラス海峡は、世界の船が通っているが、なかには戦いで得た戦利品を積んだ船が海峡に沈んだ例も多いという。その宝物が海底に眠っているはずと、イギリスやアメリカが海底発掘を試みたがいずれも成功しなかった。第三の橋の工事の折に、ひょっとしたらという話も多かったようだが、宝の発見のニュースは聞こえてこない。

ところで、私が取材で訪れた国は多いが、このトルコほど親日な国はほかにはない。日本の近況も知っているし、日本を尊敬し、温

トルコは東西の要であるために料理の味も多彩。長いナスを焼く料理のなんと美味なことか。

かく接してくれるのはなぜなのだろうか。

もう四〇年も前の話、駐日トルコ大使にお会いしたとき「日露戦争以来、トルコは日本を尊敬しています」といわれた。日露戦争は一九〇四年。ロシアと国境を接しているトルコは、かつての勢力を失ってからロシアに痛めつけられ、国土の一部まで取られる無念は深刻だった。その憎いロシアにアジアの小さな国、日本が勝ったのをトルコ人が喜ぶこと。初のトルコ共和国大統領になって建国の父とされるケマル・パシャ（ムスタファ・ケマル・アタチュルク）は、新生トルコは日本の明治維新を模範とすると宣言し「日本はトルコの兄である」を口ぐせにした。今の日本はケマル・パシャに会わせる顔があるかないか…。

一八九〇年にはトルコの軍艦が初めて太平洋を越えて日本を目指

トルコには温泉が多く、なかでも有名なのがパムツカレ温泉。シーザーとクレオパトラも温泉を楽しんだとか。

農業国トルコは市場がいたるところにあり、新鮮な野菜が驚くほど安い。

したが、暴風に巻き込まれて紀州樫野崎近くで沈没。直ちに日本軍艦が救助にあたって乗組員六五〇名中六九名を救助した記録がある。当時の状況で六九名救助できたのは勇敢な日本人のおかげと、トルコ国民は感謝の念を伝えた。事故から一カ月後、日本軍艦二隻が救助された乗組員をトルコに送り届けたが、トルコでは国をあげて感謝し、親日家が急増したという。

今は消えてしまった「武士魂」という言葉が日本にあったが、トルコには「アダム・ルック（男性気質）」と、同じような言葉が今も存在し、男らしさを要求されている。つまりサムライとアダム・ルックの共通点が、トルコ人の日本ビイキのなかに強く生きているのではないだろうか。

それがボスポラス海峡の橋に次々に現れ、この橋が完成したら次は何が現れるのか興味深い。東洋と西洋を結ぶ〝道はつづく〟のだから──。

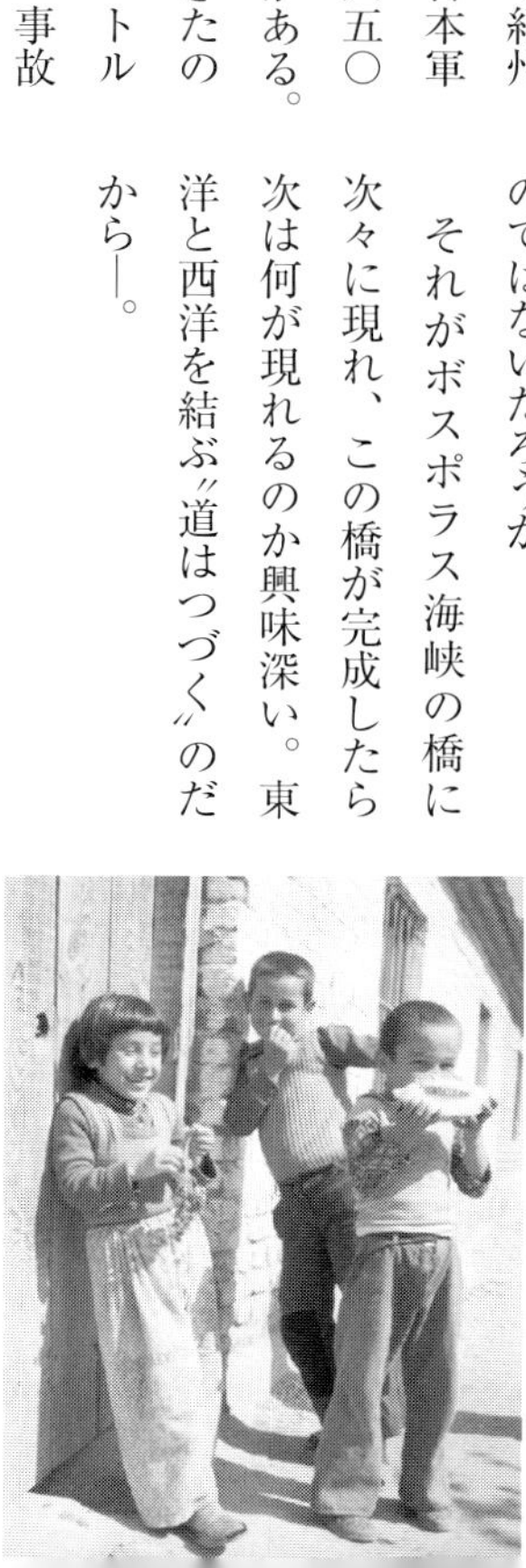

頭より大きいメロンにかぶりつく農家の子どもたち。たくさん食べて元気いっぱい。

第六章

縮小文明と交通の未来

月尾　嘉男

東京大学名誉教授　IATSS顧問

東京大学工学部卒業。名古屋大学工学部教授、東京大学大学院新領域創成科学研究科教授、総務省総務審議官などを歴任。専門分野はメディア政策、システム工学。主な著書は『縮小文明の展望』『日本百年の転換戦略』など。

月尾氏は、情報通信、環境問題、生産技術からメディア論まで、多岐にわたる学術的知見を統合し、文明の諸問題に切り込む研究活動を展開されている。近年は、今後の世界が目指すべき新たな文明像として、拡大ではなく縮小、増加ではなく減少に価値をおく「縮小文明」論を展開している。また、日本各地の環境保護活動に関わるなど行動派でもある。現代文明の課題とは何か、今後どのような価値意識に基づき、どのように転換をはかっていくべきか、そのなかで「交通」をどうとらえるべきかといった問題について、縮小文明論の観点から多面的に論じていただいた。

地球環境問題について

近著の『縮小文明の展望』で、人類は有史以来、今日まで増大・拡張を理念としてきたが、地球の有限性から縮小・撤退の方向へと転換する必要があると述べられています。そのなかで「交通」の問題をどう考えるかが今日のテーマですが、まずその前提として、縮小文明への転換の意義についてご説明いただけますか?

エネルギー消費の急増と地球資源の限界

人類は約一万年前に農耕技術を発明し、二〇〇年ほど前の産業革命によって高度な生産技術も手に入れましたが、これらはすべて、生活水準を向上させ、快適性を増大させ、経済活動を拡大するなど、人間にとって有用だと信じて努力してきた成果です。しかし、それによって地球環境にどのような負荷をかけ、どのような変化をもたらすのかについては十分に自覚してきませんでした。その結果、地球温暖化や資源枯渇などの環境問題が登場し、このままでは人類は生き延びられないという状態にまでなってきたわけです。

現在の地球環境問題の要因は二つあります。一つは人間の数が増えすぎたこと、もう一つはその人間がエネルギーを使いすぎていることです。人口の増加を過去二万年で見ますと、二万年前の五〇〇万人くらいから六五億人にまで増え、一〇〇〇倍以上になっています。また人間一人一日あたりのエネルギー消費も、同じ二万年で一〇〇倍に増え、当初の二五〇〇kcal程度から、現在では二五万kcalも消費するようになっています。人口の増加が一〇〇〇倍で、エネルギー消費が一人あたり一〇〇倍ですから、人類は、わずか二万年のあいだに一〇万倍のエネルギーを消費するようになったわけです。二万年という単位で見ているのは、我々の直系の祖先である新人（ホモサピエンス）が誕生したのがほぼ二万年前といわれているからです。

それでは、人口はどのような速度で増加してきたのかを調べてみると、狩猟採集文明の時代は、一年に〇・〇〇三％程度の比率で増え、一万年かけて、五〇〇万人から五〇〇〇万人くらいになりました。ところが約一万年前に農耕牧畜技術を手にしてからは年率〇・〇三％で伸び始め、数千年のあいだに五〇〇〇万人から約五億人に増加しました。さらに二〇〇年ほど前に産業革命が起こり、工業社会になってからはもう一桁大きくなって、年率〇・三％ぐらいで増加してきました。これによって五億人から、現在の六五億人を超えるまでになりました。最近でも年率一・四％程度で増えていますので、まだまだ人口は増えていきます。（資料1「エネルギー消費の急増と地球資源の限界」）

一人あたりのエネルギー消費の増加も同様で、狩猟採集文明の時代は年率〇・〇〇一％程度で伸び、農耕牧畜文明になってから〇・〇一％。産業革命以降は〇・一％で、現在はだいたい一％程度でエネルギー消費が伸びています。文明が転換するごとに人口増加、エネルギー消費の増

資料1

エネルギー消費の急増と地球資源の限界

1. 人類の増加

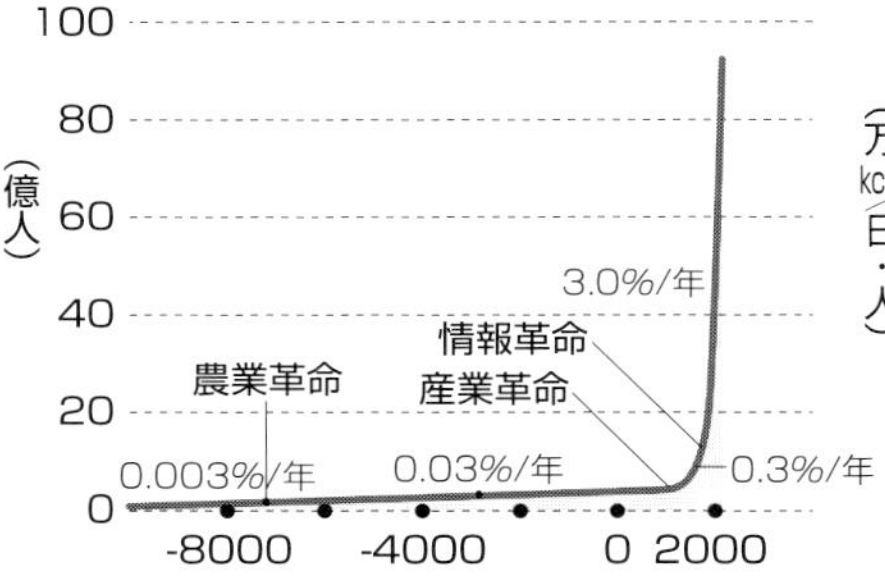

2. エネルギー消費の増加

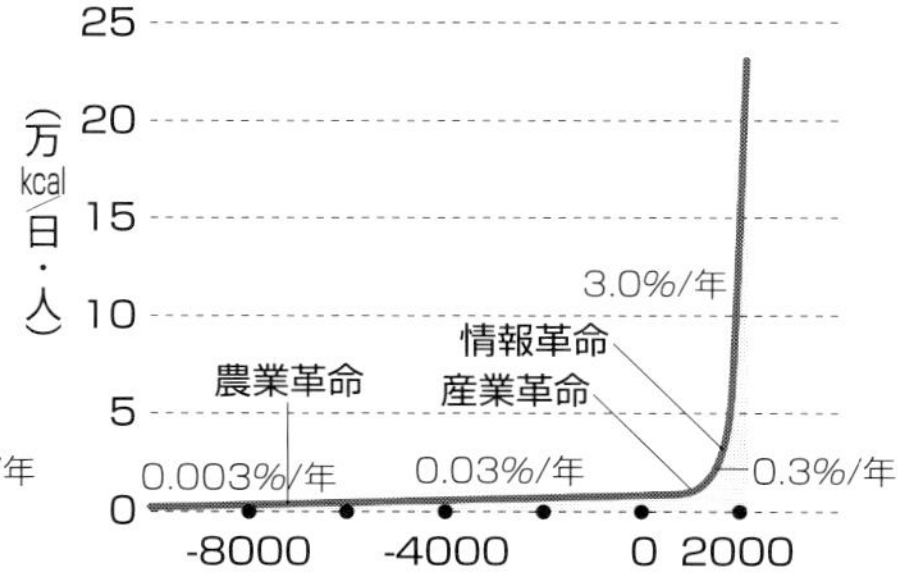

人口の増大 **1,000倍**／2万年 × エネルギー単位の増大 **100倍**／2万年 ＝ エネルギー消費の増大 **100,000倍**／2万年

3. 狩猟採集文明の限界

鉱物資源の採掘可能年数	
金	20年
銀	30年
銅	50年
鉄	250年
カドミウム	50年
タングステン	80年
アンチモン	90年

燃料資源の採掘可能年数	
石油	40年
石炭	230年
天然ガス	60年
ウラン	70年

世界一人あたりの総漁獲量予測

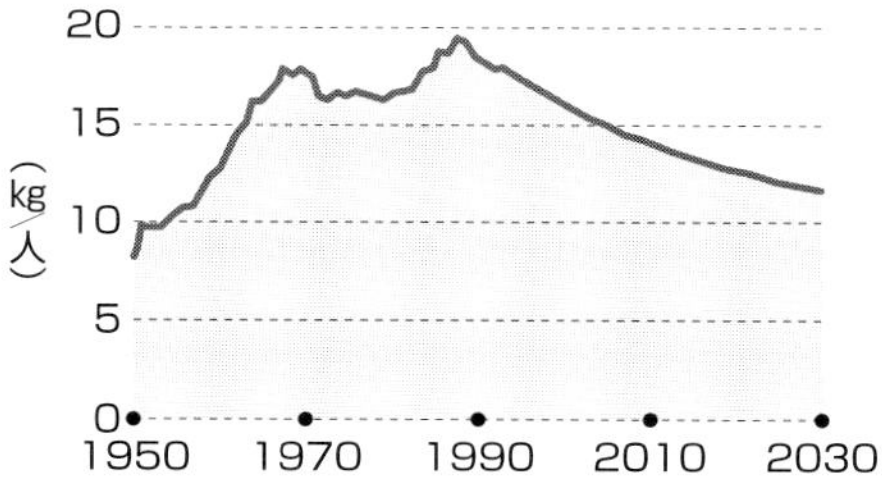

世界一人あたりの耕地面積予測

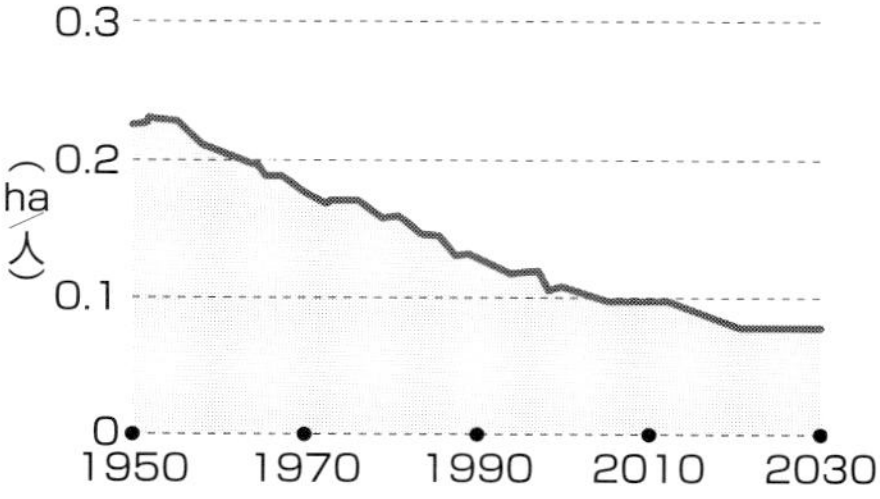

4. 自然環境の危機

森林の消滅	10,000,000ha／年
	400年で消滅
生物の消滅	52,500 種／年
	1000年で消滅

大気温度の上昇	
気温上昇	0.5℃ ／過去100年（世界）
	1.0℃ ／過去100年（日本）
	5.8℃ ／今後100年（世界）
海面上昇	**88cm**／今後100年（世界）

大の比率が一桁ずつ上がってきたわけです。このような状態を今後も維持できればいいのですが、維持できないような状況が次々に出てきているから問題なのです。

まず、狩猟採集文明はさまざまな限界に直面しています。狩猟採集の一つの例は、金や銀などの鉱物資源を地中から取り出すことですが、鉱物の推定埋蔵量をもとに大雑把な計算をしますと、金は現在の採掘量で毎年採掘していくと、あと二〇年で枯渇します。もちろん、金が地球からなくなるわけではなくて、海中には膨大な金が溶けていますから、経済性を考えなければ採集はできますが、採算がとれない値段になってしまいます。以下、同じように銀が三〇年、銅が五〇年、鉄が二五〇年ぐらいで底をつき、レアメタルといわれるカドミウム、タングステン、アンチモンなども、それぞれ五〇年、八〇年、九〇年と、この先一〇〇年以内には、人間が必要とする鉱物のほとんどが枯渇することが明確になっています。

現在まで続いている、もう一つの狩猟採集の例が漁業です。漁業については、一九九〇年が漁獲量の伸びが止まった年で、それ以降、世界の総漁獲量は横這い状態です。その一方、人口は増え続けていますので、一人あたりの漁獲量は減少し、一九九〇年には一人二〇kgの魚が捕れていたのが、二〇三〇年には一〇kgに半減すると推定されています。

農耕牧畜文明も限界に近づいています。まず穀物生産が漁業と同様に一九九〇年に頂点となり、生産量は一人あたり三三五kgから、二〇〇〇年には三二一kgへと減っています。さらに、耕地面積が急速に減っています。[※1]ＦＡＯの調査では、一九五〇年に世界全体で一人あたり〇・二二ha程度の農地があったのが、二〇〇〇年時点では〇・一一haと半分になり、二〇三〇年には〇・〇八haにまで減ると予測しています。約五〇年で半分になり、八〇年で三分の一になるとい

1
ＦＡＯ（Food and Agriculture Organization of the United Nations）
国際連合食糧農業機関。世界の人々の栄養と生活水準の向上、農業生産効率の向上、農村に生活する人々の生活条件の改善を使命として、一九四五年に設立された国連の専門機関。一八九カ国が加盟（二〇〇五年一一月現在）。農業、林業、水産業や栄養改善などに関するプロジェクトを行うほか、食糧・農業に関するデータを集積する。

うことで、農耕文明も限界が見えてきたということです。

産業革命以降の工業文明はどうかというと、それを支えている最大の資源である化石燃料について、石油があと三〇年から四〇年くらい、石炭が一三〇年、天然ガスが六〇年、ウランが七〇年くらいで枯渇すると推定されていますから、工業文明もやはり維持できない状況になりつつあります。

森林の消滅と地球温暖化

こうした人口の爆発的増加、エネルギー消費の急速な増加の結果として起こっているのが地球規模の環境問題で、まず森林の消滅が心配されています。現在の勢いで伐採していけば、四〇〇年で世界中の森林が消滅するという計算になります。二〇〇四年のスマトラ沖の大津波※2では、主として日本人が食べるエビを養殖するためにマングローブ林を大量に伐採したため、津波を防ぐことができず、大変な被害になったと、日本の責任を問う声もありました。森林伐採などの影響で、生物多様性が失われるという問題も指摘されています。最近では生物が一〇分に一種の割合で絶滅しているそうですが、この勢いが続けば、一〇〇〇年余りですべての生物が消滅することになります。

さらに大きな問題が、温暖化ガスの影響による大気温度の急速な上昇です。ＩＰＣＣ※3では、一〇〇年後の二一〇〇年には気温が最悪五・八度上がり、海面が八八cm上昇すると予測しており、そうなるとほとんどの防波堤、防潮堤が役に立たない事態に陥ります。国土交通省の試算では、海面が一m上がったときに、日本の防波堤と防潮堤を必要なだけ嵩上げすると、一二五兆円程度

2 スマトラ沖の大津波
インドネシア・スマトラ島北端沖で二〇〇四年一二月二六日に、マグニチュード九・〇の地震が発生。スリランカ、タイ、マレーシア、モルディブなど周辺諸国でも大津波が発生。死者行方不明者は二二万人にのぼった。

3 ＩＰＣＣ (Intergovernmental Panel on Climate Change)
気候変動に関する政府間パネル。一九八八年、地球規模での気候変動の増大に対し、科学的情報を包括的に提供するため、ＷＭＯ（世界気象機構）とＵＮＥＰ（国連環境計画）により設立された。人為的な気候変動リスクに関する最新の科学的・技術的・社会経済的な知見をとりまとめて評価し、各国政府にアドバイスとカウンセルを提供することを目的とした政府間機構。

が必要になると推計していますが、これは一年間の国と地方自治体の公共事業費の総額に匹敵します。

二〇〇五年、アメリカ南部を襲ったカトリーナ※4、リタなどのハリケーンが桁違いの威力を持っていたことも、メキシコ湾の水温の上昇が影響しているといわれています。世界の気象災害がどの程度増えてきたかについて、損害保険業界の調査結果を見ると、一九八〇年の損害額は世界全体で約一兆五〇〇〇億円でしたが、二〇〇四年には七倍以上に増え、一一兆五〇〇〇億円になっています。損害保険会社が支払った保険金も、八〇年には二五〇〇億円程度でしたが、二〇〇四年にはなんと一八倍に増え、四兆六〇〇〇億円にものぼっています。

こうした温暖化の大きな原因も、人口が爆発的に増え、その人間がエネルギーを等比級数的に増加させて使ってきたことにあるといえます。これを解決しないかぎり、地球には未来はあるが、人間に未来はないということになります。これは地球全体から見ると相当異常なことです。地球の年齢を四六億年と仮定すると、人類の歴史はせいぜい六〇〇万年ぐらいで、地球の歴史のわずか〇・一%にすぎません。まして約二万年前に登場した新人の歴史は、ほんの一瞬ですが、その人間が終末が見えるような文明を築いて取り返しがつかない状況になっているわけです。

地球温暖化を防ぐ持続可能な発展の道筋

それでは、このような問題をどう防ぐかということですが、いちばん簡単な方法は、これまでと反対の方向を人類が目指すことです。生活水準を切り下げ、経済活動を縮小すれば、エネ

4　カトリーナ、リタなどのハリケーン　二〇〇五年八月、九月に相次いでアメリカ合衆国南東部に上陸した大型ハリケーン。カトリーナの直撃でニューオリンズの八割が水没するなど甚大な被害をもたらした。公共サービスは停止、食料品店での略奪なども続発。政府の対応の遅れなども問題となった。

毎日新聞社提供

ルギー消費は減りますから、問題解決の方向に向かいます。しかし、なかなかそれができないから難しいわけです。※5クールビズのように夏の冷房の温度を上げるとか、冬はウォームビズで暖房の温度を下げるといった程度のことなら、多くの人々が実行すると思いますが、経済を縮小するような解決方法は、すべての人が実行するとは思えません。その象徴的な例が、アメリカの京都議定書※6の批准拒否です。ブッシュ大統領は拒否の理由を、アメリカ国民が幸福にならないからだと説明しました。本音は石油産業の幸福にならないからでしょうが、簡単にいってしまえば、アメリカ国民の生活水準を切り下げることに反対したということです。

しかし、アメリカが批准して温暖化ガスの削減に世界中が取り組んだとしても、この問題は解決できそうにもないことを示すシミュレーション結果があります。一九九五年にＩＰＣＣが出した地球温暖化に関する第二次レポートには、大気中のCO_2の濃度を四五〇ppmで安定させる、五五〇ppmで安定させるといった何種類かのシナリオが想定されています。現在、すでに三七〇ppmに近づいていますが、これから直ちに人為的な排出を減らし、二一〇〇年までに、一九〇〇年と同じ程度の排出量にすれば、温暖化を防ぐことが可能だということを示しています。つまり、これから一〇〇年かけて一〇〇年前の状態に戻れということです。一〇〇年前の一九〇〇年前後には、日本には数台しか自動車がなかったそうです。エアコンは一九〇二年に発明されましたから、当時は誰も使っていません。飛行機は一九〇三年、コンピュータも戦後の発明です。結局、現代社会を支えている技術がほとんどない状態に戻れば、二一〇〇年頃に、四五〇ppm程度で安定する可能性があるという予測なのです。（資料２「二酸化炭素排出の抑制プログラム」）

このような解決方法は地球環境がかなり危機的な状況にならないかぎり、多くの人が協力し

5 クールビズ、ウォームビズ
二〇〇五年、環境省では地球温暖化対策として、冷房や暖房に必要なエネルギーの使用量を削減するため、室温設定を冷房時には二八度、暖房時には二〇度にすることをよびかけた。夏を涼しく過ごすために、上着やネクタイを省略することを推奨。冬にはベストやセーター、下着などの売上が好調で市場が賑わった。

6 京都議定書
一九九七年、地球温暖化防止京都会議で議決した「気候変動に関する国際連合枠組条約の京都議定書」。先進国の二酸化炭素などの温室効果ガス排出量の削減率を設定、国際的に協調して、目標を達成するための京都メカニズム（排出権取引、共同実施、吸収源活動など）を導入。二〇〇五年二月に発効。

7 オイルショック
Ｐ69参照。

ませんが、それでは手遅れなのです。最近、ガソリンの価格が一三〇円以上に上がりましたが、それで自動車をあきらめる人はいません。現在の価格高騰は、近い将来の石油枯渇を見越して世界的な戦略で値上げが始まったともいわれ、もはや二度と下がらない可能性があります。つまり、かつてのオイルショック[※7]とは異なる価格高騰ですが、それがわかっていても誰も自動車をやめないのは、自動車を使わないと生活が成り立たなくなっているからです。

そこで苦肉の策として出てきた考え方が持続可能な発展というシナリオです。生活水準は現状維持か、場合によっては向上させ、経済活動は増大する可能性を残すが、資源やエネルギーの消費は縮小する。そうすれば、環境問題は緩和するかもしれないという考え方です。たいへんに虫のいい話ですが、これ以外に人類が生き延びる方法はないということで、世界の共通認識になっているのです。

資料2

二酸化炭素排出の抑制プログラム

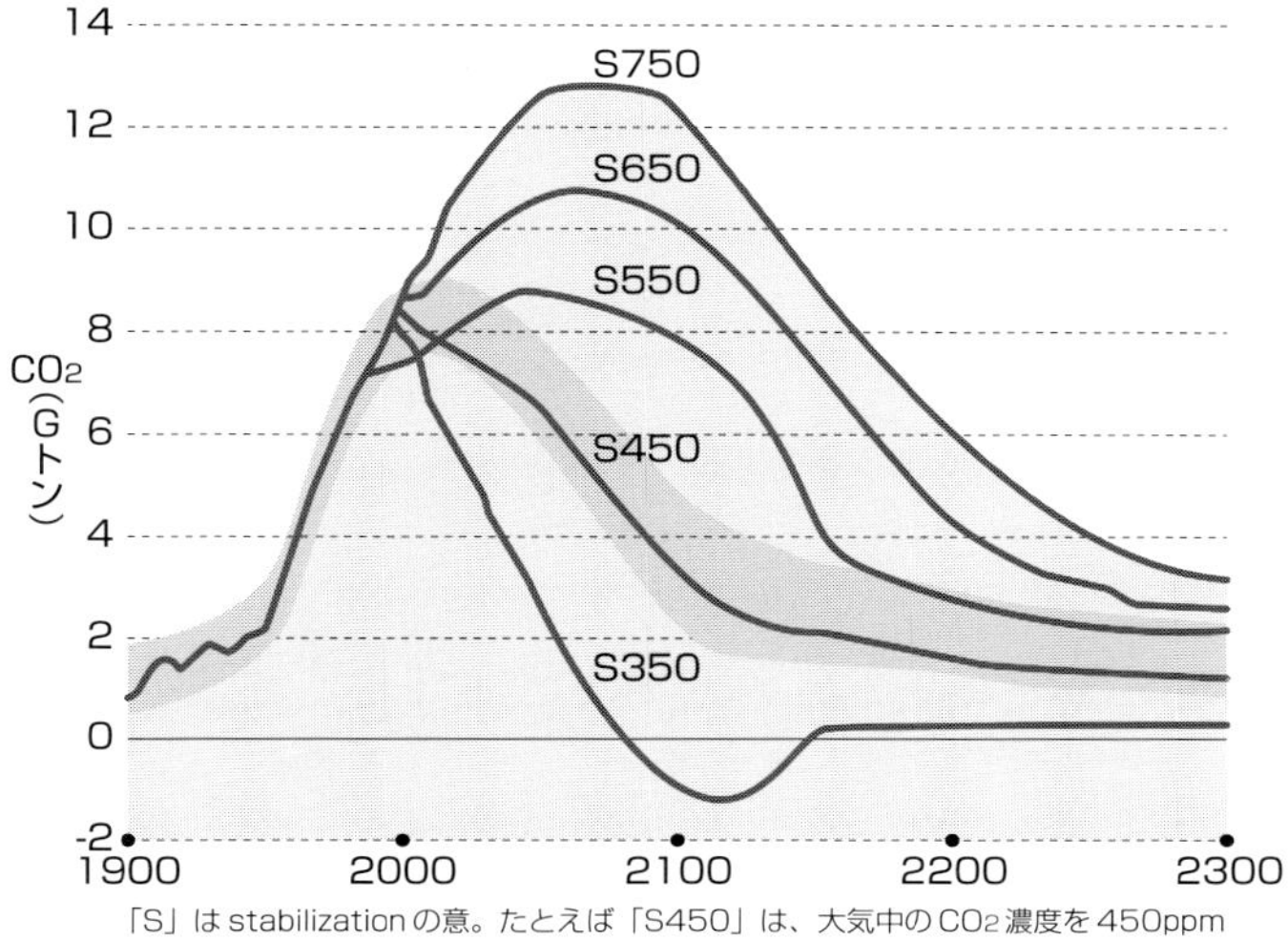

「S」はstabilizationの意。たとえば「S450」は、大気中のCO_2濃度を450ppmで安定させることを示す。

これから持続可能な発展を模索していくにあたり、現在の社会を見渡していちばん障害になっているのは、何だと思われますか？　また、それを解決するためには、今後どのような対策が必要になってくるのでしょうか？

節約技術の革新を

持続可能な発展のシナリオを実現するためには、具体的に、三つの対策が必要だと思います。一つは、節約技術のさらなる革新です。これについては一九九五年に、ドイツで「ファクターX」※8という概念が提示されています。自動車を例にとると、ハイブリッド車はリッターあたり二五km（10モード）程度走ることができますが、普通の自動車はリッターあたり一〇kmくらいですから、倍以上の距離を同じ燃料で走行できることになる。つまり効率が二倍になるから、これをファクター2と表示します。さらに安全性を二倍に向上させて、かつエネルギー消費を半分にするような技術を開発すれば、ファクター4となります。このように節約技術の水準を数値にし、誰にも明確にわかるかたちで提示することで、技術革新の加速をはかろうというわけです。

この概念を推奨しているドイツのヴッパータール研究所所長であったワイツゼッカー※9とアメリカのロッキー・マウンテン研究所所長のロビンス※10は、F1のレーシングカーで使用されているカーボン・モノコックのボディ製造技術を導入して、軽量の乗用車を大量生産して普及させればファクター4が達成できるとしています。重量を軽くすると、安全性が懸念されますが、F1のレーシングカーは時速一〇〇km以下の走行なら衝突しても、乗っている人は安全です。

8 ファクターX
同一の財やサービスを得るために必要な資源やエネルギーの投入を低減するための指標として提唱された。「X」にはエネルギー効率の逆数を表す数字が入る。投入した資源あたりの財・サービスの生産量（資源生産性）を高めることで達成される。

9 エルンスト・ウルリッヒ・フォン・ワイツゼッカー（Ernst Ulrich von Weizsäcker）
カッセル大学学長、国連科学技術センター所長、ヨーロッパ環境政策研究所所長、ヴッパータール気候・環境・エネルギー問題研究所所長などの後、国会議員を一期務め、現在はカリフォルニア大学環境科学・管理学部長。

10 エイモリー・B・ロビンス（Amory B.Lovins）
ロッキー・マウンテン研究所所長、実験物理学者。エ

そういう軽量の乗用車を投入すべきだといっています。

家庭電化製品の分野でも、電気冷蔵庫などは一〇年前と比べると、すでにファクター3程度を達成しています。つまり同じ機能の装置を使用しても、電力消費量が三分の一程度になっているわけです。交通信号も、LED[※11]に変わり始めて、ファクター8以上を達成しています。電球も、普通のソケットに挿入できる電球型蛍光灯がすでに販売されており、これがファクター4〜5です。このようにさまざまな分野で、文明の利器の効率を高める取り組みが始まっているわけです。

さらに画期的な技術を考えないと環境問題は解決できないと主張する人たちが「ファクター10クラブ」[※12]という国際的組織をつくり、エネルギー効率が一〇倍以上の技術革新を目指すよう産業界に呼びかけています。すでに一部ではそうした技術が出てきています。その一例が電子新聞です。現状ではほとんどの人が紙の新聞を読んでいますが、これを電子新聞に変えれば、記事の配信に要する一日の消費エネルギーは約二〇分の一になるという試算があります。日本の場合、新聞紙の原料の半分程度は古紙と廃材ですが、それでも紙の消費全体の一五%を占めていますから、電子新聞に切り替えれば森林伐採も大幅に削減することができます。電子書籍についても同様の試算があり、普通の書籍に比べ、消費エネルギーが四〇分の一になるとされています。

紙の消費と電子媒体の関係については、電子媒体に変えると紙の使用量が減るはずなのに、実際にはプリントアウトする場合が多く、紙の消費量が減っていないという意見があります。確かに一九八〇年〜二〇〇〇年の統計を見ると、電子媒体が普及しはじめたにもかかわらず、

ネルギー・資源問題に関する執筆活動を行うほか、企業、政府の相談役を務める。一九九五年に出した報告書で資源生産性を四倍にする「ファクター4」を広く紹介した。主な著書は『ソフト・エネルギー・パス』、『Natural Capitalism』、『Winning the Oil Endgame』など。

11 LED（Light Emitting Diode）
発光ダイオード。導電により、発光する半導体素子。青色LEDの実用化により、赤、緑、青の光の三原色が揃い、ほとんどの色をLEDで表すことが可能になった。交通信号機などに使われる。電球や蛍光灯に比べ、熱の発生が少ないので効率がよく、寿命も長い。白色LEDの照明への導入も進んでいる。

12 ファクター10クラブ
資源生産性を一〇倍向上させ、環境への負荷を減らし、

紙の消費量は一・三倍くらいに増えています。しかし、二〇〇〇年を境に、日本でも、アメリカやフランスでも減り始めました。

また紙の新聞は広げただけで、見出しや写真などによって一目でいろいろな情報を得られるという、ブラウザー機能が電子媒体より優れているという意見があります。これは新聞に慣れ親しんでいるからそう思うだけで、たとえばアグレゲーターといわれるグーグルニュースや、Ｙａｈｏｏニュースなどは、多数の新聞や雑誌から同じ話題の記事を集めて提供してくれるし、過去の記事にもアクセスできるなど、検索機能は紙の新聞より圧倒的に優れています。ですから、この新しい媒体の特徴に慣れた人は、電子新聞のほうがいいということになります。二年前、大学で学生がどれくらい新聞を取っているか聞いてみたところ、わずか八％でした。すでにそういう世の中に変わりつつあるのです。

もう一つは徹底した資源の循環利用です。たとえば、アルミニウムの製造に必要なエネルギーを計算すると、回収したアルミ缶などをリサイクルすれば、ボーキサイトから製造するのに比べ、消費エネルギーを二五分の一程度に減らすことができます。日本では、容器包装、家庭電化製品、食品廃棄物、建設廃棄物、自動車などさまざまな分野でリサイクルを義務づける法的規制が強化され、資源の循環利用が進んできましたが、今後も可能なかぎり取り組んでいく必要があると思います。

社会の仕組みをどう変えるか

第二の対策は、縮小文明の方向へ社会を移行させていくために、現代社会の構造を見直す必

持続可能な社会を実現することを目的としたドイツのシュミット・ブレークの主張を基礎に、一九九四年に欧米、日本などの研究者、政治家、経営者などにより設立された。今後三〇年から五〇年の間に先進国の資源生産性を一〇倍に向上させることを提言した「カルヌール宣言」を発表。

要があるということです。現在の消費社会の構造でいちばん問題なのは、同一製品を大量生産し、モデルチェンジを短期間で行って、次々と買い替えるという仕組みで産業の拡大をはかってきたことです。しかし、この手法はもはや通用しません。これからはデル・コンピュータ※13が行っているような注文による一品生産に、製造業全体が転換していく必要があります。デルの場合、インターネットで注文すると、その情報が工場に直接送られ、注文された製品だけを組立てて、注文した人に直接配送しています。受注生産ですから、余分な製品は一品もつくらないわけで、これも情報通信技術の進歩で実現できたことです。

デル方式は、持続可能な成長の概念に合致した方式だといえます。あらかじめ大量に生産された製品から選ぶ時代から、自分がほしい製品を注文してつくってもらう時代になったわけです。大量生産だと平均的な需要を狙いますから、自分の希望に合致した製品は存在しません。しかし、デルの場合には記憶装置の容量、ＣＰＵの速度、ディスプレイ装置の大きさなどを自分の希望で設定できますから、理論的には何万種類の製品のなかから選択できることになり、消費者にとっても利点が大きいのです。

また、性能あたりの価格も相当に安くできます。大量生産品の価格の大きな部分は流通経費で、八割近くが流通経費という製品さえありますが、デルの場合は国際宅配便にかかる輸送費と、若干の広告経費だけですし、複雑な流通経路を通らず、工場から顧客のもとへ直送されるので、卸屋、問屋、小売の段階で増えていく手数料も大幅に削減されています。

食品の分野では「地産地消」が急速に広がり始めています。鳥取県など先進的な地域では、学校給食などに取り入れていますが、これも流通分野での無駄を抑えるための試みの一つです。

13
デル・コンピュータ
コンピュータシステムおよび関連機器の直販メーカー。本社をアメリカのテキサス州におく。インターネットで顧客の注文を受け、生産した製品を直接販売し、流通経費を削減、完成品の在庫を持たないなど独自の「デル・ダイレクト・モデル」を展開。

日本のフードマイレージ※14は、年間九〇〇〇億t／km、一人あたりでは四〇〇〇t／kmとなり、いずれも世界一です。日本はカロリーベースで六割の食料を輸入しており、たとえば、ファミリーレストランで食べるサラダの材料は、ほとんどアメリカで栽培されて、冷凍して日本に輸送しています。そのため輸送と冷凍に大量のエネルギーを使っていますが、レタスなどは九〇％以上が水ですから、水を運ぶために大量のエネルギーを使っているといえます。このような無駄を排除して、なるべく近場で必要なものを調達し、エネルギーの節約をはかろうというのが地産地消の考え方です。このほか地産地消には、生産状況を知っていて安心な食材が選べるとか、スローフード※15運動と連動して、消滅した伝統食品を復活させるといった効用もありますから、今後も積極的に拡大をはかっていくべきだと思います。

効率概念の転換

エネルギー消費を縮小していく最後の決め手が精神改革です。これまでの生活様式や社会制度が当たりまえだという意識を根本から見直さないと、縮小の方向には転換できないということです。いろいろな改革が必要ですが、エネルギー消費との関係でいうと、まず「効率」に関わる考え方を見直す必要があります。

工業社会の根底にある尺度は効率です。効率の概念は、蒸気機関の技術開発の過程で登場してきました。一tの石炭を燃やしたときに、どれだけの力が得られるかという問題意識から生まれたのです。当初は、炭鉱の構内から水を汲み出すために使われた蒸気機関について、どれだけの水を汲み出せるかと技術者が努力して、効率という概念が出てきたわけです。その概念

14 フードマイレージ
食料の輸入量に輸送距離をかけ合わせた数値。一九九四年にイギリスの消費運動家によって提唱された指標。食料が消費者に届くまでにどれだけの輸送エネルギーが使われたかを表す。

15 スローフード運動
ファーストフードの蔓延に対抗して一九八六年イタリアで始まり、以下の三つの指針を掲げる。①消えつつある伝統的な食材、料理、質の高い生産量の少ない食品を守る。②質の良い素材を提供する小生産者を守る。③子どもたちを含む消費者に味の教育を進めること。

16 モダン・タイムス (Modern Times)
一九三六年アメリカ映画。監督・主演を務めたチャールズ・チャップリンの代表作の一つ。機械文明に抵抗して個人の幸福を求める物語は、機械文明への批判だ

が技術の分野にとどまっていれば問題なかったのですが、社会生活のなかに導入されて、「効率よく働く」ということになりました。その結果、チャップリンの映画『モダン・タイムス』[※16]が象徴するように、労働者の食事時間が無駄だから口にパンを押し込む機械を考案するとか、ラインに並んで単純作業を反復させて効率を上げるといったことが、社会に登場してきたわけです。テイラーという工場管理者が、工場労働者の動作分析をして、徹底的に無駄を省いて生産効率を上げる「テイラーシステム」[※17]を開発しましたが、このシステムがその後の工業生産の主流となり、現在まで続いているのです。

しかし、これからの社会は狭義の効率概念だけでは通用しない時代になります。工場とか会社という範囲の効率だけでなく、外部環境も含めた効率を考えていく必要があるのです。これまでの効率の計測は、ある閉鎖された環境を対象としていました。工場内の効率は考慮するが、工場の外部までは考慮に入れてこなかったのです。そうすると、工場から出る排気や排水を未処理のまま放出すれば工場の効率は向上します。しかし、その外部では、四日市ぜんそくや水俣病のような公害問題が発生し、社会全体を非効率、かつ危険な状態に陥れるのです。こうした公害問題は、狭義の効率概念に縛られて企業運営を進めた結果、周辺の社会がその非効率部分の影響を被った事件であったといえます。その最終的な形態が環境問題なのです。閉鎖した世界のみでの効率追求は行き詰まりにきています。これからは外部も含めた全体の効率、あるいは調和が優先される時代であり、その最大の範囲が地球環境ということになります。

けでなく、あえてサイレント映画にすることで、トーキー映画に対する皮肉もこめられている。

(財)川喜多記念映画文化財団　写真協力

17 テイラーシステム
フレデリック・W・テイラーが「科学的管理法の諸原理」(一九一一)で提唱した人事労務管理システム。経験則ではなく、科学的な手法によって工場を管理する手法。工具と用具の標準化、工員の動作の標準化や計算尺ならびにこれに準ずる時間節約の器具を用いること、手順制度などからなる。

交通と通信の融合へ

地球環境の維持のためにエネルギー消費の縮小を考えるとき、交通の問題については、どのようなことがいえるのでしょうか？　また、情報通信技術の発展により、交通の役割が縮小するという議論もありますが、この問題についてはどのようにお考えですか？

本来の「コミュニケーション」を取り戻す

交通と通信の問題を考える際には、まず過去の技術と、これからの技術の最大の違いは何かということを理解しておく必要があります。過去の技術には、それが生活水準や便益を向上させたことにほぼ比例して、エネルギー消費や資源消費も増大させてきたという側面があります。自動車が典型です。たとえば人間は時速四kmで歩くと、一km移動するのに約五〇kcalのエネルギーを使います。自動車は人間の二〇倍の時速八〇kmで走ることができますが、一km移動するのに約一〇〇〇kcalのエネルギーが必要となり、エネルギー消費は徒歩の二〇倍になります。つまり速度という便益で見れば、自動車は二〇倍の便益を人間にもたらすが、同時にエネルギー消費も二〇倍に増やしたわけです。技術には多かれ少なかれそういう性質があります。

ところが、人類が手にした技術のなかでは、情報通信が初めて便益の向上とエネルギー消費が比例しない技術となりえたのです。電子新聞が一つの例ですが、紙の新聞の場合は一日二回、それも時間遅れのニュースしか提供してくれませんが、電子新聞なら二四時間、絶えず最新のニュースを流すことができる。また、紙の新聞は過疎地への配達をしないとか、夕刊がないといった不便があるが、電子新聞ならインターネットに接続すれば、どこでも均質なサービスを享受できる上に、二万紙近い世界中の新聞を無料で閲覧することも可能です。電子新聞は便益を飛躍的に向上させるだけでなく、記事の配信に要するエネルギー消費を桁違いに減らせる技術でもあり、これからはこうした類の技術革新が求められるということです。

通信技術は、一八世紀に有線通信が登場し、一九世紀に無線通信が開発されて以後、驚異的な発展を遂げてきました。もちろん交通技術も、蒸気機関や内燃機関の発明によって、それなりに進歩してきましたが、近代以降は通信技術が圧倒的に発達した結果、「交通」と「通信」が大きく乖離してしまったと考えられます。その影響はいろいろなところに出ていて、たとえば大学の学科構成なども、交通は土木工学科の一環として扱うが、通信は電気工学科で教えるという状況になっています。（資料３「交通と通信の歩み（一七〇〇年以後）」）

それでは、通信の急激な技術革新に対し交通はなぜ大きく発展しないのかというと、人間や物資にさまざまな限界があるからです。たとえば普通の人間が耐えうる加速度の生理的限界は、せいぜい一Ｇです。五倍の加速度に耐えられるのであれば、ロケット並みの加速度を持つ交通機関ができるかもしれないが、人間の生理的限界から不可能なわけです。そのため、交通技術

資料3

交通と通信の歩み（1700年以後）

年	交通	通信
1712	ニューコメン：大気圧蒸気機関（英）	
1765	ワット：分離凝縮器（英）	
1791		シャップ兄弟：腕木通信（仏）
1825	スティヴンソン：ストックトン - ダーリントン鉄道（英）	
1830	リバプール - マンチェスター鉄道（英）	
1844		モース：ワシントン - ボルチモアで 電信公開実験（米）
1859	ドレーク：商業油井発掘（米）	
1863	ロンドン：世界最初の地下鉄（英）	
1865		フィールド：大西洋横断海底電線敷設（米）
1869	アメリカ大陸横断鉄道完成（米） レセップス：スエズ運河完成（仏）	
1872	新橋 - 横浜：鉄道開通（日）	
1876	京都 - 大阪：鉄道開通（日）	ベル：電話機（米）
1885	ベンツ：2 サイクル内燃機関三輪車（独）	
1887	ダイムラー：4 サイクル内燃機関自動車（独）	
1889	新橋 - 神戸：鉄道開通（日）	
1901		マルコーニ：大西洋横断無線通信（伊）
1902	シベリア横断鉄道開通（露）	
1903	ライト兄弟：動力付飛行機（米）	
1908	フォード：T 型自動車（米）	
1914	パナマ運河開通（仏／米）	
1920		KDKA：最初のラジオ放送（米）
1925	東京山手線開通（日）	NHK：ラジオ放送（日）
1927	リンドバーグ：大西洋無着陸横断飛行（米）	
1929	飛行船ツェッペリン世界一周（独）	
1937	ホイットル：ジェットエンジン（英）	BBC：テレビジョン放送（英）
1939		アタナソフ：電子計算機（米）
1948		ショックレー他：トランジスタ（米）
1953		NHK：テレビジョン放送（日）
1957	最初の人工衛星スプートニク 1（ソ）	
1958		キルビー：集積回路（米）
1961	有人衛星ボストーク 1 地球一周（ソ）	ノイス：集積回路（米）
1964	東京 - 新大阪：東海道新幹線開通（日）	インテルサット発足（米）
1965	名神高速道路全線開通（日）	
1969	超音速旅客機コンコルド 1（英／仏） 有人宇宙船アポロ 11 月面着陸（米） 東名高速道路全線開通（日）	ARPA：ARPANET（米）
1979	本州四国連絡橋（大三島橋）開通（日）	自動車電話サービス（日）
1981	NASA：スペースシャトル打上げ（米）	
1984		キャプテンシステム（日）
1994	パリ：第 1 回 ITS 世界会議（仏）	
1998		グーグル：検索サービス（米）
2001	ETC サービス（日）	eJapan 戦略（日）
2005	愛知県：磁気浮上リニアモーターカー（日）	グーグル：グーグルニュース（米）

には効率を高めて無駄を減らす技術改善はあっても、人間の生理的限界を超えるような本質的な革命はない。交通の本質は実在のヒトやモノを運ぶ、物理世界を扱うことにあり、通信は仮想世界を扱う技術です。ヒトやモノを動かす必要があれば、それなりのエネルギーを使わざるをえない。そうなると時速なら飛行機の一〇〇〇㎞が限界、運ぶものの重量でいえば、陸上交通ではせいぜい数十ｔが限界です。これに対し、通信は重量の問題がありませんから、常識を覆すような技術革命が次々と起こるわけです。

このように、交通と通信の技術の性質が違ったために、近代以降、発展の度合いに大きな差が生じ、「交通」と「通信」が乖離していきました。その結果、我々は交通を狭い概念でとらえるようになったのだと思います。それでは、交通と通信は本来、どのような関係にあったのかを考える場合、お亡くなりになった岡並木さん[※18]（国際交通安全学会元評議員）が「コミュニケーション」という言葉は、「通信」と「交通」の両方の意味で使われていたと話されていたことがヒントになると思います。近代以前は電気通信が存在していなかったので、人間が動くことが情報伝達の役割を果たしていましたから、コミュニケーションという言葉を「交通」の意味でも使ったわけです。そこで、交通の将来を検討するためには、もう一度、交通と通信が一体となるような社会を目指すべきではないかと思います。言葉を変えれば、本来の意味での「コミュニケーション」を取り戻すことが、二一世紀の交通の主題になるのです。

18
岡　並木
交通評論家。朝日新聞編集委員として交通問題、都市問題を担当。同社退社後は、東京大学講師、西武百貨店顧問、武蔵野女子大学教授などを歴任。武蔵野市ムーバスなど各地コミュニティバスの運行計画に参加。運輸大臣交通文化賞を受賞。二〇〇二年没。

本来の意味での「コミュニケーション」を取り戻すというとき、具体的には、どのような技術革新が求められるのでしょうか?

交通にＩＴをどう組み込むか

当面は交通技術に通信技術を付加していくことだと思います。そうした試みはすでに始まっており、いろいろな可能性が見え始めていますが、その一つがＩＴＳ[※19]です。実用になっている事例では、目的地まで道案内をしてくれるカーナビゲーションや、渋滞の状況を時々刻々教えてくれるＶＩＣＳ[※20]、また、駐車場案内システムなども、どこが空いているか指示してくれますから、迷うことなくいちばん近い駐車場に行くことができ、無駄なエネルギーを使わずにすみます。移動の技術に通信の技術を組み込むことで、エネルギー消費を縮小の方向に向かわせることができるわけです。細かい分野でいえば、エンジン制御にもＩＴが投入され、最適な燃焼に制御できるようになっていますし、ハイブリッド車であれば、モーターとエンジンの切り換えを最適に保つ制御も実現されています。

さらに、自動運転の可能性もあります。第二東名自動車道に自動運転を導入するという計画がありますが、道路環境さえ整備されれば、技術的にはいつでも導入可能な状態になっています。その際、車間をどう設定するかという議論があります。たとえば時速一〇〇㎞で走る場合に、必ず一〇〇ｍの車間を保つとすると、車線容量が減るという反論があります。これは安全性を無視して走っている現状を、暗に肯定する意見という気もしますが、自動運転になると、車間距離は数ｍにまで縮めることが可能です。愛・地球博では、一〇台のバスが近接して走行

19
ITS (Intelligent Transport Systems)
情報通信技術を用いて人と道路と車両を情報で結び、交通事故、渋滞などの交通問題の解決を目的とする交通システム。カーナビゲーションの高度化、自動料金収受システム、安全運転の支援、交通管理の最適化など九つの開発分野からなる。

20
VICS (Vehicle Information Communication System)
道路交通情報通信システム。ドライバーの利便性向上、渋滞の解消・緩和などを図るため、渋滞状況、所要時間などの道路交通情報を道路上に設置したビーコンやFM多重放送によって、車両へ提供するシステム。

するバス列車が走りましたが、高速道路でも同様のことが可能です。しかし自動運転の問題は技術にではなく、社会の側にあります。自動運転にすると人間に事故の責任を問えなくなる。すべてが自動車という機械の責任になるので、メーカーが導入を躊躇するわけです。しかし、自動運転技術は革命的とはいえないが、安全、環境の視点でいろいろと有益な面があるので、実用化を急ぐべき技術だと思います。

また、交通手段に通信技術を付加すれば、「三角輸送」[21]が可能になります。現行のトラック輸送は、行きは荷物を積んでも帰りは空荷になることが多く、無駄なエネルギーが相当に消費されています。しかし、通信を駆使して需要を全体的に把握し、帰りにも荷物を積めるようにすれば、輸送効率を格段に高めることができるし、最短経路で荷物を運ぶことのできる荷物の積み方を運転手に指示し、手前から降ろすようにしていけば、配送効率も高まります。このように、物流の分野は情報通信技術の導入により、相当にエネルギー消費を抑えることができると思います。

交通ユビキタス時代へ

最近注目されている情報技術はＲＦＩＤ、つまりＩＣタグ[22]です。たとえば国際宅配便など、自宅のコンピュータで個々の荷物にふられた十数桁の番号さえ入力すれば、荷物がどこにあるかすぐにわかりますが、これは、荷物が決められた地点を通るたびに、何月何日何時何分にどの地点を通ったかが記録され、その結果をインターネットで確認できる仕組みになっているからです。

21 三角輸送
二つの拠点の往復でなく、三拠点間を運行すること。空車走行を減らし、車両運行効率の向上を図る目的で導入される。

22 ＩＣタグ
無線ＩＣチップ。数㎜角から数㎝角程度の大きさで自身の識別コードなどの情報が記載されている。電波を使って管理システムと情報を送受信する能力を持つので商品識別・管理だけでなく、情報社会を推進する技術として注目されている。

ユビキタス技術が普及すると、これまでの「人間と人間」の通信以外に、「人間とモノ」「モノとモノ」「人間と場所」「モノと場所」「場所と場所」など、さまざまな通信が可能になります。「人間とモノ」のコミュニケーションでは、たとえば大根に農薬を使っていないか、生産者は誰かといった情報を書き込んだＩＣタグを添付しておくと、消費者に必要な情報を届けることができます。「人間と場所」では、歩道や建物などにＩＣタグを埋め込んでおけば、目の不自由な人などに対して情報を提供できます。また、「モノと場所」では、本にＩＣタグを埋めておくと、返却する本を図書館の空いている棚に無造作に置いても、すぐに本の所在が確認できるということも実用になっています。

こうした技術の開発では、日本が先端をいっています。その背景には、日本文化の多様性があると思います。日本人は、森羅万象に魂が宿っており、モノにも精神性があると考えてきたため、「人間とモノ」「モノとモノ」のコミュニケーションという概念に抵抗がないわけです。ところが、西欧や中東などの一神教的文明圏では、モノが人間と対等に対話するのは奇異に受け取られるのです。そのため西欧では、人間のつくったモノを体内に埋め込む「人工心臓」はなじまないと受け取られている面があります。一方、日本人には、「心臓移植」は他人の心臓を埋め込まれるので、その魂が乗り移るような気がして抵抗があります。西欧人は、人間は神によって創られ、神の前ではすべての人間が同じと考えていますから、心臓移植には抵抗がないわけです。

23
Ｎシステム
自動ナンバー読み取りシステム。主要国道や高速道路に設置されたカメラの下を通過したすべての車両を撮影、車両の番号などをコンピュータに記録する。オウム関連事件などでも利用された。

24
中越地震
正式名称は平成一六年（二〇〇四）新潟県中越地震。二〇〇四年一〇月二三日一七時五六分に、新潟県中越

Nシステムの汎用性

交通と通信の融合で注目されるのは、赤外線でクルマのナンバーを読み取るN[※23]システムです。これは当初はスピード違反を取り締まるための技術でしたが、さまざまに利用されています。中[※24]越地震によって大きな被害を受けた長岡市で、三歳の子どもが土砂のなかから救出されましたが、これはNシステムを活用した成果です。あるNシステムのカメラ設置地点を通過した自動車で、次の地点を通らなかった自動車を調べることにより、途中で消えた自動車の存在を確認できたわけです。阪神地方であった女子中学生の誘拐事件でも、自動車のナンバーから何時何分に、どこを通ったかを割り出し、犯人が逮捕されました。ロンドンの地下鉄駅の爆破事件も、監視カメラが東京の何十倍も取り付けられていたために、犯人たちが地下鉄に入る様子が撮られていたわけです。

このように、Nシステムは社会の安全・安心を守るためには有効な技術ですが、あらゆる技術は両刃の剣となる可能性があります。このようなシステムは、使い方を誤れば監視社会を生み出します。人々の移動がすべて記録されますから、一歩間違えるとプライバシーの侵害になってしまうのです。最近、携帯電話にＳｕｉｃａ[※25]が組み込まれて使用されていますが、何時何分に誰がどこを通過したかが記録されてしまいます。その情報が流出したり、不正に使われないように、こうした技術は十分に配慮して、問題のない運用方法を検討する必要があります。

交通も通信も、基本的には生物の生存確率を上げる手段です。通信は敵がどこにいるかを察知したり、必要な食料などがどこにあるかを知ることと関わります。一方、交通には安全な場所に逃げるとか、環境が激変したときに別の場所に移動するといった役割があり、どちらも生

地方を中心に発生した地震。マグニチュード六・八で、新潟県の川口町では最大震度七を観測した。

毎日新聞社提供

25
Suica（Super Urban Intelligent Card）
JR東日本が首都圏で導入しているプリペイドカード・定期券機能を持つ非接触式ICカード。カードに入金することで、繰り返し利用できるほか、電子マネー、クレジットカード機能、キャッシュカード機能、携帯電話への搭載など機能が拡充されている。

存確率を高めるという点で、生命にとって重要な役割を果たしているのです。ですから、交通と通信の融合を考える際には、そうした本質的な役割をもう一度問い直してみることも重要ではないかと思います。

二〇年ほど前、中国が食料の輸出大国だった頃に、生産された食料の半分しか消費にまわっていないといわれたことがありました。ある地域でトマトが大量に採れたが、その周辺では十分な需要がないし、ケチャップなどに加工する工場もないので、大量に腐らせていました。しかし遠く離れた地域では、トマトが足りなくて困っているという事態が生じていたのです。情報の交換がないから、こうした無駄が発生してしまうのですが、通信と交通をうまく組み合わせて機能させれば、この程度の問題はすぐに解決できます。ごく単純な話ですが、こうした基本的なことを実現することが、通信と交通の融合の第一歩といえます。

交通と通信については、通信技術の発達で交通需要が減る、減らないといった議論があります。交通需要そのものは、今後増えていくのか、減っていくのか、どのように予測されますか?

「交通」の役割は縮小するのか

私が国際交通安全学会の会員になった直後の一九八一、八二年度に、交通と通信の関係を検討するプロジェクトがあり、通信による交通の代替は可能かといった目的で、識者とビジネスマンの意識調査をし、議論したことがあります。この議論の背景にあったのは、一九七三年、七九年のオイルショックを受け、交通に関わるエネルギー問題への解決策を模索したいという問題意識でした。

この議論の結末は、通信が交通を代替する余地は、将来的にはかなりあるということだったと思いますが、この需要予測は、インターネットが普及した現在の社会状況に照らすと、あまり参考になりません。その理由は、当時想定していたさまざまな通信技術が、現在では重要な存在ではなくなってしまったからです。通信分野の技術革新は、当時の想定をはるかに上まわる水準に達しています。

一例をあげますと、当時は通信料金について、距離や時間によって料金が異なることを前提に予測を立てていました。しかし、この前提は完全に覆って、現在はインターネットの登場で世界均一の料金体系に変わっています。このプロジェクトの後、八〇年代後半から二〇〇〇年代にかけて、ＩＴ革命が起こって通信技術が飛躍的に向上しましたが、当時はこれだけの変化を誰も予想していなかったわけです。また、人口減少が予測よりも早く始まったとか、仕事中心から生活中心へと国民の意識が大きく変化してきたというような、当時は考えていなかった社会変化も生じています。さらには、そもそもの検討課題として考えていたエネルギー問題をはるかに超える次元で、種々の地球環境問題が顕在化し、議論の枠組みを根本的に見直さないと意味をなさない状況になっているのです。

ですから、当時の予測が当たったか当たらないかと単純に評価はできませんが、このときの議論で現在でも重要だと思えるのは、交通と通信の関係について、「代替」「補完」「相乗」の三つの視点で整理したことです。「相乗」とは、通信技術の発達で出会うための約束がしやすくなり、人と会う機会が増え、そのため交通需要が増えるといったようなことです。

それでは、この三つの視点から考えて、一〇年先、二〇年先に交通需要は減るのか、増えるのかという問題ですが、私自身は、コミュニケーションを目的とした人間の移動については、通信との相乗効果が顕著になり、さらに増えていくと予測しています。一方、モノの移動については、相乗効果があっても交通技術の限界という制約があり、それほど増えることはないと思います。物流は増える、増えないというより、移動効率の問題、エネルギー消費を縮小する問題が最大の課題になるということです。

在宅勤務の増加と交通需要の関係については、二〇年前の国際交通安全学会のプロジェクトでもいちばん焦点となった問題です。日本でもその後、在宅勤務が増えましたが、現時点では、予想ほど伸びていないのが実態です。週の労働の四割程度を在宅勤務でまかなっている割合を見ると、アメリカの三〇％に対し、日本では八％程度と、かなり低い数字にとどまっているのです。これは、日本は国土が狭く、コンパクトにまとまった社会になっており、アメリカの十倍以上の人口密度があるため、通信するのも交通で動くのも大差がないということがあります。また、キリスト教では、労働は神から与えられた罰と考えられているため、なるべく早く終わらせて余暇を楽しみたいという発想ですが、日本人にとって労働は喜びであり、仲間と一緒に楽しく働きたいという欲求が根強いのです。こうした労働の価値観の違いから、日本では在宅勤務が普及しにくいという一面があることは事実です。しかし、在宅勤務は時間の余裕をもたらし、地域社会で活動する時間や家族と過ごす時間が増えるという利点があります。その価値が認識されれば、日本でも広がる可能性があるし、すでにその兆候は見え始めていると思います。

沖縄県にあるコールセンター

共同通信社提供

これからの交通技術について論じる際、地球全体を持続可能にしていくために、途上国への技術移転をどう進めるかという問題も、かなり重要だと思います。この点については、どのようにお考えですか?

先進技術を発展途上国へ

途上国は先進国並みの生活水準を目指して発展したいと強く願っています。それを先進国が否定できないところで、どうするのかという問題があります。ワールドウォッチ研究所所長であったレスター・ブラウン※26が、中国が今後、アメリカ並みに成長を続けた際の地球環境への影響をいろいろ試算していますが、たとえば鉄は、世界の一年間の生産量を中国一国で使わざるをえなくなるし、中国の紙の消費がアメリカ並みに増えると、世界の森林は数十年で丸裸になるといっています。京都議定書では、途上国にはCO_2の削減義務を割り当てませんでしたが、途上国が先進国と同じ道筋で経済成長していくと、必ず破綻するということを、レスター・ブラウンは単純な計算で提示しているわけです。

この問題を考慮すると、途上国は今後、先進国とは異なる発展の道筋を考えるしかないということになります。その一つの方法は、先進諸国が惜しみなく、より高い技術を途上国に供与することです。たとえば中国で、電子新聞が先進諸国よりもはるかに普及するように技術協力するとか、エネルギー効率のいいハイブリッド車や、長期的には、石油依存率の低い燃料電池車のような手段を提供していくというようなことです。持続可能な開発の効率ということでいえば、そのほうが効率はいいのです。

26
レスター・ブラウン (Lester.R.Brown)
アメリカ農務省にて国際農業開発局長を務めた後、一九七四年地球環境問題に取り組むワールドウォッチ研究所を設立。一九八四年『地球白書』を年次刊行物として発行。二〇〇一年アースポリシー研究所を創設して所長となる。主な著書は『飢餓の世紀』『プランB』など。

たとえば最近、中国はブラジルと提携して、アルコール自動車のノウハウを導入するといった動きがあります。日本にアルコール自動車を導入しようとすると、ガソリンスタンドなどの基盤整備から再編する必要がありますが、中国なら最初からアルコールスタンドを建てればいいので、進めやすいのです。このように、より先進的な技術を途上国から導入していくということを、先進国は真剣に考えるべきです。それによって不利益を被る場合もありますが、そうしないと自分たちの社会の基盤が失われる可能性があるということを、先進国側がもっと自覚する必要があると思います。

文化の多様性を維持するために

交通や通信の発達で文化の画一化が進み、本来あるべき文化の多様性が失われてしまうといった指摘があります。これは国内規模でも、世界規模の観点でもいえることですが、こうした傾向にはある種の必然があり、避けられないことなのでしょうか?

情報の価値とは何か

その問題について考えるためには、そもそも文化とは何かということを確認しておく必要があると思います。「文明」と「文化」の定義についてはさまざまな意見がありますが、普遍性に価値のあるものが「文明」で、固有性を重視するものが「文化」であると考えていいと思います。普遍性に価値のあるものには、覇権主義とまではいいませんが、ある種の拡大意志があります。より拡大していこうとするから、「文明」は衝突するわけです。一方、「文化」は地域性に根ざしたもので、影響力がおよぶ範囲は狭いのです。ただし、独自の価値を持つものでないと文化とは呼べないわけで、文化の価値はその固有性にあるといえます。そうした固有の文化をどうやって存続させていくか、また新たにつくり上げていくかが、今後ますます重要になると思います。

この点について、情報の価値という観点から説明してみたいと思います。情報の最大の特徴は、二番目以下には価値がないということです。ほかと違う情報が最大の価値を持っていて、同じ情報の二番目は価値が一気に下落する。極端な場合には、盗作という犯罪になりかねないという性質があります。

一方、モノは二番手でもある程度は価値があり、同じような製品を安くつくって供給すれば、それなりの効用を社会にもたらします。日本の産業界が戦後発展したのは、外国の製品を改良して性能を高め、安価に普及させたからですが、これはモノだったから許されたことであって、情報の場合にはこの手法は通用しません。学問の世界でも、かつてのように情報の流通が貧弱だった時代には、外国に留学して、そこで流行している本を翻訳すれば、それなりに評価されましたが、現在のようにネットワーク経由で情報が自由に入手できると、外国の成果を自分のオリジナルのように発表しても、すぐに露呈してしまいます。完全に新しいものを生み出して初めて価値ある情報となるわけです。これを「文化」という言葉に置き換えても同じことです。

情報や文化の価値は、遺伝子資源と同じだと考えると、わかりやすいと思います。それぞれの国や地域には、固有の文化（遺伝子）がありますが、遺伝子組み換え作物が出てきて、地域固有の作物が消滅していくように、文化でも固有のものが徐々に姿を消し、あるものは絶滅の危機に瀕しているというのが今日の状況です。

日本ではとくに明治以来、伝統的な文化よりも、グローバルで普遍的な西欧文化のほうが価値が高いという発想が、根強く浸透してきました。その代表例が、尋常小学校で教える音楽を西洋音楽だけにして、江戸時代までの邦楽を完全に教育から排除してしまったことです。そのため日本の伝統音楽は衰退したわけですが、同じように西洋導入の波に押され、明治期に消えてしまった伝統文化は多数あります。

日本の初等教育で西洋音楽しか教育しなくなったために、何が起こったかというと、戦後の日本の音楽文化がほとんど洋楽に駆逐されるという事態が生じています。戦後日本で発売されたシングルレコードと、シングルＣＤのベスト一〇〇の売上げを見ると、演歌は八曲入っているだけで、残りの九二曲はすべて洋楽です。アルバムになると、上位一〇〇のうち演歌のアルバムはゼロ、すべてが洋楽で占められ、そのうち八七のアルバムは英語の題名という状況です。日本の伝統音楽は、お稽古事として細々と命脈を保っているにすぎないのですが、これは遺伝子資源の保存ということで考えれば、大問題です。これからはこうした事態を防ぐ仕組みを、

日本の伝統音楽祭で家族連れが琴を初体験
共同通信社提供

意識的につくり上げていく必要があると思います。

固有の遺伝子の大切さ

結局、今日では世界規模で広がる情報の波が、文化の固有の遺伝子を消滅させていくという矛盾した状況になっているのです。情報の価値は、遺伝子資源と同様、その固有性にあるにもかかわらず、一方で情報技術は、固有の情報を一気に拡散させ普遍化するという矛盾した動きがあるからです。

また、文明は拡大性を持つがゆえに衝突するのに対し、文化の場合は、ほかの文化と出合って新たな文化を生み出す可能性があり、それを支援していくことも重要だと思います。ただし、そこで注意しなければならないのは、それぞれ固有の文化が出合って新しい文化が発生するのはいいが、それによって固有の遺伝子が途絶えてしまうと、そこから先は何も生まれないということです。これは、絵具はたくさんの種類があるほうが、いろいろな絵が描けるが、すべてを混ぜ合わせた灰色の絵具だけになってしまうと、そこから先はいい絵が生まれないということと似ています。日本の洋楽教育のように、固有の遺伝子を消滅させてしまうような方向からは、次の時代を担う創造的な文化は生まれないということです。

これと密接に関係することですが、多様な尺度を社会に導入することも重要です。偏差値教育などで画一化が進みましたが、画一尺度でものごとを測ると、おかしなことになります。たとえば、運動ができる子どもや、芸術が得意な子どもが、偏差値教育ではなかなか評価されなくて、全般にわたって可もなく不可もない子どもばかり評価されるという状況になっていますが、これは情報社会の価値観に反することです。ある分野で突出した才能を持つ人については、その才能を伸ばすようにするべきで、そういう人たちが生み出す独自性の高い情報を、多様に存続させていける社会を築くことが重要です。

私が経験した矛盾した例を紹介すると、かつて経済企画庁が、都道府県の住みやすさや働きやすさを画一尺度で評価したことがあります。ある年、山梨県がもっともゆとりのある県だと評価されましたが、その後、山梨県知事に出会ったので、「山梨県はゆとりがあっていいですね」というと、「あれには迷惑している」といわれました。その年の山梨県は失業率が高くて、県民の労働時間が他県と比べて短い状態でした。それが統計では、ゆとりがあるという解釈になったということです。県民は仕事がなくて困っているのに、数字だけを足したり引いたりすると、こういうことが起こってしまうのです。

文化の価値は固有性、独自性にあるというご指摘ですが、具体的にそれをどう守っていくかということになると、いろいろと難しい課題があるように思います。何かよい処方箋はあるのでしょうか?

通信の活用が決め手に

実際に難しい問題です。国と地域という単位で相当意識的に、政策的に取り組まないと解決は難しいと思います。フランスでは、テレビジョン放送の八時から一〇時の時間帯については、六割はフランス制作の番組にするという規制を行っています。規制をはずすとアメリカ映画や、日本のアニメーションに席巻されてしまいますから、それを防いでいるわけです。文化の多様性を守るためには、こうした規制も必要になると思います。

また、衰退しそうな文化や芸能には、資金援助をしていくことも重要だと思います。そうしたことを実行するには、民族なり国民なりが文化の多様性の意義を理解しておく必要がある。国民的な運動にしていけるかどうかが成功の鍵を握ると思いますが、現在のテレビジョン放送のように、どのチャンネルでも同じような低俗番組を放送して、多くの人が自覚なしに見ているような状況では、多様性の衰退はやむをえないともいえます。

ただし、そのなかで変化も見えています。ここでも鍵を握るのは通信技術ですが、インターネットの普及によって、これまでは考えられなかった小さなビジネスの可能性が出てきており、それが結果的に、文化の多様性に貢献していくという状況が生まれつつあるのです。たとえば、地下鉄の運転席から見える風景を撮ったマニア向けビデオがネット販売されていますが、必ず三〇〇本近くは売れるそうです。これまでは手づくりで少量のマニアックな商品は商売になりませんでしたが、ネットワークを通じて世界中からアクセスが可能になると、そのようなマニアックな商品も三〇〇とか五〇〇は売れるわけです。ネットワークを使いこなせば、このように小規模な商売でも成立するのです。これはリユースの促進にもつながるし、文化の多様性の維持にも貢献する話ではないかと思います。

また、地域に生まれ育った人が、その地域に固有の文化を守るだけでなく、ネットワークを通じて別の地域文化の担い手になるという可能性もあります。ヨーロッパではすでにそうした事例が出ていますが、インターネットの時代には、多様な文化が、多様な人の手により継承されていくということです。日本も世界に発信しようと思えば、こうした仕掛けを積極的に取り込んでいくべきでしょう。

ただし、面倒な問題もあります。それはどの言葉を使うかという問題です。現在、インターネットは英語中心で成り立っており、フランスなどのヨーロッパ諸国が反発しているという構図があります。書物の世界では、英語の比率は二八%ですが、これに対し、インターネットを使っている人の母国語は五四%が英語、サーバーの言語は八四%が英語です。ネットワークが普及すればするほど、英語が突出して広がっていく状況になっており、それをアラスカ大学の言語学者マイケル・クラウス[※27]が警告しています。現在は世界に約六〇〇〇の言語がありますが、一〇〇年後の二一〇〇年には、そのうち五～一〇%の言語しか話される言葉としては残らない。記録には残るけれども、使われる言葉としては三〇〇～六〇〇しか残らないだろうといっています。現在の状況が続けば、そういう方向に向かわざるをえないと思います。（資料4「文化環境の危機─言語の消滅）

一部の人が主張するように、すべてを英語にしてしまうのは情報の固有性、文化の多様性の観点からいってよくない。方法としては、英語と母国語の二重言語でいくしかないと思います。どの国も鎖国しないかぎり、国際社会の一員とならざるをえないわけで、日本のような貿易立国はなおさらそうです。そのためには、英語は生活の道具として習得する必要があり、一方で文化伝承の基盤となる日本語も、さらに磨きをかけていく必要があるということです。

アジアとの関係でいえば、これまでは西欧文明が日本に刺激を与えてきましたが、これから

27
マイケル・クラウス（Michale Krauss）
二〇〇〇年六月までアラスカネイティブ言語センターにて、プロトアタバスカン語などの研究に従事。消滅の危機にさらされた言語の記録に努める。主な著書は『Alaska native language: Past,present,and future』『Yupik Eskimo prosodic systems:Descriptive and comparative studies』『消滅の危機に瀕した世界の言語』など。

はアジアの文明が日本に刺激を与えるようになります。日中韓は漢字文化圏で共通性があるので、意識的にコミュニケーションを強化したほうがいいと思います。それは均一化の方向には向かわず、東アジアの文化的基盤を確立したり、自国の文化をさらに研ぎ澄ます方向で機能すると思うからです。そのためにも、今後は日本語と中国語の自動翻訳なども実現を急ぐべきでしょう。

文化の多様性の維持には、情報通信だけでなく人流や物流、すなわち交通の役割も重要だと思います。地域文化の多様性の維持や、活性化に貢献する人、モノの交流とはどのようなものか、ご意見をお聞かせいただけますか?

交通と文化の多様性の問題については、エントロピーで考えるとわかりやすいと思います。簡単にいうと、交通によってモノやエネルギーが頻繁に接触し、関与

資料4

文化環境の危機 ― 言語の消滅

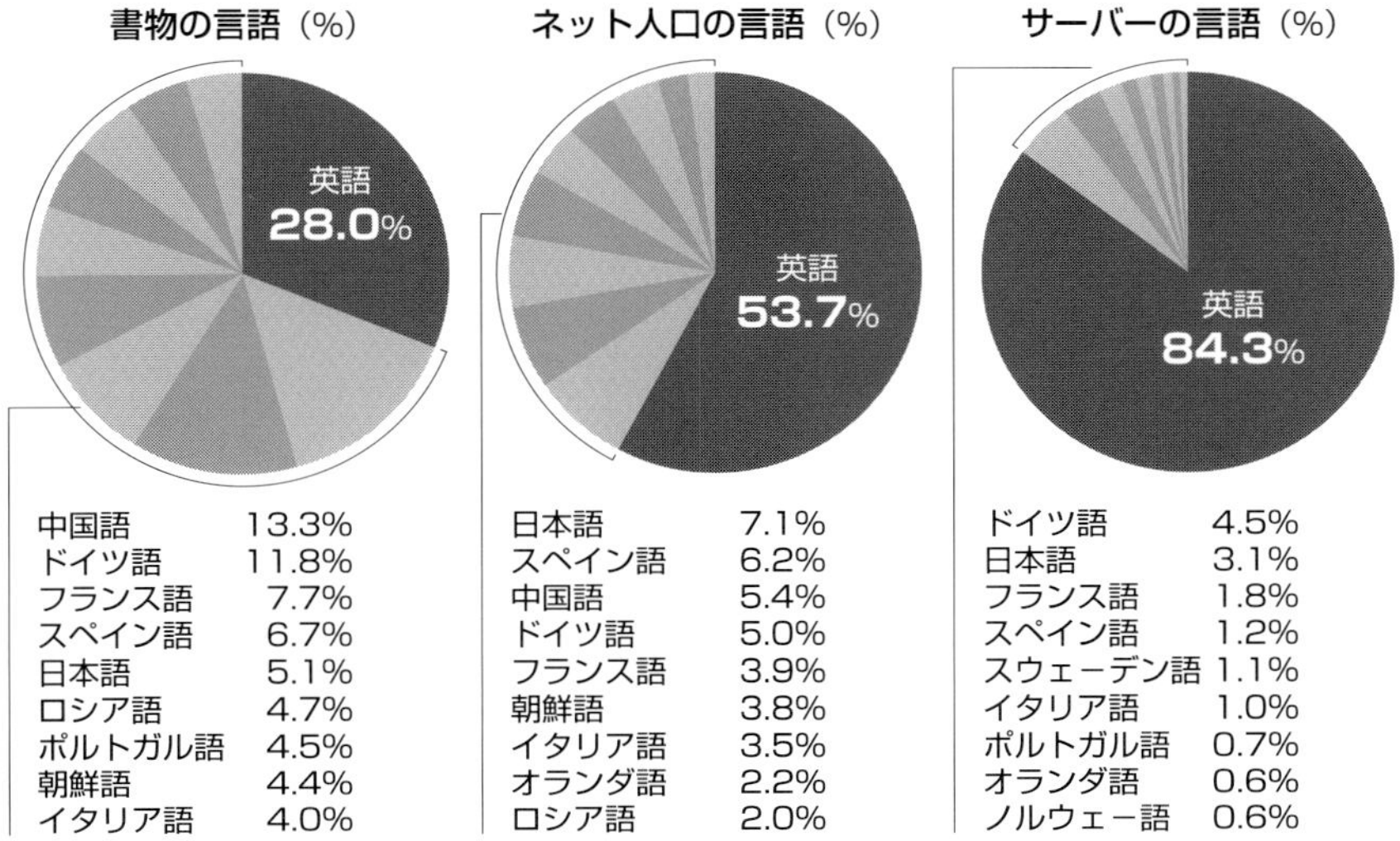

書物の言語（%）

英語　28.0%

言語	%
中国語	13.3%
ドイツ語	11.8%
フランス語	7.7%
スペイン語	6.7%
日本語	5.1%
ロシア語	4.7%
ポルトガル語	4.5%
朝鮮語	4.4%
イタリア語	4.0%

ネット人口の言語（%）

英語　53.7%

言語	%
日本語	7.1%
スペイン語	6.2%
中国語	5.4%
ドイツ語	5.0%
フランス語	3.9%
朝鮮語	3.8%
イタリア語	3.5%
オランダ語	2.2%
ロシア語	2.0%

サーバーの言語（%）

英語　84.3%

言語	%
ドイツ語	4.5%
日本語	3.1%
フランス語	1.8%
スペイン語	1.2%
スウェーデン語	1.1%
イタリア語	1.0%
ポルトガル語	0.7%
オランダ語	0.6%
ノルウェー語	0.6%

し合うほど、文化的諸要素が融合してエントロピーが高まり、それだけ文化は均質化し、停滞する可能性があるということです。しかし、人間にはエントロピーを下げる特殊な能力があり、人間が創造力を発揮することで再び文化が多様化し、エントロピーが下がるのです。これはいわば「シジフォスの神話」[※28]の世界です。我々は均質化の動きに対抗して、多様化の方向に引き戻す努力を不断に続けなければならないのです。しかし、日本では明治維新以後、多様化の動きが、均一化の動きに圧倒されてきたのです。これからはこの状況を逆転させていく必要があり、交通について考える上でも、そうした視点を取り込むことが重要だと思います。

　地域文化を守るというとき、大切なことは、生活、風土、風景など、地域に固有の文化の価値を自らが見出していくことです。そして、その文化的価値を社会に認知してもらう仕掛けをつくることが重要です。インターネットでは入手できないが、現地に来て初めて何かを得られる、食べられる、体験できるというような仕組みをつくり、人々を呼び込むわけです。こうして交流人口を増やしていくことが、地域文化の活性化や多様性の維持に欠かせないと思いますが、そのためにも交通は重要な役割になります。

　一方、モノの流れでは、最近は特産品のインターネット販売などが盛んに行われていますが、経済的便益だけを追求しても、文化や風土は守れません。普及力、浸透力のある通信技術に頼りすぎると、どうしても画一化の方向に進み、もともとの価値を失うことになりかねません。文化の価値は希少であるという点にあるのに、情報を垂れ流して、増え続ける需要に対応していくと、その希少価値が崩壊してしまう恐れがあるからです。そこをよく理解して、インターネットをモノの販売だけでなく、人的交流の活性化にも役立てる方向で活用していけばいいの

28 シジフォスの神話
ゼウスにより大岩を山頂まで押し上げる命令を受けたシジフォスは懸命に努力するが、毎回、山頂直前で岩は麓まで転落し、永遠の業苦に耐えるというギリシャ神話。

ではないかと思います。

もう一つ、これからの地域が考えないといけないのは人口減少の問題です。日本は明治以来、一〇〇年で人口が三・五倍に増えましたが、これから一〇〇年で半分に減っていきます。そのため、今後は人口増によって広がった地域から撤退していく作業が必要になります。青森市などは、過疎地のお年寄りに市の中心部への移転を呼びかけ、除雪などの社会的費用を削減する方向を打ち出しています。これからはこうした撤退事業によって、やむなく消滅する集落が増えると思いますが、問題は消滅後の自然環境をどうするかです。当然ながら、放置しておくだけでは自然はもとに戻らないわけで、きちんと整備して、維持管理の道筋をつけて撤退する必要があるということです。

その際、誰もがすぐに思い浮かべるのは人工林ですが、人工林は自然の多様性維持の観点から、必要最小限にとどめるべきだし、近年の自然災害を見ても、杉などの人工林が木石流となって被害を大きくするといった事態が生じています。今後はむしろ、自然林を増やしていく、人工林の一部も自然林に戻していくという発想が必要で、こうした自然再生事業は、和歌山県の緑の雇用施策などが一つの例ですが、地域の新たな雇用創出にもつながります。このように、地域の自然資源をもう一度見直し、その価値をなるべく高めていくことも、地域の活性化と密接に関わる仕事ではないかと思います。

人工林から舞い上がるスギ花粉

毎日新聞社提供

「道はつづく」――⑥ 南アフリカ編

南アの道は黄金含み!?

●杉田房子

南アフリカ共和国は、確かにアフリカ大陸にあるが、オランダ、フランス、イギリスなどから移住した人たちが造りあげた都市は、まったくアフリカにいる気にさせない。整然たる大都会、四通八達の道路網。そこに現地の人たちがいるのでやっと納得がいく。

一六五二年オランダ東インド会社のヤン・ファン・リーベック船長が船舶の補給基地として町づくりをしたのが、代表的大都会ケープタウンの始まり。オランダから自分たちの理想の町をつくろうと無人の荒野に西洋文明を初めて根付かせたので、ここを〝マザーシティ〟という。リーベックが上陸した四月六日は、南アの建国記念日になった。

リーベックは「文明はワインとともにある」と信じ、ヨーロッパからブドウの苗木を取り寄せ、一六八〇年ワインづくりの職人を入植させて世界的ワインの名産地の基

金が発見されたキャンプ地のヨハネスブルグは、1世紀で南ア最大の都市に成長。

礎を築いた。ワイン好きのナポレオンはケープワインを愛飲し、一カ月に二ダース以上も飲んだとか。

アフリカ大陸の最南端に岩肌をむきだした険しいケープ岬。インド洋と大西洋を二分する喜望峰は〝台風の岬〟とも呼ばれる風の強いところ。その昔はどれほど多くの船がこの強風に悩まされたことか。

私が丘の上から喜望峰を眺め、丘から下りて浜に立ったとき、ご案内して下さった方が「遠い日本からアフリカ最南端までようこそ」と冷えた南ア産のシャンペンを抜いてご挨拶。思いがけないおもてなしにシャンペンの味は喉に心地良い。が、ゆっくり味わうにはあまりにも風が強く、一人で立っていられずに車のサイドミラーにつ

インド洋と大西洋を二分する喜望峰。常に強風で航行する船を悩ませる。

野生動物の王国。見物の車のボンネットの上に見張り役の土地の人が座る。

かまりながら飲んだので、強烈な印象として、さらに忘れがたい思い出のシャンペンとなった。

南アの豊かさはダイヤモンドと金が採掘されているからというが、金が発見されたことから大都市ヨハネスブルグが誕生した。一八八六年、大金脈の発見は、一獲千金を夢見た人たちのキャンプ地をわずか一世紀で、南アを代表する都市に成長させた。今、長い空の旅を経て南アの第一歩を踏むのは、このヨハネスブルグ国際空港である。

空港から町への道路も、町を取り巻くハイウエーも立派で、車での移動は楽しい。この道路の基礎になっている土は、金鉱から掘り出した土から金を採った残りを使ったが、当時の採金方法では土のなかに金がわずかながら残っていると説明された。金はあと二〇年もすると無くなるという説もあるので、そうなったら道路を掘りかえして、金を採り出そうじゃないか—という南アの人もいた。〃黄

観光客に原住民が歌ったり、踊ったり、南アの文化を披露。

金入り道路〃とは何ともリッチなことよ。金の発見から誕生したヨハネスブルグの町らしい。

道路の完備はクルーガー国立公園のなかでも見られる。公園のなかに立派な道路が張り巡らされているが、この道路は車専用で、ここ以外は走ってはいけないという動物保護のもの。当然車でないと公園内に入れない。日本の四国ほどの広さだから車での移動以外考えられないが、動物をよく見ようと車から出て道路に立つことも禁止されている。国立公園のほかに私営保護区もあり、ここは道なき道を動物を追いかけて走りまわり、オープンのランドローバーが使われているので、時に急カーブを切って乗っている人が振り落される危険もある。夜になって動き出す動物を追って、暗い公園を走ったときは、見張り役兼用心棒役の土地の人がボンネットの上に座り、持った銃で動物の存在を教えてくれるが、暗闇のなかピカリと光る

クルーガー国立公園のなかで出合ったライオンの親子。風下の車の中から眺める。

ケープタウンの商店街。靴屋さんにはいつも靴選びの客が。

動物の目は恐ろしいけれど、魅力的でもある。

南アの誇る交通は世界最高の豪華列車として人気のある「ブルートレイン」。首都のプレトリアからヨハネスブルグを経由してケープタウンまで一六〇〇㎞を約二五時間で結ぶ。〝走る超高級ホテル〟とも形容されている一七両編成車は、機関車に手荷物車、動力車、そして一〇両の客車を挟んで、厨房車、食堂車、ラウンジカーを連結。冷暖房、防音、防震、防塵装置を完備し、快適な旅が楽しめる。乗車定員一〇八名、乗務員二六名。古き良き時代の優雅さを近代設備に整えたこの「ブルートレイン」は予約を取るのも難しい。一一カ月前から予約受付というが、列車の運行が週三日とか一回とか数が少ない上に希望者が多いため、二度南アを訪れた私も予約を何度もトライしたが、無理だった。豪華な列車食堂でもう一度ケープ産シャンペンで乾杯したかったのだけれど––。

オールドダッチハウス。初期のオランダ移民が建てた白亜の建物は人気の的。ここに住むのはステータス・シンボルで、大変に高価なのだとか。

財団法人 国際交通安全学会 シンポジウム

パネルディスカッション

「交通」が結ぶ文明と文化

平成一七年一二月九日　於：東京・経団連会館

パネリスト：

中村英夫・武蔵工業大学学長

川勝平太・国際日本文化研究センター教授

北村隆一・京都大学大学院工学研究科教授

月尾嘉男・東京大学名誉教授

井上勇一・外務省在パース日本国総領事館首席領事

コーディネーター：

武内和彦・東京大学大学院農学生命科学研究科教授

喜多秀行・鳥取大学工学部教授

パネルディスカッション

「交通」が結ぶ文明と文化

武内和彦（コーディネーター）

喜多秀行（コーディネーター）

東西文明の発展と交通

武内　「交通が結ぶ文明と文化」というテーマについて、ディスカッションを進めてまいりたいと思います。議論の前提として、最初に中村さんのほうから、交通と文明についての全体的な見取り図のようなものを提示していただければと思います。

中村　交通と文明・文化について全体像を整理するということで、図のようなものを考えてみました。（P270「交通手段の発展」参照。）縦軸が時間で、横軸に空間軸というか、距離のイメージを持たせ、そのなかに船とか自動車といった交通のモードを配置するという仕分けをしました。

まず自然力の時代ですが、これはローマ時代初期からだけみても一〇数世紀にわたるたいへん長い時間で、ローマ帝国の時代から、産業革命が始まるまでの期間にあたります。この時代の主な交通は、海上は帆船であり、陸上では馬車あるいは徒歩です。海を渡って文字が伝わり、宗教が伝播していったのがこの時代です。日本でもまず六世紀に仏教の伝来があり、一六世紀にはキリスト教が入りました。キリスト教の伝播については、パウロたちがローマ帝国がつくった道を通って帝国内を広い範囲にわたって移動し、キリスト教世界を広げていったのです。そして、そのローマの道と、地中海の船を使って、ローマ文明がどんどん拡大していきます。たとえばゲルマンの土地を、どんどんローマ化していく。文字のない土地にキリスト教を伝え、文字を広めてゆき、ヨーロッパ全体に今の西欧文明の基盤になるものを築いていったのです。

その後、中世末から地域間の文化交流も盛んになります。たとえばフランスでは、ルイ一四世の治世、宰相コルベールの時代に、道路整備にたいへん力を入れ、パリを中心に立派な道路網をつくっています。アルプス越えの道を再整備したのはそのあとのナポレオンのころで、こうした道路を通って、いろいろな文化が伝えられてゆきました。人は馬車に乗って動く、その人は技術の伝播を担い、文化や芸術の伝播

交通手段の発展

遠距離（大陸間等）	中距離（国内等）	近距離（地域内）

18世紀以前―自然力の時代

文字・宗教の伝播

ローマ文明の拡大
地域間文化交流のはじまり

聖地巡礼・社寺参拝

19世紀―産業革命

西欧文明の世界的拡大

文化・芸術・技術の交流
中央の生活風習の伝播
観光旅行の発生

20世紀―内燃機 電動機の導入

アメリカ文化の発展

地域文化の全国化

都市集積の進展
大都市文化の成長

20世紀中期―モータリゼーション テレビ化

産業文明の全世界化

情報格差の縮小

郊外型生活文化

21世紀―高度情報化

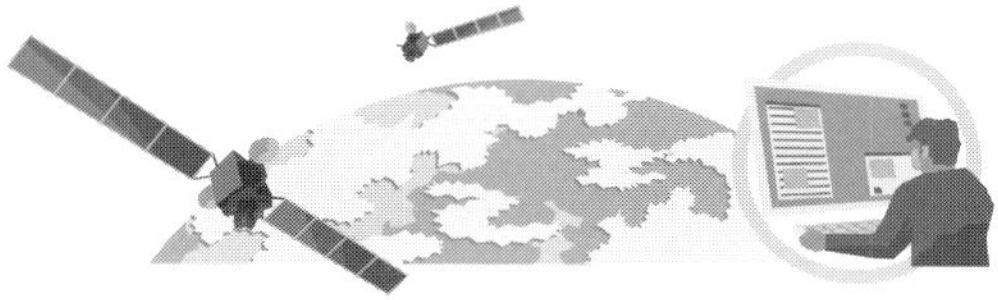

を担うのであります。来年（二〇〇六年）生誕二五〇年を迎えるモーツァルトも、この時期にヨーロッパ各地へと馬車で相当な距離を動いていました。モーツァルトが早死にしたのは、映画『アマデウス』では才能に嫉妬した同じ作曲家のサリエリに毒殺されたとなっていますが、私はあのガタガタ道を馬車で年がら年中走ったから、早死にしたのではないかと想像していいます。また、当時は宗教行事で人が動く時代で、聖地巡礼が世界各地で盛んに行われましたし、日本でも江戸時代の終わりころから、お伊勢参りをはじめ、いろいろな社寺参拝、聖地巡礼で人が動きました。イスラム圏の国やヨーロッパでは聖地巡礼は今でも盛んに行われています。

その次が産業革命から一九世紀はじめにかけての時代です。産業革命で船は蒸気船になって、速度も上がり、より遠くまで航海できるようになりました。さらに、この時代のもっとも大きな変化として、鉄道の登場があげられます。鉄道が最初に開通したのはイギリスで一八二五年のことでした。これが文化・芸術の交流、中央の生活風習の伝達、あるいは観光旅行の発生というような役割を果たしていったわけです。文化・芸術を運んだ鉄道は、同時に文化・芸術の対象でもありました。たとえば有名なモネの「サンラザール駅」。今もパリのサンラザール駅は

中村英夫

川勝平太

モネの時代とあまり違わない形で残っています。この鉄道は、イギリスで鉄道が発明されてからしばらく後に、パリから北のノルマンディにかけて開通しています。この鉄道に乗って、モネやシスレー、ブーダンといった後の印象派といわれる画家たちが、ノルマンディ海岸のほうへ出かけていったのです。そこで描くのは、たとえば、ルーアンの大聖堂の絵であるとか、モネがノルマンディのルアーブルの港で描く有名な絵であります。そしてこの港の日の出の絵に印象＝アンプレシオンという名を付けましたが、これが後に印象派というこのグループを総称する呼び名となっていくのです。

日本でも鉄道は文化の伝播にたいへん大きな影響をもたらしています。その鉄道の影響を述べたものに、『本邦鉄道の社会及び経済に及ぼせる影響』という立派な本があります。これは大正年間に出版されたもので、後の鉄道省となる鉄道院から出ております。上下巻のたいへん分厚い本ですが、そのなかには、鉄道がもたらした文化的な影響、社会的な影響が数多く示され、たとえば東京の廓《くるわ》言葉が、鉄道に乗って東北線のどのあたりまで伝わったかとか、観光旅行の普及など、いろいろな影響を実に丹念に調べあげて描いています。

そのあと、二〇世紀には電動機、内燃機、つまり電車と自動車が入ってくる。ここでまたいろいろと文化的、文明的な絶大な影響が生じてきます。さらに二〇世紀の中期以降になりますと、航空機や高速鉄道が入り、テレビなどの通信技術が加わり、中央と周辺との情報格差がどんどん減っていきます。そしてモータリゼーションの進展によって、郊外型生活文化が広まっていきます。

そして、二一世紀から先は高度情報化の時代であり、インターネット、衛星放送の世界です。こういう時代になると、文化・文明の側面では、交通はもう支配的な役割を果たさないのではないかとも思われます。サステイナブルな社会をつくっていくという意味でも、これからは交通よりも通信技術のほうが、より重要な役割を担っていくのではないかと考えられるのです。

武内　ヨーロッパではローマの道に代表される陸上交通が発達しますが、東アジアでは、中国の「南船北馬」という言葉にあるように、船、つまり水上交通が重要な役割を担いました。東アジアの交通がどのようなものであったのか、川勝さんのほうからお願いします。

川勝　「南船北馬」という言葉は、中国の北部は「馬」、南部は「船」と、主たる交通手段の違

井上勇一

北村隆一

いがあり、中国の北と南では文化が違うことを言い表したものですが、確かに、北の黄河流域は畑作牧畜、南の揚子江流域は稲作漁撈《ぎょろう》というように、生活文化が違います。そうはいっても、「北馬」は万里の長城より北側の、馬を交通手段とする遊牧民についてはいえますが、長城より南の華北では馬だけでなく、黄河の支流、渭水《いすい》のほとりに長安《ちょうあん》があり、そのほか洛陽《らくよう》や開封《かいほう》が都になりましたが、そこには黄河を使った交通があります。いわゆる世界の古代文明は、黄河、インダス川、チグリス・ユーフラテス川、ナイル川の流域ですが、いずれも川が重要で、河川交通の要衝を中核にして文明が栄えました。とくに中国の場合は、古代に「商」という国がありますが、まさに通商で栄えた文明です。その通商が黄河の水運によっていたことは明らかです。

そして「南船」については、中国南部に王朝を築いたのは南宋の時代が典型ですが、南宋の都の臨安《りんあん》は今の浙江《せっこう》省の省都・杭州《こうしゅう》で、これは揚子江の河口にあり、水郷の町といわれています。マルコポーロが一三世紀末に臨安に行って、行在《キンザイ》という名前で呼び、世界最大の港町だと述べています。中国の南部では、南宋の時代(一一二七～一二七九年)に揚子江流域に非常に水運が発達しました。しかし、宋の前は唐、その前は隋ですが隋の煬帝《ようだい》が、揚子江から北の黄河にかけて大運河をつくっています。そのことから知られるように、中国大陸においても、水運がきわめて重要であったことは間違いありません。

こうした中国の水運ネットワークは、一五万kmというローマの道に匹敵するものではないかと思います。もちろん、大陸ヨーロッパにおいても、ライン川、ロワール川、ドナウ川、あるいはイギリスのテムズ川、セバン川など、舟運は十分に考慮されなければなりませんが、東西の文明を比べた場合、西ヨーロッパでは陸運の重要性が際立ち、東アジアにおいては、むしろ舟運が際立つということです。

また、モンゴル帝国のフビライが北京に都を定めたのは、すぐ東の渤海《ぼっかい》・黄海に出られる天津《てんしん》があったからで、フビライは天津から北京のすぐそばまで、運河を掘ろうとしたという記録があります。モンゴル人は馬でモノを運ぶ民族でしたが、あのフビライも元王朝においては、今まで内陸にあった都を、東の北京という東シナ海に出やすいところにまで移したわけです。これは揚子江流域の南宋に対抗するためであったと思います。南宋が栄えたのは、日本では平清盛の頃から鎌倉時代です。そして、元に滅ぼされるのが一二七九年、それは二度（一二七四

月尾嘉男

年、一二八一年）にわたる元寇《げんこう》の間の年で、揚子江流域に一五〇年間ほど栄えました。その都市のひとつ泉州《せんしゅう》は、台湾海峡に面する港町で、イスラム系の人の墓もあり、イスラム文化が入っていたことがわかっています。イスラム世界ではダウ船が行き来していましたが、南宋ではその技術を学んで、中国特有のジャンク船がつくられたものと思われます。南宋の水軍力の強さを知ったフビライは、南宋を滅ぼしたときに海軍大将や水軍をそのまま引き継ぎました。一二八一年の二度目の元寇では、かつての南宋の海軍力をあわせた一五万人の兵力で日本に攻めてきましたが、そのうち一〇万人は旧南宋の海軍です。そういうことから、フビライは舟運の重要さを知っていたに違いないと思います。

こうして中国の歴史を見ていきますと、その時々の王朝が水運をたいへん重視していたことがわかります。また、今日の東アジア地域を見渡しても、発展している東アジア地域はみな海に面しています。そして、そのもっとも典型的なのが、有史以来、一貫して「津々浦々」という日本独自の言葉がありますように、港をつないで全国ネットワークを形成しながら発展してきた日本です。

武内　中国では、一九世紀末からヨーロッパ列強が鉄道を敷設して、鉄道権益をめぐる争いが繰り広げられました。井上さんは、この時代の東アジアにおける政治外交を、鉄道ゲージの視点から研究されていますが、どのようなものかご紹介いただけますか。

井上　私がいつも気になるのは、鉄道あるいは広く交通は、国家権力もあわせて運んでいるということです。政治権力というものは、きわめて概念的なもので、目に見えるものではありません。一方、鉄道が走る範囲とは、それなりに政治権力が支配できる範囲であり、その変遷を辿ることで、ある時代の国家権力のありようが見えてくるわけです。

今日、ヨーロッパの鉄道ゲージ、つまり線路の幅は、基本的に四フィート八インチ半で統一されています。一八二五年にイギリスで走った世界初の鉄道のゲージも、四フィート八インチ半でした。それ以降、民営の鉄道がどんどんつくられていきますが、それぞれの鉄道ゲージはバラバラだったそうです。ロンドンから西へ行くグレード・ウエスタンは、実に六フィートの幅があったといわれています。これが経済上の効率から、だんだんと四フィート八インチ半に統一されていったわけです。四フィート八インチ半の根拠は技術的なことではなく、歴史的には、ローマ時代のチャリオットという戦車の車輪の幅に等しいといわれています。

さて、国際政治を鉄道の視点で見ていくと、もっとも興味深いのは一八世紀後半から一九世紀前半の中国です。中国に各国が建設していった鉄道のうち、ヨーロッパ系が建設したものはすべて四フィート八インチ半でした。一方、北から来る旧ロシアが建設したシベリア鉄道は、五フィートで若干違います。一八九〇年の五月には、来日したロシアの皇太子ニコライに、津田三蔵という警官が切りつけたという、有名な大津事件が起きています。あのときニコライ皇太子が、なぜ日本にやってきたのかといえば、日本に来るのが目的だったわけではなく、ウラジオストクでシベリア鉄道の工事の起工式に出るためだったわけです。

一八九〇年、九一年のあたりから、日本も朝鮮半島の南から北に向けて鉄道建設を始めますが、そのゲージは四フィート八インチ半でした。そして、イギリスは北京から奉天《ほうてん》に向けて鉄道の建設を進めます。日本とイギリスの鉄道は四フィート八インチ半で、ロシアの鉄道が五フィート。東アジアで四フィート八インチ半と、五フィートの鉄道が、当時の満州を目指して走っていくという構図ができあがったわけです。これが一九〇二年に締結された日英同盟の背景にあった、非常に大きな出来事であったと思います。

たかが鉄道のゲージではありますが、線路の幅が違えば、そこから先に列車は進めないわけです。そこで、日露戦争のときに何が行われたかというと、ロシアが建設していたシベリア鉄道の支線・東清《とうしん》鉄道（満州をT字形に走る鉄道）の南側で、日本はこの鉄道路線に沿ってロシアに戦を仕掛け、北へ北へと侵攻していったわけです。一つひとつの戦いに勝つたびに、日本は五フィートのゲージを小さくつくり替えて兵站線《へいたんせん》にしていきます。兵隊を乗せる鉄道車両は、日本からわざわざ持ち込んで使っています。そして戦争が終結すると、ポーツマス講和会議によって、ハルピンと奉天のあいだにある長春《ちょうしゅん》以南の鉄道を、日本が引き取ったわけです。なぜ長春かといえば、要するに長春までの、実際は長春より少し南ですが、鉄道線路の幅を日本が切り替えてしまっていたからです。こうしたことから、当時は鉄道によって国家権力も運ばれていたということが、おわかりいただけるのではないかと思います。

都市交通の歴史と課題

武内　一方、都市と鉄道ということでは、どんなことがいえるでしょうか。中村さんの整理では、都市鉄道が二〇世紀の近距離交通を担い、都市集積と大都市文化をもたらしたとされています。都市鉄道の歴史について、少しご説明いただけますか。

中村　近距離交通のモードは、産業革命前後からだいたい乗合馬車で、その後に電車が入ってきて、市内電車が都市交通の主役となっていきます。この市電というものが、都市集積に非常に大きな役割を果たしたと思います。ニューヨークもロンドンもパリも、日本の都市に比べてはるかに高密な都市集積が見られます。ところが日本の都市にはない。もっとそれがないのがマニラであり、バンコクです。こうした違いがどこから出てくるかというと、それぞれの都市が乗合馬車から市電、市電から地下鉄に至る公共大量輸送の基盤づくりを歴史的に行ってきた経緯があるかどうかであります。

乗合馬車というものは、乗る人は少ないが、大きさは今のトレーラーバスほどのサイズがありますから、これを走らせるためには相当に広い道と、駐車場が必要になる。こうした場所を確保することは、都市にとって大変な事業になります。そのため、馬車を走らすための基盤を都市につくって、そこに後になって市電を入れたところと、そうした歴史のない東アジアなどの都市とでは、都市の構造が大きく違うわけです。東京にも市電、地下鉄はありますが、それらはかなり後になって整備されたもので、そこがヨーロッパなどの都市との大きな違いだろうと思います。したがって、これからコンパクトシティを考えていくときは、やはり公共の軌道系交通というものが、たいへん大きな意味を持ってくると思います。

武内 ヨーロッパの都市は、もともと比較的コンパクトに、広場を中心にまとまるかたちになっていますが、それに比べると日本を含む東アジアの都市は、郊外にどんどんと拡散していく性質が非常に強い。そういうなかで、コンパクトシティというものがどうしたら実現できるのか、北村さん、いかがでしょうか。

北村 アメリカの西海岸、あるいはカナダなどの都市に比べると、日本の都市はわりとコンパクトにできていると思います。日本の鉄道網は、いわゆる大恐慌の時代、一九二九年ごろにはほぼできていまして、戦後になって都市内鉄道、地下鉄などがさらに整備されました。これがきっかけとなって、都市の骨格というものが、鉄道を核に郊外へと広がり始めたわけです。まず、一九五〇年代には、郊外の鉄道駅のまわりに徒歩通勤者の住宅が集まるかたちで、住宅街が発展していきます。それがバスによって徒歩圏を超えて広がり、さらにモータリゼーションの進展により、鉄道駅を核にして住宅街がさらに外へ、外へと拡散していったのが、高度成長期の時代であったと思います。こうした拡散志向といいますか、郊外に出ていって一戸建ての家に住みたい、といったような願望がなくならないかぎり、コンパクトシティは実現できないのではないかと思います。

では、どうしたら意識を変えることができるのか。それはやはり、人々が自分のライフスタイルを見つめ直すことから始めるしかないと思います。その際、ひと昔前の生活の楽しさをもっとアピールしていくことが、一つの方向だと思います。私は今、京都の西陣に住んでいますが、私が行っている商取引は、ほとんどが顔見知りのいる生活圏ですんでおります。豆腐は角のお豆腐屋さんで買う、お昼は近所の食堂で食べるというかたちで、ひと昔前の小さな地域経済圏でもって生活をしているわけです。今の消費文化のなかで見ると、それは非常にかぎられたライフスタイルかもしれない。しかし、コミュニケーションは濃密だし、触れ合いのある豊かな生活ができる。そういう生活を、もう一度復権できないかと思うわけです。

これはつまり、我々が戦後慣れ親しんできた志向性、常にもっと多くのものを求めるようなライフスタイルとは異なった方向で、暮らしの豊かさを追求すべきだということです。今や非常に話題になっている都心回帰ということも、いわゆるヒルズ族のような世界ではなく、小さな生活圏のなかで代替的なライフスタイルを志向することから、発想できるのではないかと思います。そうした発想の転換にともなって、コンパクトシティのあるべき姿が見えてくるのではないでしょうか。

武内　最近、国の審議会の関係で京都市を視察しましたが、廃止してしまった路面電車、今はＬＲＴというそうですが、その導入を検討中のようです。京都は地球温暖化防止を取り決めた京都議定書で、世界的にも有名になりまして、脱温暖化計画を積極的に進めようというなかで、路面電車の復活のような交通の仕組みを変える政策を考えています。そのなかで、非常に印象的だったのは、ただ交通手段を変えるだけではなくて、昔の京都らしい街並みを取り戻すことにつなげようとしていることです。しかもそれが京都の観光イメージの向上にもつながるという考え方を持っていて、非常に説得力のある話でした。

月尾　昨年、ドイツのフライブルクに行ってきました。ここは人口二〇万人、周辺を加えても三〇万人ぐらいの小都市です。そこで感心したことは、月五〇〇〇円ぐらいのレギオカルテという名前の定期券を購入すると、日本のJRに相当する鉄道と、バスと路面電車が乗り放題になる。休日には、その定期券一枚で家族全員が乗車できます。これは当然ながら赤字で、市が三割から四割を補填しながら維持しています。なぜそこまでしてレギオカルテを維持するかというと、基本的には環境問題です。自動車交通を抑制して化石燃料の使用を減らす。そうしてサステイナブルな都市にしていこうというわけです。日本においても、公共交通はもっと環境やエネルギーの視点を強調してもいいと思います。

北村　公共交通についていえば、まず根本的に考え方を変える必要があると思います。地方に行きますと、公共交通にはなかなかお客さんが乗らない。赤字になるから運賃を上げるという、とんでもないことをしています。普通は、モノやサービスは売れなければ、値段を下げるわけです。ところが公共交通の場合は、値段を上げる。あるいは運行頻度を下げる。つまりサービスの質を落とすわけです。そうするとまた利用客が減るという悪循環を、ここ四〇年ほど繰り返しています。公共交通についてはまず、赤字だから値上げするという発想をやめる。それから、東京などの大都市では、公共交通はすし詰めのなかで我慢して乗るものという、戦後の闇市時代のような発想を捨て去ることです。

また、市バスや市電の室内はもっと快適にすべきだと思います。高級乗用車をデザインするような発想でデザインしたらいいと思います。たとえば南海鉄道のラピートなどは、そんな発想でできていますし、武蔵野市のムーバスなどが成功した理由も、そうしたデザインの要素が大きいと思います。より快適で魅力的な移動空間を提供することで、どんどん客を増やすという努力を、これからの公共交通はもっとやっていく必要があると思います。

月尾　都市を混乱させたもう一つの大きな要因は産業です。産業革命の初期には、労働者を確保しやすい都心に工場が集まったために、都市が混乱しました。一九世紀中ごろのイギリスの都市の状態については、エンゲルスが『イギリスの労働者階級の状態』という本に克明に書いていますが、惨憺たる状態になっていました。その解決のために考え出された一つの方法がハワードの田園都市ですが、生活空間を都市から切り離して別なところに持っていく方法です。日本でも、高度成長期に、東京では多摩ニュータウンが、大阪では千里ニュータウンや泉北ニュータウンができました。働く場所は都心に残したまま、生活の場を離れた場所につくって、社会を維持しようとしたわけです。しかし、環境とかエネルギーの点から見ると、この政策に問題があったわけです。

　そして現在、何が起きてきたかというと、先進諸国の主要な産業は製造業から情報産業に移行したことです。たとえば自動車は現在でも重要な産業分野ですが、部品や二輪車を合計しても四〇兆円産業です。一方、情報産業はすでに五〇兆円を超えた産業になっています。こうした情報産業はどこでもできるところに特徴がある。集合住宅の一室でもできるし、住む場所と働く場所が同じでも、なんら支障がないわけです。このように、情報中心の産業構造に社会全体が移行することを契機に、コンパクトな都市をつくることが可能ではないかと思います。情報技術を取り込むことで、職・住・遊を兼ね備えた都市を構想していくことも可能な時代になってきていると思います。

　もう一つ、これまでは東京のような大都市から地方へ移りたくても、生活水準が下がるとか、仕事の機会がないということがネックになっていましたが、情報通信技術の発達によって、そうした状況が変化しつつあります。情報通信技術によって、生活水準はどこにいても遜色のない状況になってきています。新聞はどこで生活していても読めるし、本やＣＤの購入も、山奥でも大都会とほとんど変わらないサービスを受けられる。古書の購入にしても、神保町に行くよりはインターネットで検索したほうがはるかに的確に欲しい本が手に入るようになっています。雇用機会についても、情報通信を使った仕事が全国に分散するという状況が生じており、たとえばコールセンターのようなビジネスが、北海道や沖縄に移り始めました。こうした状況の変化を踏まえて都市のあり方を考えるということも、今後ますます重要になってくると思います。

北村　コンパクトシティにするために、今の都市をつくり替えるとなるとエネルギーがものすごくいるわけです。我々の試算によると、今ある都市をつぶしてコンパクトにやり直した場合に、その都市改良に費やされるエネルギー消費量を、コンパクトシティの実現で節約できる交通エネルギー消費量で払戻ししようと思うと、一〇〇年とか、二〇〇年はかかるという結果が出ています。この話はサンフランシスコの地下鉄、バートが最初にできたときの議論によく似ています。郊外の家が老朽化して建て替えるとき、都心に建てれば余分な建設エネルギーはいらないという人がいますが、それで本当にコンパクトな都市ができるかどうかは、かなり疑問があります。都市の形を大きく変えていくことは、エネルギーの観点からすると、あまりよくないのではないでしょうか。

地球環境問題のインパクト

武内　地球環境問題については、破滅的な状況を迎えずに、なんとか持続可能な社会にソフトランディングする方法が模索されているわけですが、自動車の世界では今、ハイブリッド車や燃料電池車、最近はバイオディーゼルといったさまざまな技術開発が進行中です。これらの技術の影響力は、どの程度のものなのでしょうか。

月尾　自動車を走らせるには、持ち運びのできるエネルギー源、可搬燃料が必要です。その可搬燃料の中心の石油は、現在の予測では三〇数年でなくなります。中国が本格的な自動車社会に突入すれば、さらに早くなくなる可能性もあります。そこで当面、有望視されているのがアルコール燃料ですが、ブラジルがその最先端をいっていて、かなりの量の燃料をサトウキビからつくったアルコールでまかなっています。最近ガソリンとアルコールの比率が〇〜一〇〇％まで、すべての燃料比で走ることのできる新しいエンジンも開発され、急速な普及が期待されています。日本はこの分野では取り組みが遅れていますが、アメリカもかなり進めていますし、中国もアルコール生産のプロジェクトを始め、インドでも取り組んでいます。いずれにせよ、可搬燃料で走る自動車については、石油とは別のエネルギー源を求めて変わっていくという方向があると思います。

もう一つのエネルギー源はやはり電気で、電気はいろいろな資源から発電可能です。重油による火力発電からも可能ですし、ノルウェーではほぼ一〇〇％を水力発電で、デンマークでは一二％を風力発電で

まかなっています。電気をエネルギー源にすれば、このように供給が柔軟に行えるわけです。そうすると、電気自動車を開発して石油から転換する時間さえ稼げれば、自動車そのものはなくならないと思います。

喜多　北京では道路整備が車の増加に追いつかない状況で、オリンピック開催のときが心配されています。中国の車の保有台数は、現在六〇〇〇万台から七〇〇〇万台だと思いますが、日本はすでに射程内で、早晩抜かれることは確実です。そうなった場合、地球温暖化の問題や、大気汚染の問題がますます懸念されるわけですが、中国が日本と同じ過ちを犯さないよう、何かアドバイスすることはできないのでしょうか。

北村　日本がそうだったように、中国も国策として自動車産業を経済発展のはずみ、バネにしようと推進しています。都市内での交通施策も、自動車がスムーズに動けることを旨とした計画をつくっていて、北京でも自転車などを厳しく制限する方向で進んでいます。日本も今までの交通計画では、自動車を中心とした政策を進めてきたわけで、日本で使っている教科書でさえ、そうしたトーンになっている現状がありますから、我々が他国にアドバイスできるかどうか、非常に悩ましい面があります。我々自身も、まだ先のビジョンが描き切れていないという限界があるからです。

　ですから、まず我々自身が、交通計画の考え方や手法をきちんと見直すことが先決で、その上で折あるごとに、中国のような急成長している国々に、自分たちの反省も含めてそのノウハウを紹介していくべきでしょう。中国の車の増加率は今、増加率がピークになった日本の一九六〇年代と同じレベルまできていて、四〇年ぐらいの位相のずれで、同じことを繰り返す可能性が非常に高い。そうであるならば、六〇年代から七〇年代にかけて日本で何が起こったか、またその対策として、今後どのようなビジョンを描いていくべきかを我々がきちんと整理して、中国のような国に説明していくことも日本の責任だと感じます。

月尾　結論からいうと、その提案を中国が受け入れるとは思えません。先月（二〇〇五年一一月）、吉林省《きつりん》で化学工場が爆発して松花江《しょうかこう》が汚染されています。これは日本では公害問題といわれて、昭和三〇年代、四〇年代に同じことが発生していました。このときの経験や知識を、途上国の人たちに伝えるという活動を鈴鹿などで行っていますが、目に見える効果が出てこないのが現実です。たとえば、京都議定書では、中国は発展途上国だという認識で対象になっていません。中国は環境問題よりも経済発展が国家の大きな目標になっていますから、日本が情報を提供しても、それを実行するとは思えません。

もう一つは、国の制度が違うので、日本の方法が中国に役に立つとも思えない。たとえば東京の環状八号線に相当する北京の環状道路は、計画を決定してから一カ月後に完成しています。日本では三〇年以上かかっても、まだ全線開通していません。中国では、計画を決定して、翌日から軍隊が家を撤去して、工兵隊が入って道路を建設する。北京空港は二〇〇八年のオリンピックに合わせて、滑走路を八本にする計画ですが、現状では二本しかなくて、あと六本つくる必要がありますが、問題なく実現すると思います。日本の成田空港は三〇年もかけて、滑走路は一本半しか完成していない。あと三年で滑走路を六本つくる国と、三〇年かけて一本半しかできない国が協力するというのは無理な話なのです。それぞれの国が、それぞれの制度でやるしかないわけで、悲観的にいえば、人間はそれほど利口な動物ではなくて、他所を見習ってどうこうするということにはならないと思います。

北村　そういうこともいえるでしょうが、中国は今、日本などほかの工業先進国の発展の道をそのまま辿ろうとしている。自動車産業でもって経済を引っ張っていこう、インフラ整備していこうというときに、それでは日本の二の舞になると思っても、それと違ったモデルは何があるかと考えたときに、なかなか思いつかないという問題ではないかと思います。もしも我々が、「こうしたほうが自動車をやるよりも、あるいはハイウエーをつくるよりも、もっといいですよ」ということを提示できれば、また話は違うと思います。

文明を導く交通とは

喜多　中国やインドなどの国々が急速に先進諸国に近づいていくときに、自動車の役割が非常に大きいと思いますが、これはかつて、今の先進諸国の発展において鉄道が果たした役割に通じるのではないかと思います。しかし、自動車文明とはよくいわれますが、鉄道文明とはあまりいわれない。これについて、川勝さんはどのようにお考えですか。

川勝　鉄道は、少なくともイギリスにおいては宗教的熱情をもって迎えられ「鉄道狂時代」といわれたほどで、社会への影響は大きかったですね。イギリスの産業革命は一七八〇年代からですが、鉄道がリバプール－マンチェスター間を走ったのが一八三〇年で、このころには産業革命は一段落して、工業社会に転換します。鉄道は、産業革命のシンボル、近代工業文明の立役者になりました。ちなみに、イギリスに「文明」という言葉が生まれたのもこのころです。それまでは、「シビライゼーション」という言葉は、一八世紀末にEnglish Dictionaryをつくったサミュエル・ジョンソン博士が当初は外来語だからといって辞書に加えなかったほどです。「文明」としてのヨーロッパ人の自己認識は、フランス人のミラボーが一七五一年に中国の「中華」の言葉を自国に当てはめて使ったのが最初だといわれています。それをイギリスで使う人が出てきたのは一九世紀になってからです。福沢諭吉『文明論之概略』の種本の一つになったバックル『イギリス文明史』が一例です。日本では鉄道文化といっていますが、イギリスでは、一九世紀には鉄道は近代工業文明のシンボルであるという認識を共有していたと思います。鉄道はその後、自動車に取って代わられ、自動車が圧倒的に優勢になりましたので、文明から文化に退いていったのではないでしょうか。

ちなみに、「文化」はカルチャーの訳語ですが、江戸時代の「文化文政期」といったときの

「文化」というのは、毛沢東のいう「文化大革命」の文化と同じ意味で、文をもって人民を教化するという政治的な意味を持っています。ところが明治日本では外来語の「カルチャー」に文化の訳語を当てたことで、政治的意味がなくなりました。洋食、洋服、洋館など、政治とは無関係なライフスタイルが文化の意味になったわけです。数年前に西安《せいあん》大学の「文化節」で日本人学生がばか騒ぎして中国人を怒らせましたが、あれは現代日本における政治色のない「文化」と、中国伝来の政治色たっぷりの「文化」の意味を日本人学生が理解していなかったので事件になったのです。

文化と文明の定義を論じればきりがありません。航空も十数億の人々が飛行機で旅行する時代になっていますので、そのうち航空文明という言葉になるかもしれません。基礎は文化ですが、それがある種の魅力を持つようになって、人々をひきつける力を持ってくると、それは他地域に広まります。そのような魅力・中心性・求心力を持つ文化には文明という言葉が似合います。

武内　今は、日本と中国は非常に緊張した関係にありますが、日本とアジアの関係を考えたときに、交通はどのような意味を持つのでしょうか。外交官である井上さんのお考えを聞かせていただけますか。

井上　地域統合ということでいえば、まずヨーロッパのことが頭に浮かびます。ヨーロッパの鉄道ゲージは先ほどご紹介したとおり、基本的に四フィート八インチ半で統一されています。

そのため、国境を越えて人の往来、物資の往来を自由に行うことができるようになっている。ヨーロッパは、一七世紀以来のヨーロッパにおける戦争、第一次大戦、第二次大戦などの経験に学んでいるのだと思いますが、人とモノの往来を自由にすることによって、ある種の一体化を進めているといえます。それが戦後のヨーロッパ共同体からEUになり、いずれは、ヨーロッパ合衆国というものに向かって進むことになると思います。それを支えているのが鉄道などの交通であって、これによって相互依存の関係が深まりつつあると、私には見えるわけです。そういった観点からアジアを見ますと、今の最大の課題は、東アジア共同体に向かって進めるのかどうかということです。その場合に、何がいちばん重要かといえば、いかにして東アジア域内での物流システムを確立するかだと思います。日本の場合は陸地がつながっていませんから、空か、海のいずれかということになります。海と空の両方を使って、いったいどれだけ日本と東アジア諸国とのあいだで、EUが実現しつつあるような相互依存の関係を築けるか。人の往来、モノの往来をどこまで深めることができるかが、これからの東アジアの命運を握ると思います。

武内　最後に、文明と文化という観点から見た国土と交通のあり方について、中村さんにお話をうかがいます。最初のプレゼンテーションのなかで、情報化が進んでしまうと、交通はもはや文化とは切り離されたものになるのではないか、という指摘がありました。今はインターネットで、いろいろな地方の名産品を買い求めることができたりするという意味で、ある種の情報化の進展が、むしろ文化の多様性にも貢献するという観点もあるのではないかと思います。そのあたりのことも含めて、お話いただけますか。

中村　交通の原動力になるものには、いくつかの段階があると思っています。一番目は、宗教的、思想的な使命感です。その象徴的な例が、日本では阿部仲麻呂《あべのなかまろ》であり、中国では鑑真《がんじん》であり、玄奘《げんじょう》です。その次が、先ほど井上さんがいわれた軍事的なもので、この力が交通に大きな意味をもたらします。これは十字軍がいい例で、アジアでもそうした例はたくさんあります。三番目がいわゆる文化的、経済的な交通で、現実的な便益を求める動きが広範な意味で出てくる。とくに経済的利益を求める交通は、世界中いたるところに例があるわけです。そして、四番目がレジャー、楽しみを動機とした交通です。観光旅行の始まりを見ていると、ヨーロッパでも日本でもそうですが、イギリスでいうとスコットランドに行くためにカレドニア鉄道をつくり、その他に、立派なホテルをつくる。これはスイス、オーストリアでも同じです。日本でも日光に行く、箱根に行くというので鉄道を通したわけです。だいたいこの四つの段階があって、これはアジアでもヨーロッパでも、みんな同じという気がします。農産品や工業産品のような経済的な通商の利益を求めることも文化だといえば、いえなくもないが、私は文化というものは、思想であったり、芸術であったり、宗教であったり、言語であったりというものだと考えています。そういうものが文化だとすれば、私はインターネットの時代には、交通が文化面で果たす役割がかなり縮小し、月尾さんがご専門である情報通信の世界にシフトしていくだろうと考えているのです。

ただし、武内さんが関心を持たれているアジアについては、交通の役割は大きく二つあります。一つは物流です。物流は文化・文明というものではなくて、経済的な利益を求めての動きですが、日本とアジアのあいだにはハード、ソフトのバリアがいっぱいあります。それをシームレスなものにしていかなければなりません。

もう一つは、経済的利益の次にくる快楽・娯楽の世界、レジャーです。この分野に関しても、日本はまだやるべきことがいっぱいあると思います。まわりの国の人に日本を見てほしいし、日本人ももっとアジアを見なければいけない。そうした機会を通じて、我が国の今までの歴史を見つめ直さないといけない。それは国土計画のなかでも考えています。たとえばそれを広域のブロック圏の交流という形で実現する。これからの世界は、九州と広東省《かんとん》、あるいは北部九州と遼寧《りょうねい》省がどうやって一緒にやっていくのか、または北海道とマレーシアが観光などでどういうふうに結ばれるかという話で、それがボーダーレスの世界だと考えているのです。そうした観点から、地域のなかでの空港とか港湾、高速道路とか鉄道といった交通手段を考えなければいけない。今までの日本は、それを考えてこなかったといえます。たとえばドイツに行ったときに、フランクフルトだけ見て帰る人はいない。ミュンヘンに行って、ハンブルクにも行って帰ってくる。これを日本に置き換えると、関西空港から入ったら、瀬戸内海をめぐって、九州の空港から出国していくといった話になります。日本はそこができていなかったわけで、今の国土計画のなかで、それをなんとか実現していきたいと考えています。

文明・文化の観点から見て、交通がいかに大きな影響をおよぼすものであるかを示す代表的な言葉として、島崎藤村の『夜明け前』に次のような一節があります。ちなみに『夜明け前』の舞台は馬籠《まごめ》という木曾の宿場町です。「彼（青山半蔵）が争えないと想っていることが一つある。交通の持ち来らす変革は水のように、あらゆる変革のなかでもっとも弱く柔らかなもので、しかも、もっとも根深く強いものと感ぜられることだ。その力は貴賤貧富を貫く。人間社会の盛衰を左右する。歴史を織り、地図をも変える。そこには勢い一切のものの交換ということが起こる」と。これが、交通のもたらす影響の要約のようなものだと思います。

武内　この「交通が結ぶ文明と文化」というプロジェクトは、国際交通安全学会の存立の本質である、交通というものは何かということを、もう一度見つめ直す機会を持とうということから始まりました。結果として、今日は非常にたくさんの方にもご参加いただきまして、このテーマを選んで本当によかったと思っております。これでシンポジウムを終わります。どうもありがとうございました。

おわりに

人類は、言語を持つことにより高度なコミュニケーション能力を獲得した。当初、それは人々が歩き回って出会う身近な人々のあいだに限られていたが、その能力は、文字の発明により時間を超えうるものへと拡大し、さらに交通手段の発明により、空間を超えうるものへと拡大した。前者は知識の蓄積に貢献し、後者は、異文化との融合・触発による新たな文明・文化の創出に寄与したといえよう。

本書では、人類の歴史のなかで果たしてきた、こうした「交通」の役割を文明論的観点から検証するとともに、その陰の面にも目を向け、これから新たな交通社会を築いていく上で、どのような視点が重要になるかを掘り下げて考察した。また、とくに中世以降の我が国の交通史に焦点をあて、文明論的に捉え直すとともに、東アジア地域にも目を向け、この地域における交流の促進と国際理解の進展に果たす交通の役割についても展望した。

「交通」が文明と文化の発展・融合・変容などに重要な役割を果たしてきたことは、これまでにもさまざまな形で指摘されてきたが、本書で取り上げられた事例を見ても、文明史的な大きな転換点においては、必ず「交通」の影響が色濃く反映されてきたことが読み取れる。

こうした交通の役割について、川勝平太氏は、西欧文明が、「ローマの道」に代表される陸運を基盤に発展したのに対し、東アジアの文明圏では、海と河川による水運が重要な役割を果たしたと指摘。また中国の歴代国家の多くが、水運というアジア的な交通基盤と、東アジアの地理的・地政学的な特性を念頭に首都を定めてきたことなどを踏まえ、国家が政治・経済基盤を確立し覇を拡げる上で、交通上の優位性の確保をいかに重視したかを論じている。

同様に、井上勇一氏は、外交官の視点から交通と国際政治の密接な関係を分析。中国東北部で展開された鉄道ゲージをめぐる攻防が、列強諸国の戦略的意図と力関係を規定するさまを描写した上で、〝鉄道は国家権力をも運んだ〟と指摘するとともに、シルクロードが侵略の道としての機能も有していたことや、ヒットラーが案出したとされるオリンピックの聖火リレーの道が、後にヒットラーが東進する際の侵略路になった話などを紹介しつつ、交通は地政学的要因とあいまって、国際政治に重大な構造変化をもたらす無視しえぬ要因であったと論じている。

一方、「交通」は文化交流や技術の伝播にも重要な役割を果たしてきた。造船史の観点から我が国の水運を論じた安達裕之氏は、遣唐使船が実は中国のジャンク船であった可能性が高いこと、また、朝鮮半島と日本海沿岸の造船技術に類似性が見られることなどをあげ、日本海を媒介とした地域に、国境を越える技術交流圏が存在した可能性があると指摘。さらに中村英夫氏からは、ルイ一四世時代のフランスが道路網を積極的に整備し、この道を通って文化や芸術が広がったという、西欧における「交通」の文化的影響の事例が示された。

このような事例から、文化の交流は交通基盤整備の進展や、交通技術の伝播に大きく依存してきたことが理解される。また、交通が単なる文物の伝播にかぎらず、政治・経済・社会に実にさまざまな変化をもたらしてきたことを改めて認識させられる。旅行作家の杉田房子氏のエッセイにも、世界中の都市や辺境の地で、「交通」が多様な文化を育む様子が生き生きと描かれているが、こうした事例からも、交通と文化の密接な関係が読み取れるのではないかと思う。

他方、交通の発達は、人々の暮らしや社会のありようも大きく変化させてきた。本書では、こうした「交通」がもたらす社会構造へのインパクトについても掘り下げて論じている。とくに近代社会においては、工業化の進展とあいまって人々が集積し、生産を行う装置としての「都市」の姿が大きく変貌した。職住分離が進み、郊外から都心に通勤するという都市型の生活様式が新たに生まれたのであるが、より遠距離からの通勤を可能にし、都市の郊外化を進展させたのが鉄道の発達であった。その後、「線」に沿ってしか発展できなかった都市を「面」的に拡大し、住宅や商業地の郊外化を一層進めたのが自動車の普及である。

また、都市・地域の変貌は、交通の発展経緯とも深く関わっている。中村氏は、欧米の都市と我が国の都市の都市構造の違いが、馬車交通の時代が長い欧米諸都市と、馬車の時代がほとんどなかった我が国の都市事情との違いに起因していると指摘。一方で齊藤俊彦氏は、わずか数十年という短い期間でしかなかった我が国における人力車や馬車の時代が、近代化の道を歩み始めた日本社会の発展に寄与しなかったわけではなく、陸上交通のためのインフラ整備や、人々の交通意識の醸成を加速させるなど、我が国がモータリゼーション社会に移行する上で欠かせない役割を果たしたと指摘している。

一方、北村隆一氏は、その後の自動車の爆発的普及が生活圏を広域化し、人々のライフスタイルを変えただけでなく、生産・流通・消費・廃棄という消費社会を成り立たせているサイクルのすべてを、自動車依存型に変えてしまったと指摘。地域コミュニティの衰退、さらには、実生活を営む上での「公」と「私」のバランスの「私」へのシフトなど、自動車文明がきわめて広範囲かつ深いレベルで、我々の社会に影響を及ぼした点を指摘している。

これらの指摘を見るだけでも、交通と文明・文化が相互に影響を及ぼし合い、人々の営みにきわめて重大な影響をもたらしてきた事実を再認識させられるが、本書では、こうした歴史的検証にとどまらず、今後の交通社会を描く上で必要となるさまざまな論点の提示も行っている。

たとえば、北村氏は、自動車は本来、高密度な大都市にふさわしい乗り物ではなく、都市と自動車を分離するという発想を基本に、従来の自動車文明とは異なるオルタナティブな自動車社会のあり方を検討する必要があると指摘。とりわけ、都市と非都市の役割分担をはっきりさせ、メリハリのある交通計画を策定することが重要であり、魅力的な歩行空間・公共空間の可能性を探る必要があることを強調している。

また、通信技術の発達により、交通需要が減るというおおかたの予想を否定し、むしろ通信との相乗効果によって、交通需要は今後さらに増加すると予測するのは月尾嘉男氏である。月尾氏はさらに、近代以前には「コミュニケーション」という言葉が、「交通」と「通信」の両方の意味で使われていたことを紹介し、二一世紀にはもう一度、この二つが一体となる社会をめざすべきであると提言している。

さらに、環境面でも、中国やインドなどの国がガソリン車を飛び越して、ハイブリッド車や燃料電池車に移行できるようなしくみを検討すべきであるとの指摘が、月尾氏や北村氏から示されたほか、北村氏はさらに、戦後のモータリゼーションの中で自動車偏重の町づくりを進め、伝統的な町並みを破壊してきた日本の経験を踏まえ、それぞれの都市が持つ文化的側面の大切さを途上国の人たちにも伝えていく必要があると指摘。また、今後の国際関係の安定と発展をもたらす鍵は、国同士の相互依存関係の強化にあり、国際交通ネットワークの強化はそのための不可欠な要件であるとの見解が、井上氏や中村氏から示された。

・・・

以上見てきたようなことは、本書で示された各メンバーからの指摘や提言の一部にすぎないが、こうして改めて議論をふり返ってみると、「交通」に関わるこの種の文明論的な考察が、これまではともすれば欠落しがちであったことを痛感する。本書がいささかなりとも、それを補うものになればと切に願っている。もちろん、こうした検証はきわめて多様かつ複雑であるから、この一冊ですべてを俯瞰できたとはいいがたいが、幸い、国際交通安全学会では交通に造詣の深い諸分野の専門家が、きわめて多岐にわたる学際的な研究を展開している。今後も引き続きその英知を結集し、この種の研究を積極的に進めていきたいと考えている。

最後に、本プロジェクトの趣旨に賛同いただき、ご協力いただいた諸氏にはこの場を借りて心より御礼を申し上げたい。また、プロジェクトの運営に尽力された当学会事務局の奈良坂伸氏、黄金井幹夫氏、出版・編集に協力いただいた技報堂出版の宮本佳世子氏、アストクリエイティブの堀井信行氏、浜崎浩氏、梅沢亜子氏にも謝意を表しておきたい。

武内和彦
喜多秀行

「交通」が結ぶ文明と文化
―歴史に学び、未来を語る―

定価はカバーに表示してあります

2006年 6月30日　1版1刷発行

ISBN4-7655-4234-3 C0036

編　者　財団法人 国際交通安全学会
発行者　長　滋　彦
発行所　技報堂出版株式会社
〒101-0051　東京都千代田区神田神保町
1-2-5(和栗ハトヤビル)
電　話　営業　(03)(5217)0885
　　　　編集　(03)(5217)0881
FAX　(03)(5217)0886
振替口座　00140-4-10
http://www.gihodoshuppan.co.jp/

日本書籍出版協会会員
自然科学書協会会員
工学書協会会員
土木・建築書協会会員

Printed in Japan

印刷・製本　三美印刷